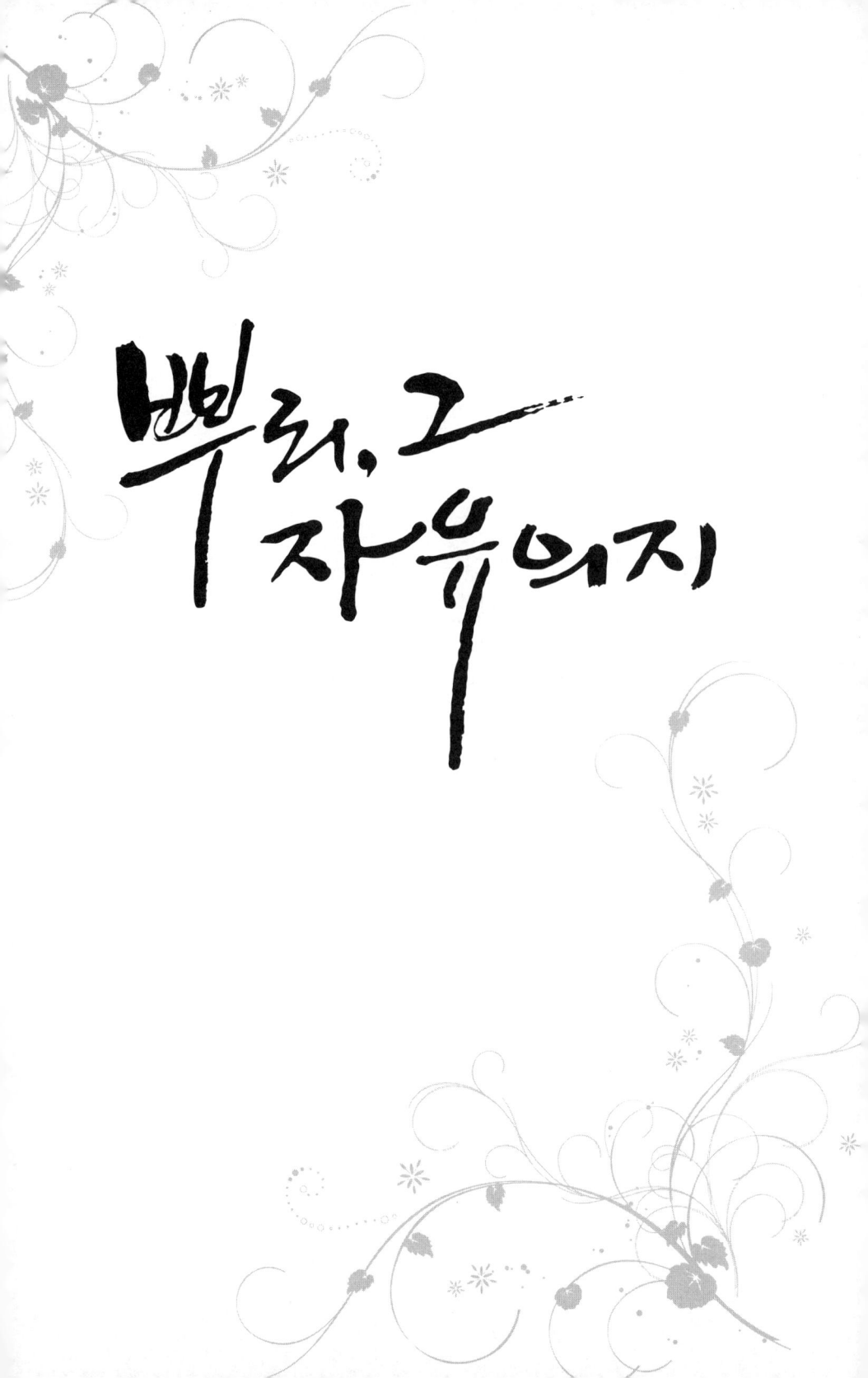

서문

자유의지를 엮으며

에벤에셀!

하나님은 저를 여기까지 인도하셨습니다.

저는 어느덧 삶의 뒤를 바라보게 되는, 과거를 관조하면서 인생을 보게 되는 세대가 되었습니다. 빨 주 노 초 파 남 보가 무지개이며 도 미 솔 도가 합하여 한 소리를 낸다면, 나는 어떤 색깔이며 어떤 음으로 쓰임을 당하였을까 하고 나를 이렇게 생각합니다. 하나님은 나를 마음의 완벽주의자로 살게 하셨다고 말입니다.

병원으로 비유하면 내과, 정신과, 철학으로 비유하면 순수철학, 과학으로 비유하면 기초과학, 신학으로 비유하면 근본신학으로 나를 사용하셨구나를 느끼게 하셨습니다.

하나님은 성경을 통하여 근본문제를 드러내어 주셨습니다.

'내가 말하였느니라' 계시의 신학에서 하나님이 스스로 자증하여 보여주신 성경을 통하여 연역법 사고 방법으로 하나치(근본)들을 찾게 되었습니다.

바로 이것이 존재론적 중심으로 하나님, 인간(가정), 말씀(삶의 나침반), 교회(국가), 그리고 역사(자연 우주만물)이며, 행함의 법칙으로 성부 성자 성령의 법칙, 예배 믿음 기도의 법칙, 인간은 분석 결론은 하나님의 법칙, 우주도 논리적으로는 다르나 실지는 하나의 법칙, 인과응보(~면 ~리라)의 법칙, 연역법의 법칙, 연역법을 설명하는 귀납법의 법칙입니다.

이 위에 지금까지 신학에서 밝혀준 성경신학, 교의신학, 역사신학, 실천신학을 적용하여 삶을 풀어 본다면 과연 이것이 문제의 해결이구나라고 확신하여 봅니다.

분명이 졸작이겠으나 이것을 하나님이 주신 것이라 생각하기 때문에 나는 머리끝부터 발끝까지 전율이 흐르고 있음을 밝혀드립니다.

우리들이 하나님을 알고 인간을 알고 그리고 어떻게 살 것인가를 밝혀주고 있으니 하나님께 영광을 돌리며 주신 것을 기록으로 남기어 출판하게 되었습니다.

아무쪼록 읽혀지시는 분들에게 필요한 양식이 되기를 바랍니다.

30년을 하루처럼 살게 하신 하나님 앞에서 함께 지어져온 천우교회 온 성도님들과 이 책을 출간하게 독려하여 주신 당회 및 저의 설교를 때마다 정리하여 주시고 오늘이 있게 하신 주윤신 권사님께 감사를 드립니다.

그리고 사랑하는 아내와 두 딸, 가정 식구들과 함께 즐거움을 누리기를 원하며 발간사에 간음합니다.

배광영(천우교회 담임목사)

contents

서문 —————————————— 2

1부 사색을 위한 단상

1장 시작하며

1. 새 언약 —————————— 11
2. 가면 가고 ————————— 20

2장 구원의 서정

3. 부르기를 기다리시는 하나님 —————— 31
4. 하나님의 부르심 (소명) —————— 41
5. 중생 —————————————— 49
6. 회심 —————————————— 58
7. 믿음 —————————————— 68
8. 칭의 —————————————— 77
9. 양자 —————————————— 86
10. 성화 ————————————— 96
11. 견인 ————————————— 106
12. 영화 ————————————— 115

contents

2부 실천신학으로 본 존재론과 행동의 법칙

1장 존재론적 중심

13. 이것들을 생각하라 ——————— 127
14. 예수 그리스도 ——————— 135
15. 하나님 ——————— 142
16. 성령님 ——————— 150
17. 말씀만이 ——————— 157
18. 교회와 국가 ——————— 166
19. 나는 왜 하나님을 믿어야 하는가? ——— 173
20. 하나님의 역사만이 ——————— 181

2장 행함의 법칙 중심

21. 하나님의 일은 (성부 성자 성령의 법칙) — 191
22. 예배 믿음 기도 (예배의 법칙) ——————— 201

23. 예배 믿음 기도 (믿음의 법칙) ——— 209
24. 예배 믿음 기도 (기도의 법칙) ——— 218
25. 분석은 인간 결론은 하나님께 ——— 227
26. 논리적으로 다를 뿐 실제는 하나 ——— 235
27. 인과응보의 법칙 (~면 ~리라) ——— 244
28. 연역법과 귀납법 ——— 253

3장 열 매

29. 부지런한 연습만이 ——— 263
30. 하나님의 영광을 향하여 ——— 271
31. 내가 말하였느니라 ——— 279
32. 어디로 인도하시나 ——— 288
33. 어떻게 인도하시나 ——— 295
34. 성령 안에서 의와 평강과 희락이라 ——— 303

1부

사색을 위한 단상

1장 시작하며

2장 구원의 서정

1장 시작하며

1. 새 언약

2. 가면 가고

시작하며

하나님의 약속
그리고 그 약속은 어떻게 이어지고 있나?
우리는 우리가 살고 있는 것처럼 생각되나
실상은
하나님이 구체적으로 인도하신다.

1. 새 언약

> ✱ 여호와의 말씀이니라 보라 날이 이르리니 내가 이스라엘 집과 유다 집에 새 언약을 맺으리라
> 이 언약은 내가 그들의 조상들의 손을 잡고 애굽 땅에서 인도하여 내던 날에 맺은 것과 같지 아니할 것은 내가 그들의 남편이 되었어도 그들이 내 언약을 깨뜨렸음이라 여호와의 말씀이니라
> 그러나 그 날 후에 내가 이스라엘 집과 맺을 언약은 이러하니 곧 내가 나의 법을 그들의 속에 두며 그들의 마음에 기록하여 나는 그들의 하나님이 되고 그들은 내 백성이 될 것이라 여호와의 말씀이니라
> 그들이 다시는 각기 이웃과 형제를 가리켜 이르기를 너는 여호와를 알라 하지 아니하리니 이는 작은 자로부터 큰 자까지 다 나를 알기 때문이라 내가 그들의 악행을 사하고 다시는 그 죄를 기억하지 아니하리라 여호와의 말씀이니라
>
> 렘 31 : 31-34

　　새 언약은 변하지 않는 언약입니다. 나를 한 번 부르시면 영원히 놓지 않고 끝까지 지켜주신다고 하신 언약입니다. 죽음으로 하나님이 우리를 위하여 약속하셨습니다. 그 하나님의 죽으심이 바로 인간 예수 그리스도로 오셔서 죽으신 십자가의 죽음입니다. 그러기에 우리는 "지금 죽어도 나는 예수님을 믿기 때문에 천국에 갈 자신이 있습니다"라고 말해야 합니다. 이러한 확신은 우리가 가져야 할 특권이며 바로 여기서부터 우리의 누림이 생깁니다. 여기서부터 하늘을 찌르는 현실들이 즐거움으로 생깁니다. 그런데 대부분이 여기에 입문도 못 한 채 신앙생활마저도 그냥 그렇게, 그저 그렇게 하며 살고 있습니다.

그 이유가 아주 쉬운데서 발견됩니다. "선생님은 구원의 확신이 있습니까?" 물으면 "저요? 뭘요, 아니 뭐, 글쎄요." 하는 등등의 대답이 너무나도 많은 게 우리 성도들의 실제 모습입니다. 이런 대답의 배경속에는 우리가 적어도 천국에 가려면 무엇인가 큰 문제를 해결해야만 해야 한다는 생각이 생득적으로 드는 것을 들 수 있습니다. 대체로 윤리적인 면에서 아주 많이 깨끗해야 한다는 생각이 지배적일 것입니다. 그러기에 분명한 대답을 못하고 멈칫멈칫합니다.

그런데 우리가 여기에 대한 대답이 없이도 살 수 있다는 것이 참으로 신기합니다. 분명 천국에 대한 확신, 구원에 대한 대답이 없으면 우리는 당연히 아파야 하는데 아프질 않습니다. 아픔이 있으면 아픔을 해결해야만 시원합니다. 배가 아프면 약을 먹고 해결해야만 합니다. 친구와 마음이 상했으면 만나서 "미안해." 한마디하고 풀어야 합니다. 배가 아팠기에 통증을 알았고 약을 먹습니다. 친구와의 아픔 속에서 아픔이라는 통증이 있었기에 우리는 해결할 길을 찾습니다. 통증이 없었다면 문제는 영원히 해결되지 아니한 채 죽음을 맞이할 뿐입니다. 통증이야말로 치료의 원인이 되는 것입니다.

이처럼 온 인류에게는 통증이 있습니다. 그러나 우리는 그 통증을 못 느끼고 있습니다. 실상은 통증인데 못 느끼고 있는 그 통증은 무엇입니까? 죽음이 마지막이라는 것, 그 통증이 있습니다. 그리고 문제가 생기면 완전히 해결하지 못 한 채 운명이라고 해버리는 통증이 있습니다. 운명이라는 바랄긴 주사약을 맞은 채 그냥 살아야하는 통증입니다. 또한 이 땅에 완벽이 없어서 앓고 있는 통증들이 있습니다. 그런데 이런 통증들을 온 인류가 똑같이 앓고 있기 때문에 문제가 생기면 "그럴 수밖에 없잖아." 하면서 지나가고 있습니다. 통증이 영원히 실존으로 있음에도 불구하고 없는 것이 당연한 줄 알고 살고 있습니다. 참자유가 있음에도 불구하고 스스로의 자유를 포기한 채 늘 상대적으로 살면서, 아예 자유 같은 것은 생각도 못하면서 눈에 보이지 않는 감옥 속에서 살고 있는 우리입니다. 희한하게도 가장 큰 통증을 가지고 있으면서도 아닌척하며 살고 있는 존재가 바로 우리입니다. "그래서 당신 구원받았습니까? 당신 천국 갈 자신이 있습니까?"라고 물으면 정신세계에서, 그저 기분 따라서 겸손을 가장한 대답을 합니다. "저 같은 것이 무슨 천국에요?"라거나 "내가 교회에 다니니까 갈 수 있겠죠, 뭐." 하면서 그때그때 기분 따라서 천국이 왔다갔다하는 것을 보게 됩니다.

분명 천국 문제는 큰 문제입니다. 천국 구원 그리고 그 맛을 지금 보고 살 수 있다는 것은 우리에게 있어서 무엇보다도 가장 큰 문제입니다. 그런데 해결 받을 수 있음에도 불구하고 모르고 살고 있다면 그것 또한 가장 큰 우리의 통증입니다. 이제 통증의 현실을 살펴보겠습니다. 수십조의 돈을 벌어놓고도 천국을 못 간다면 아무 소용이 없습니다. 「눅 12장」이야기입니다. 어느 분이 아주 커다란 창고를 꽉 채워놓고 "이젠 됐어." 하고 있습니다. 이때 하나님 말씀합니다. "오늘 밤에 네 생명을 거둬 가면 그 쌓아놓은 것이 뉘 것이 되겠느냐"라는 것입니다. 또 있습니다. 다른 사람들은 "선생님 참 행복하시겠습니다. 좋으시겠습니다." 하며 선망의 대상으로 말하고 있는데 정작 그 대상은 집에서 두통약 먹고 사는 이러한 분이 대부분입니다. 이것이 바로 우리의 통증입니다.

그러한 분 중에 한 분이 솔로몬입니다. 다른 이웃나라 임금들이 당신 얼굴 한 번 보았으면 하는 선망의 사람입니다. 금 은 보화를 돌처럼 사용한 분입니다. 인간으로 당대에 할 수 있는 것은 다 할 수 있었던 분입니다. 그분이 허무병에 걸렸습니다. 이 세상에서 부귀영화의 상징인 사람임에도 불구하고 정작 본인은 '다 아무것도 아니야, 헛것이야, 내가 왜 살아야 하느냐'라는 것입니다. 「전 2 : 22, 23」 사람이 해 아래서 수고하는 모든 수고와 마음에 애쓰는 것으로 소득이 무엇이랴, 일평생에 근심하며 수고하는 것이 슬픔뿐이라. 그 마음이 밤에도 쉬지 못하나니 이것도 헛되도다. 요즘 자살률을 보면 한국이 세계 1위라고 합니다. 지금도 지구에서 3초마다 한 분씩 자살을 한다고 합니다. 그 원인의 대부분이 우울증에서 온다고 합니다. 괴테의 『젊은 베르테르의 슬픔』에서 우울증을 앓고 있는 한 청년이 나옵니다. 그 청년은 우울증을 해결하기 위하여 시골로 내려갑니다. 그곳에서 아름답고 부유한 여자를 만나서 허무중이 해결 받은 것처럼 느꼈습니다만, 그것이 해결책이 아닌 것은 결국 그 청년이 권총으로 자살을 하는데서 보여집니다. 바로 그 해에 자살수가 2000명이나 되었습니다. 그 이후 자살원인을 두고 '베르테르의 효과'라는 이름마저 생겼습니다. 하나님은 우리 인류들에게 말씀합니다. '너희들이 고민하는 것이 틀렸다'라고 말씀합니다. '나는 너희들에게 그렇게 살도록 두지 않았다'라고 말씀합니다. 하나님은 못 보고, 못 누리고, 못 느끼고 마냥 허무병에서 허덕이는 우리에게 지금도 변함없이 말씀하고 있습니다.

분명히 영원이 실존으로 있다고 말씀합니다. 「요 14 : 25, 26」 예수께서 가라사대 나는 부활이요 생명이니 믿는 자는 죽어도 살겠고 무릇 살아서 나를 믿는 자는 영원히 죽지 아니하리니 이것을 네가 믿느냐. 분명히 자유가 실존으로 있음을 말씀합니다. 「요 8 : 32」 진리를 알지니 진리가 너희를 자유케 하리라. 분명히 율법이 우리를 얽매는 줄이 아니라 우리에게 초등학문으로 되어 율법을 눈 아래로 놓고 살게 하셨다고 말씀합니다. 「갈 4 : 3절 이하」 '이와 같이 우리도 어렸을 때에 이 세상 초등학문아래 있어서 종노릇 하였더니 때가 이르매 이제는 하나님의 아들로서 당당하게 율법위에서 율법을 지키게 됨으로 살게 한 자가 되었다'라고 말씀합니다. '우리는 분명히 구원받은 자로 살게 되었다'라고 말씀하셨습니다. 「**살전 4 : 16, 17**」 주께서 호령과 천사장의 소리와 하나님의 나팔로 친히 하늘로 좇아 강림하시리니 그리스도 안에서 죽은 자들이 먼저 일어나고 그 후에 우리 살아남은 자도 저희와 함께 구름 속으로 끌어 올려 공중에서 주를 영접하게 하시리니 그리하여 우리가 항상 주와 함께 있으리라. 「**계 21 : 26, 27**」 사람들이 만국의 영광과 존귀를 가지고 그리로 들어오겠고 오직 어린양의 생명책에 기록된 자들뿐이라. 우리는 분명히 천국에서 살 자(人)로 하나님이 택하신 자들이라고 말씀하셨습니다. 「**계 21 : 1, 2**」 또 내가 새 하늘과 새 땅을 보니 처음 하늘과 처음 땅이 없어졌고 바다도 다시 있지 않더라. 또 내가 보매 거룩한 성 새 예루살렘이 하나님께로부터 하늘에서 내려오니 그 예비한 것이 신부가 남편을 위하여 단장한 것 같더라. 「**21 : 23**」 그 성은 해나 달의 비췸이 쓸 데 없으니 이는 하나님의 영광이 비취고 어린양이 그 등이 되심이라. 「**22 : 1-5**」 또 저가 수정같이 맑은 생명수의 강을 내게 보이니 하나님과 어린양의 보좌로부터 나서 갈 가운데로 흐르더라. 강 좌우에 생명나무가 있어 열두 가지 실과를 맺히되 달마다 그 실과를 맺히고 그 나무 잎사귀들은 만국을 소성하기 위하여 있었더라. 다시 저주가 없으며 하나님과 그 어린양의 보좌가 그 가운데 있으리니 그의 종들이 그를 섬기며 그의 얼굴을 볼 터이요 그의 이름도 저희 이마에 있으리라. 다시 밤이 없겠고 등불과 햇빛이 쓸 데 없으니 이는 주 하나님이 저희에게 비춰심이라 저희가 세세토록 왕 노릇 하리로다. 하나님은 우리가 이 땅에 사는 동안 역사의 주인공이라고 말씀합니다. 구약의 믿음의 상징인 아브라함에게 말씀했습니다. 「**창 12 : 2, 3**」 너는 복의 근원이 될찌라 너를 축복하는 자에게는 내가 복을 내리고 너를 저주하는 자에게는 내가 저주하리니 땅의 모든 족속이 너를 인하여 복을 얻을 것이니라 하신지라. 신약의 믿음의 상징인 베드로에게 말씀했습니다. 「마 16 : 19」 내가 천국 열쇠를 네게 주리니 네가 땅에서 무엇이든지 매면 하늘에서도 매일 것이요 네가 땅에서 무엇이든지 풀면 하늘에서도 풀리리라. 하시고 예수님이 열두제자들에게 말씀했습니다. 「요 20 : 23」 너희가 뉘 죄든지 사하면 사하여 질 것이요 뉘 죄든지 그대로 두면 그대로 있으리라 하시니라. 우리 믿는 성도들에 말씀했습니다. '너희 중에 두 세 사람이 모여서 나에게 기도 하면 들어주신다'라고 말씀했습니다. 「마 18 : 18」 진실로 너희에게 이르노니 무엇이든지 너희가 땅에서 매면 하늘에서도 매일 것이요. 무엇이든지 땅에서 풀면 하늘에서도 풀리리라. 하나님은 지금도 우리 성도들을 보시면서 이 역사를 운영하심에 틀림없습니다. 우리 성도들이 세상을 판단한다고 말씀합니다. 「고전 6 : 2」 성도가 세상을 판단할 것을 너희가 알지 못하느냐 세상도 너희에게 판단을 받겠거든…. 말씀하시면서 우리의 삶에 대하여 분명히 하라고 말씀하였습니다. 하나님은 우리에게 각종 지혜를 주신다고 했습니다. 「엡 3 : 9, 10」 영원부터 만물을 창조하신 하나님 속에 감추어졌던 비밀의 경륜이 어떠한 것을 드러내게 하려 하심이라. 이는 이제 교회로 말미암아 하늘에 있는 통치자들과 권세들에게 하나님의 각종 지혜를 알게 하려 하심이라. 분명한 것은 하나님은 우리를 이렇게 살도록 지으셨고 누리도록 하셨는데 우리가 못 누리고, 못 보고, 못 듣고 있는 것입니다. 못 누리고, 못 보고, 못 듣고 있다. 이것처럼 큰 통증은 없을 것입니다. 더 이상 억울할 데가 또 어디 있겠습니까. 하나님은 이렇게 지으셨는데 우리가 못합니다. 우리 인간은 우리를 향하신 하나님의 사랑과 능력으로 기쁨을 체험하며 누리며 산다고 말씀합니다. 「시 97 : 11」 의인을 위하여 빛을 뿌리고 마음이 정직한 자를 위하여 기쁨을 뿌리시는 도다. 「렘 31 : 11」 여호와께서 야곱을 속량하시되 그들보다 강한 자의 손에서 구속하셨으니 그들이 와서 시온의 높은 곳에서 찬송하며 여호와의 은사 곧 곡식과 새 포도주와 기름과 어린양의 떼와 소의 떼에 모일 것이라 그 심령은 물댄 동산 같겠고 다시는 근심이 없으리로다 할 찌어다. 「시 126 : 2」 그때에 우리 입에는 웃음이 가득하고 우리 혀에는 찬양이 찼었도다. 열방 중에서 말하기를 여호와께서 저희를 위하여 대사를 행하셨도다 하였도다 여호와께서 우리를 위하여 대사를 행하셨으니 우리는 기쁘도다. 「시 45 : 15」 저희가 기쁨과 즐거움으로 인도함을 받고 왕궁에 들어가리로다. 「시 23 : 6」 나의 평생에 선하심과 인자하심이 정녕 나를 따르리니 내가 여호와의 집에 영원히 거하리로다.

하나님은 우리로 하여금 만족을 알게 하고, 웃음을 알게 하고, 완성을 알며 누리도록 하셨는데 우리가 못 누리고 있습니다. 우리가 왜 못 누리고 있는 것입니까? 우리가 하나님을 떠났기 때문입니다. 성경을 보면서 알게 된 것 한 가지가 있는데 감히 말씀드리면 하나님은 우리를 한 번도 떠나신 적이 없습니다. 세상에 악인의 상징이 누구일까요? 600만 명을 죽이라고 명령했던 히틀러라고 불러도 될 것 같습니다. 성경에 보면 예수님이 십자가에 못 박히심이 히틀러를 위해서라는 것도 포함되고 있다는 것입니다. 누가 떠났나요? 우리 인간들이 떠났을 뿐입니다. 우리는 하나님의 심판에 대하여 깊이 생각할 때가 있습니다. 깜짝 놀라는 것이 하나님은 한 번도 심판을 내리신 적이 없습니다. 인간이 심판을 자처한 것이지 하나님이 심판하시지 않았습니다. 노아의 홍수 심판도 하나님이 하신 것이 아니라 인간이 자처한 것이었습니다. 곧 하나님은 우리도 하나님처럼 누리고 즐겁고 건강하고 행복하게 살도록 원하시고 그리고 그렇게 살도록 다 준비하여 주셨고 지금도 그렇게 하고 있습니다. 바로 이것이 하나님이 우리 인간과 세운 언약입니다.

이 언약은 두 가지로 설명할 수 있습니다. 먼저 우리 인간들이 지켜야 할 언약입니다. 이것을 율법언약 혹은 행위언약이라고도 부릅니다. 율법언약으로는 인간들이 율법을 지킬 수가 없기 때문에 율법언약이 있었던 구약시대에도 '우리는 지킬 수가 없습니다'라고 고백하는 것이 인간의 마지막 선언이었습니다. 노아도 아브라함도 모세도 다윗도 행위언약으로 구원받은 것이 아니라 하나님의 은혜의 언약으로 구원 받게 된 것입니다. 바로 이 은혜의 언약을 새 언약 혹은 믿음의 언약이라고 부릅니다. 이 새 언약, 믿음의 언약은 신약에 와서 새로 생긴 것이 아니라 하나님의 처음부터의 계획이었습니다. 그것이 바로 구약의 결론이었습니다.

「본문 31절」이 바로 이 말씀입니다. 나 여호와가 말하노라 보라 날이 이르리니 내가 이스라엘과 집과 유다 집에 새 언약을 세우리라. 그러니까 행위언약을 통하여서는 인간의 언약을 깨닫게 하기 위함이었습니다. 율법을 통해서는 우리가 죄인인 것을 알게 합니다. 인간이 율법을 지킬 수 없음도 알게 합니다. 인간이 율법을 지킴도 은혜의 언약인 믿음의 언약 속에서 지키게 됩니다. 곧 하나님이 지키게 함으로 말미암아 우리 인간도 율법을 완전히 지킬 수 있게 되는 것입니다. 하나님이 지키게 한다는 말씀이 곧 성령의 역사라는 것을 알게 하고 있습니다.

이와 같이 은혜의 언약 속에서 우리가 율법을 지키게 되는 것을 발견하는 순간 우리는 비로소 보이기 시작합니다. 자유가, 영원이, 행복이, 하나님이 주시는 지혜가, 우리 성도들만이 진정한 이 땅의 주인공인 것을, 우리 성도들이 세상을 판단하며 살게 된 것을 누리며 알며 살게 되는 것입니다. 이것이 새 언약입니다. 변하지 않는 언약입니다. 하나님이 스스로 죽어 주심으로 세운 언약입니다. 이것이 기독교의 실존입니다. 그러니 누리시며 즐기시며 사시기를 축원합니다.

2. 가면 가고

> ✳ 구름이 회막에 덮이고 여호와의 영광이 성막에 충만하매 모세가 회막에 들어갈 수 없었으니 이는 구름이 회막 위에 덮이고 여호와의 영광이 성막에 충만함이었으며
> 구름이 성막 위에서 떠오를 때에는 이스라엘 자손이 그 모든 행진하는 길에 앞으로 나아갔고
> 구름이 떠오르지 않을 때에는 떠오르는 날까지 나아가지 아니하였으며
> 낮에는 여호와의 구름이 성막 위에 있고 밤에는 불이 그 구름 가운데에 있음을 이스라엘의 온 족속이 그 모든 행진하는 길에서 그들의 눈으로 보았더라
>
> 출 40:34-38

'가면 가고' 이 제목을 가지고 23여 년 전에 요셉을 통하여 말씀드린 기억이 납니다. 그때 은혜가 되어서 성도님들 입에 오르내렸던 설교 중 하나였습니다. 오늘 이 제목만 들어도 기억나실 분이 계실 줄 압니다. 이젠 창조하여 넘치는 삶보다는 흰머리 되어서 그런지 과거의 삶을 추억하면서 삶을 관조하는 시간이 많아져 버렸습니다. '가면 가고' 제목은 그렇게 가끔씩 제 머리를 스쳐가는 제목이 아닌가, 아니 삶 자체가 그런 것이 아닌가하면서 다시 한 번 생각을 여며봅니다.

기독교 방송을 들으면서 운전하는 데 이런 소리가 흐르고 있었습니다. '가을이 가네/ 꽃이 지네/ 젊음이 가네' 팝 대중가요는 순간을 표현하고 클래식에는 영원성이 들어있다고 생각하고 있으면서도 평소에 대중가요를 들으면서 푹 빠지곤 하는데 지네, 가네, 속에서 끌어내는 소리까지 그날은 마냥 눈물을 흘리면서 학교를 향하였던 것이 생

각납니다. 이젠 동산으로 변해버린 학교 뜰을 계속 가봅니다. 복도를 걷고 있는데 제 걸음을 멈추게 한 글이 있었습니다. '발자국/ 오늘 내 딛는 한 걸음으로 먼 길을 갑니다.' 이 짧은 한 구절, 순간과 영원을 잇는 실존의 삶, 한 시인의 삶의 표현이 이렇다면 먼 길을 가고 계시는 분에게 그 먼 길이 어디이신가 묻고 싶은 심정일 뿐이었습니다.

우리의 가야 할 길에 하나님이 예비하신 나라가 뚜렷하게 있기에 말입니다. 또, '오직 어디까지 이르렀든지 그대로 행할 것이다. 네가 우하면 나는 좌할 것이고 네가 좌하면 나는 우할 것이야.' 그 부분을 묵상합니다. 23여 년 전 요셉을 묵상할 때도 원수일 수밖에 없는 형들 앞에서 "내가 하나님을 대신 하리이까? 염려하지 마세요, 한탄하지 마세요. 우리의 생명을 구원하시려고 나를 이곳에 먼저 보내셨습니다." 노예로 팔아 버린 형들 앞에서, 자신을 죽이려고 우물구덩이에 던져 넣었던 그 원수들 앞에서 요셉의 독백은 가히 인생 고향의 발견이며, 우리의 마음을 적시는 소리임에 틀림없습니다. 이 소리는 조건적 소리가 아닙니다. 세상에서 흔히 들리는 소리가 아닙니다. 초극한 어떤 큰 것이 우리를 삼키는 소리입니다. 이것이 우리의 실존입니다.

그러나 세상에서는 '산 너머 저쪽에 행복이 있다고 말들 하기에 행복 찾으러 갔으나 눈물만 흘리고 돌아왔네', 이것이 문학의 결론이었지만 요셉은 하나님이 보내셨다고 말하면서 어디든지 가면 갔다고 23여 년 전 그때도 이렇게 말씀드렸습니다. 사실 요셉은 보디발 집에 노예로 팔려서 걸레나 화장실이나 흙과의 싸움을 하면서 노예로서의 비참한 생활의 연속이었을 것입니다. 그것도 모자라 억울한 누명을 쓰고 감옥에 까지 갇히어서 고생이 이만저만이 아니었음에도 불구하고 바로 그 못된 형들 앞에서 그러한 독백을 합니다. 그리고 노예생활을 할 때에도, 옥중생활을 할 때에도 불평 한마디 하지 아니하고 사는 모습이 얼마나 준수하고 좋아 보였던지 그 요셉을 보고 하나님을 찬양할 정도로 요셉은 숭고한 생활을 하였다는 것입니다.

우리의 삶, '가면 가고'는 그럭저럭 가면 가는 현실도피가 아닙니다. 때만 되면 기회를 포착하겠다는 '가면 가고'도 아닙니다. 본문에서 말씀하시는 대로 불기둥과 구름기둥이 인도하면 이스라엘 백성들이 진행하고, 불기둥과 구름기둥이 멈추면 한 발자국도 못 움직이는 그러한 '가면 가고'입니다. 지금 우리 역시 그때와 똑같은 삶입니다. 성령이 진행하면 진행하고 성령이 멈추시면 한 발자국도 움직일 수 없는 그러한 삶입니다. 사도 바울은 제2차 전도여행 때 북아시아 쪽인 비두니아 쪽으로 가려고 했습니다. 성령은 못 가게 했습니다. 결국은 마게도냐 지방으로 인도하시니 그쪽 방향인 빌립보 마을에 들어가서 전도합니다. 이것이 계기가 되어 오늘 기독교의 세계지도는 서방세계에서 동양인 한국에까지 기독교가 들어온 것으로 되어 있습니다.

바울뿐이 아닙니다. 우리 모두도 이렇게 살고 있습니다. 대체로 우리에게 어려운 일이 생깁니다. 거의 대부분 공통점이 있습니다. '어찌 나에게 이런 일이 생길 수 있담. 도저히 믿기지 않는다'라고 말들 합니다. 그리고 시간이 지납니다. '예, 알았습니다'라고 체념합니다. '예, 알았습니다'라고 말 할 때까지 시간은 사람마다 다를 뿐이지 모두들 '예'라고 대답을 합니다. 그리고 하나님께 부르짖거나 사건해결을 위하여 이렇게 저렇게 노력들 합니다. 분명한 것은 성령이 진행하면 진행하고 멈추면 멈출 수밖에 없는 삶이 바로 우리의 삶이라는 것입니다.

여기 우리 기독교의 특징이 있습니다. 우리는 내가 사는 것이 아니고 하나님이 살게 하시니까 살고 있습니다. 성령이 진행하는 삶, 하나님이 살게 하는 삶이 '가면 가고'이라면 이 삶을 살면 누구든 못 살 수가 없습니다. 아브라함에게 하나님이 나타나셨습니다. "네 고향 갈

대아 우르를 떠나라"고 명령합니다. 우리말 성경에는 기록이 안 되었지만 원전에는 '내가 너를 위하여 말하노니 떠나라'는 것입니다. 노아에게 방주를 만들라고 명령합니다. 여기에도 '너를 위하여 명하노니 방주를 만들라'고 하셨다는 것입니다. 아브라함과 노아는 하나님 말씀을 들음으로 인해 고생이 이만저만이 아닙니다. 아브라함은 전쟁을 치러야 했고 부인을 동생이라고 속일 정도로 딱하고 긴장된 삶을 살아야만 했습니다. 노아는 120여 년간이나 미친 할아버지 소리를 감내해야 했습니다. 연일연야 주위 환경은 노아의 생각으로는 절망일 정도로, 그래서 하나님을 의심해도 충분히 우리가 이해할 정도로 환경이 정말 험했습니다. 그런데 노아나 아브라함은 하나님 말씀대로 그대로 순종했습니다. 내가 사는 삶이 아니라 하나님이 살게 하는 삶이기에 순종해야만 했습니다. 문제는 이들이 못 살았느냐는 것입니다. 아니요. 잘 살았습니다. 당신들의 삶 속에서 충분한, 성숙한, 완전한 인간이란 이렇게 사는 것임을 보여주는 본보기적인 모범의 대답을 이들이 가지고 있습니다. 하나님이 살게 하는 삶이기에, 성령이 진행하는 대로 따라가는 삶이었기에 당연히 잘 살았습니다.

하나님은 이스라엘 백성들에게 가나안을 약속했습니다. 이들은 반드시 가나안에 들어가야 했습니다. 그리고 그 가나안에서 아브라함처럼 노아처럼 우리에게 본보기의 삶을 보여주어야만 했습니다. 풍요로운 삶을 보여주고 완전한 삶이 바로 이런 거야. 그렇게 보여주어야만 했습니다. 그런데 이들 200만 명 중에 가나안에 들어간 사람들은 단 두 사람 여호수아와 갈렙 뿐이었습니다. 두 사람을 뺀 200만 명이 다 광야에서 죽었습니다. 왜 못 들어가고 죽어야만 했습니까? 가면 가야 하는데 하나님이 이 땅을 통치하고 계시며 인도하고 계시는데 그때 이스라엘 백성들은 그것이 아니라는 것입니다. 내가 살아야 하고 내가 느껴야 하고 나 없는 세상은 이 땅은 아무것도 아니라는 것입니다. 누구의 책임입니까? 당연히 나의 책임입니다.

한 가지 짚어 드린다면 여기에서 우리가 무엇을 생각하느냐는 것이 얼마나 중요한 가를 알게 한다는 사실입니다. 우리는 사건을 먹고 삽니다. 사건이 없으면 죽은 사람입니다. 밥 먹는 것도 사건이요, 잠자고 일어나고 만나고 헤어지고 이익보고 손해를 보는 것 모두가 사건입니다. 문제는 매 사건 속에 따라다니는 것이 있는데 바로 그것이 생각입니다. 사건을 통하여 무슨 생각을 했는가? 사건은 우리가 생각한대로 움직이게 됩니다. 우리가 빨간 안경을 쓰면 생각은 빨갛게 됩니다. 파란 안경을 쓰면 생각이 파랗게 됩니다.

이스라엘 백성들이 가나안에 못 들어간 이유는 계산이라는 안경이었습니다. 정탐꾼을 가나안에 들여보냈습니다. 다녀온 사람들이 말을 합니다. "포도송이를 장정 두 사람이 메고 다닙니다. 그들의 키는 장대 같고 우리는 그 앞에 메뚜기입니다. 들어가면 백전백패입니다." 하나님이 말씀했으니 가면 갔어야 했는데 그렇게 저렇게 못 간 것입니다. 경험이 살아서 움직였습니다. 이성이 살아서 움직였습니다. 양심이 살아서 움직였습니다. 그 경험과 이성과 양심이 우리 인간 문제를 해결해 준 적이 있었다면 문제는 달라질 수 있습니다. 그런데 아직 없습니다. 앞으로도 없을 것입니다. 이들은 하나님 말씀을 전적으로 믿지 못 한 까닭에 못 들어가고 말았습니다. 못 들어갔을 뿐만 아니라 광야생활 중에도 못 누리고 못 살고 그렇게 살다가 죽은 것입니다. 누구 책임일까요? 당연히 우리입니다. 가면 갔더니 하나님 말씀대로 산 사람들은 어떠했습니까? 산 너머 산이 아니라 계속 보여주시고 또 보여주시는 삶입니다. 지난주에 말씀드린 욥은 고통 중에서도 성장한 모습을 보여주었습니다. '어리석게 하나님을 원망하지 아니했다.' 이 시작이 중요합니다. 원망하기보다 오히려 기뻐했습니다. 부활하신 예수님과 부활할 당신을 봅니다. 연단 후에는 반드시 정금처럼 나올 것을 알았습니다. 전적으로 말씀에만 순종할 것을 다짐합니다. '지금까지는 하나님을 거울 앞에서 뵙는 것처럼 뵈었는데 이제는 친히 뵙습니다.' 그렇게 대답합니다.

구약에서 기도의 사람으로, 오래오래 살면서 기도의 삶을 보여주신 분이라면 다니엘과 야곱을 꼽을 수 있겠습니다. 다니엘은 적어도 70년 이상을 각료와 각료급 생활을 하신 분인데 그는 기도를 끊임없이 하신 분입니다. 하나님이 그에게 미래에 되어질 일들, 바벨론 페르시아 헬라 로마까지를 보여주신 분입니다. 147수를 향수하신 야곱은 아들 요셉 앞에서 '나도 안다. 내 아들아, 나도 안다.' 하시면서 이 땅을 사신 분 중에 가장 영화로운 지경에 이르렀던 분입니다. 신약에서 모든 분들이 순교를 당하여 단명이었습니다만 사도 요한 만큼은 밧모섬에 바위에 무릎 자국과 이마자국이 있다는 속설 속에서 90세 이상 향수하신 분입니다. 그만큼이나 기도하신 분이었기에 그렇기 때문에 하나님이 지금 말세지말에 나타날 일들을 보여주신 것입니다.

성도님들 아무에게나 보여주시는 것이 아닙니다. 하나님은 보여줄 자들에게 보여주십니다. 하나님이 살게 하셔서 가면 가는 자들에게, 하나님의 뜻을 알기 위하여 기도하는 자들에게 보여주시는 하나님의 선물입니다. 가면 가는 자들에게는 산 너머 산이 아니라 또 보여주시고 또 보여주시는 놀라운 신비입니다. 하나님이 보내시는 그곳은 언제나 하나님이 동행하시는 항상 좋았던 곳입니다. 우리 홈페이지에도 올라와 있습니다만 어느 환자분이 예수님과 동행하면서 걷고 있었습니다. 그분은 그림자를 보면서 예수님이 함께 계심을 알고 있었습니다. 그런데 그림자는 사라지고 계속 진통이 오는 것이었습니다. 그림자가 드리우면 진통이 멎었습니다. 그는 예수님께 말합니다. "예수님이 저를 떠나시니 저는 몹시 진통 속에 있었습니다. 다시 와주시니 고맙습니다"라고 인사를 합니다. 이때 예수님 대답하십니다. "내가 너를 떠난 것이 아니라 네가 아팠을 때 내가 너를 업었기 때문에 그림자가 보이질 않았던 것이다"라고 대답하여 주셨습니다.

베드로 바울도 즐거운 일, 좋은 일이 있었을 때만 웃으신 분이 아닙니다. 옥중에서도 감사했고 찬송했습니다. 요셉도 총리가 되어서야 웃으신 분이 아닙니다. 「창 39 : 2절」 요셉이 보디발 집에서 종(奴)으로 있을 때의 일입니다. 여호와께서 요셉과 함께 하시므로 그가 형통한 자가 되어 그 주인 애급사람의 집에 있으니 그 주인이 여호와께서 그와 함께 하심을 보며 또 여호와께서 그의 범사에 형통케 하심을 보았더라. 「창 39 : 21-23」 요셉이 억울하게 옥중에서 있을 때의 일입니다. 요셉이 옥에 갇혔으나 여호와께서 요셉과 함께 하시고 그에게 인자를 더하사 전옥에게 은혜를 받게 하시매 전옥이 옥중 죄수를 다 요셉의 손에 맡기므로 그 제반 사무를 요셉이 처리하고 전옥은 그의 손에 맡긴 것을 무엇이든지 돌아보지 아니하였으니 이는 여호와께서 요셉과 함께 하심이라 여호와께서 그의 범사에 형통케 하셨더라. 「행 7 : 9-10」 요셉이 국무총리가 되어 바로 앞에서 있을 때 일입니다. 여러 조상이 요셉을 시기하여 애급에 팔았더니 하나님이 저와 함께 계셔서 그 모든 환난에서 건져 내사 애급 왕 바로 앞에서 은총과 지혜를 주시매 바로가 저를 애급과 자기 온 집의 치리자로 세웠느니라. 요셉의 웃음도 총리가 되어서가 아닙니다. 요셉의 웃음은 노예생활 때에나 옥중에 갇혀 있을 때에나 어디서든지 똑같았습니다. 하나님이 동행하는 어느 장소이든지 형통한 자가 되어 웃었습니다. 그냥 막연히 실없는 사람처럼 웃으신 것이 아닙니다. 하나님이 보여주신 까닭에 웃을 수 있었습니다. 우리 기독교는 복을 받기 위하여 참고 견디는 곳이 아닙니다. 성공하기 위하여 기다리는 곳이 아닙니다. 하나님이 동행하시기에 바로 그곳에서 웃습니다. 보여주시기에 보며 즐거워합니다. 들려주시기에 들으며 만족합니다. 하나님과 동행 속에 형통입니다. 바로 이것이 '가면 가고'입니다.

2장 구원의 서정

3. 부르기를 기다리시는 하나님
4. 하나님의 부르심 (소명)
5. 중 생
6. 회 심
7. 믿 음
8. 칭 의
9. 양 자
10. 성 화
11. 견 인
12. 영 화

구원의 서정

하나님과 인간
하나님이 태어나게 하셨기에
그리고
하나님이 부르셨기에
인간은 눈을 뜨게 된다
눈을 뜨게된 인간은
하나님(예수님 닮아감)처럼
살도록 인간은 인도함을 받는다
그 과정이 구원의 서정이다

3. 부르기를 기다리시는 하나님

> ✱ 암몬 자손에 대한 말씀이라 여호와께서 이와 같이 말씀하시되 이스라엘이 자식이 없느냐 상속자가 없느냐 말감이 갓을 점령하며 그 백성이 그 성읍들에 사는 것은 어찌 됨이냐 여호와의 말씀이니라 그러므로 보라 날이 이르리니 내가 전쟁 소리로 암몬 자손의 랍바에 들리게 할 것이라 랍바는 폐허 더미 언덕이 되겠고 그 마을들은 불에 탈 것이며 그 때에 이스라엘은 자기를 점령하였던 자를 점령하리라 여호와의 말씀이니라
>
> 렘 49 : 1, 2

본문 말씀을 중심해서 '부르기를 기다리시는 하나님', 그 제목으로 말씀드리기를 원합니다. 오늘 본문 말씀은 사사 암흑시대 삼백년 가운데 조금 특이한 내용 중의 하나로 되어있습니다. 그것은 무엇인가 하니 하나님이 보여주시면 이들은 떠나고 또 보여주시는데 떠나고 그렇게 너무나 반복이 많이 되니까 하나님이 하도 속이 상하셔 가지고 '이제는 이놈들 다시는 사해주지 않을 거야, 다시는 고쳐주지 않을 거야'라고 얘기하시다가, 이번에는 '너희들 죽여 버릴 거야, 없애 버릴 거야'라고 얘기하시면서 암몬자손을 심판하는 장면이 나타납니다.

그러나 하나님께서는 다시는 사하지 않을 거라고 분명히 못을 박아서 말씀하심에도 불구하고 이스라엘 백성들이 미스바에 모여서 '아이쿠, 하나님 또 잘못했어요. 잘못했어요.' 하면서 우상들을 없애버리고 주님께 마구 아뢰었더니 하나님이 그 모습을 바라보시면서 '이스라엘 백성들의 권고로 인하여 하나님의 마음에 근심하시니라.' 바로 이 장면이 아주

특별하게 나타남으로써 우리에게 말씀해주고 있는 장면입니다.

그렇게 하시는데도 왜 이들이 이토록 하나님을 떠나서 '이렇게 살까? 참 미련하다, 참 이상하다. 이상하다?' 합니다. 이미 지난 시간까지 아모스를 통해서 '왜 이 사람들이 떠날까? 답답하다, 참 답답하다.' 하지만 어느덧 '답답하다, 답답하다 하면서 뭘까? 뭘까?' 그렇게 조금씩 깨달아가다가 '아니야, 지금 이 말씀이 나에게 하시는 말씀이구만.' 하면서 깨닫게 되면서 마침내 우리는 무엇을 알게 됩니까.

반복되는 실수에 반복되는 아픔에, '그렇죠. 어떤 매너리즘에 빠져가지고 그냥 또 나왔잖아? 됐잖아?' 그런 식입니다. 그렇다면 한번 생각해 볼 수 있습니다. 우리 한국 기독교인들이 천만이라고 얘기하는데 아마 그 중에서 오, 육백만 명을 이렇게 볼 수 있지 않겠나 싶습니다. '나 오늘 교회 나왔다. 나 예배했다. 됐지?' 하면서 그냥 예배 한 번 하고 어깨 쫙 펴고 '내가 오늘 나왔단 말이야.' 아마 이런 식의 모습일 것이라는 것입니다.

또 아마 나머지 한 삼, 사백만 명이라고 쳐 봤을 때 어떤 모습일까요? 그래도 이제는 하나님 만나려고 '하나님, 하나님' 하면서 '하나님 됐지? 이만하면 됐구나. 좋아. 좋구나' 하면서 헤매는 사람들이 삼, 사백만 명이라는 것입니다.

많이 친 것 같지만 아마 십분의 일 정도는 "하나님 말씀하세요. 하나님 진짜입니다. 알았습니다. 듣겠습니다." 이렇게 하면서 하나님과 질문하고 대답하고 속삭이며 사는 사람들이 있을 겁니다. 하나님이 불러주시길 기다리는 이 모습 앞에서와 우리는 여전히 '오늘도 나왔네, 오늘도 예배했네' 하면서 매너리즘에 빠져있는 우리 앞에서 오늘 우리는 무엇을 배우게 됩니까?

하나님, 그럼에도 불구하고 왜 불러주셨습니까? 그러면서 왜 예배

합니까? 속에서 결국 우리가 찾아내는 것이 이거라는 것입니다. 하나님께서 우리 인간들로 하여금 하나님 이름을 그렇게 불러주시길 기다리시는, 애원하시는 하나님의 모습을 발견하게 된다 이 말입니다. 그러니 깨닫는 것이 있다면, 하나님이 인류를 창조하신 다음에 가장 갈급하게 원하시는 것이 있다면 우리 인간이 하나님을 부르는 것이라는 점을 알게 되는 것입니다.

이미 이 말씀은 우리가 잘 알고 있는 내용 아니겠습니까? 부모가 자식을 나았습니다. 결혼해가지고 첫 아이를 낳았습니다. 이 부모가 첫 아이를 낳은 다음에 기다리는 게 뭡니까? 아빠가 이제는 아기 때문에 일찍 퇴근합니다. 들어와서는 아이에게 "아빠다" 말하고, 제일 먼저 부를 이름이 물어보면서 "엄마야? 아빠야? 아빠 먼저 불러! 너 아빠 먼저 불러야 돼!", 그러면 엄마는 엄마 먼저 부르라고 할 것입니다. 드디어 때가 되었습니다. 이 아이가 엄마라고 부릅니다. "여보, 얘가 엄마 불렀어! 야, 아무개야 얘가 나 불렀다!" 그러면서 그 날은 마냥 즐거운 날일 것입니다. 하나님이 우리 인류들로 하여금 원하시는 마음이 바로 이 마음인 것을 우리는 알고 있습니다.

우리가 하나님을 불러드렸을 때 하나님은 어떠하셨을까요? 하나님 보시기에 심히 좋았더라, 인류를 지으시고 하신 말씀인데 그 심히 좋았더라는 말씀을 연발하셨을 것입니다. 보좌에 앉았다가 벌떡 일어나셔서 "애야, 천사들아 보아라. 제가 지금 나를 불렀느니라! 나를 불렀느니라!" 하나님의 감격하시는 모습을 우리는 볼 수가 있을 것입니다. 하나님은 이렇게도 우리 인간들이 하나님을 부르시기를 원하시고 계십니다. 그러면서 부르시는 이유가 틀림없음에 대해 가르치시는 장면들이 몇 가지가 있는데 이 몇 가지를 살펴봅니다.

그 첫째가 하나님은 우리에게 하나님 자신을 알게 하기 위하여 하나님의 전지전능하심을 포기하셨다. 많이 들어보신 얘기이지요? 그래도 그래야만이 성장할 수 있기에, 그렇게 되어야만 하기에 반복해서 말씀드립니다. 이제 부연 설명하면서 조금 달라지는 내용이 있습니다. 그것이 무엇입니까?

창세기 1장과 2장이 창조의 장입니다. 3장부터 구속사가 시작됩니다. 그런데 창세기 1장, 2장을 살펴볼 때, 완전한 창조가 끝이 납니다. 그 창조의 장을 살펴 볼 때 어떤 내용이 들어있는가 하니 모든 다른 피조물들은 하나님 말씀으로 창조합니다. 그러나 인간은 하나님 형상으로 빚으시며 직접 빚으시는데 빚으시는 가운데서 두 가지 색다른 모습을 발견하게 됩니다. 그것이 무엇입니까? 먼저 아담을, 남자를 지으신 다음에 여자를 지음으로 말미암아서 인간은 남자와 여자로 지음 받았다는 것입니다. 남자를 짓고 여자를 지으심을 보면서 인간의 완성되는 모습, 한 몸인 것을 보여주고 인간은 남자와 여자로 되어 있음을 우리에게 보여주고 있습니다.

또 하나는 무엇인가 하니 1장과 2장을 통해서 보게 된다면 우리 인간을 지으신 다음에 자유의지에 대한 선언인 것입니다. 인간의 자유의지 선언은 무엇을 가리키는 것입니까? 하나님이 우리 인간을 지으신 다음에 우리 인간들이 하나님과 똑같은 자유를 누리시기를 원하십니다. 똑같은 자유를 누리게 하시기 위해서 주신 사건이 선악과 사건인 것입니다.

"얘야." "네?" "이 모든 것들은 네 마음대로 먹을 수 있고, 마실 수 있고, 깰 수 있고, 부실 수 있고, 가질 수 있고, 취할 수 있고, 버릴 수 있고, 마음껏 할 수 있어. 그런데 저 가운데 있는 선악과나무 열매는 먹지 마. 저것 먹으면 너 정령 죽는다!" 이 사건인 것입니다. 이 사건에 대해서 저 어렸을 때는 교회에서 이렇게 배웠습니다. "이 사건은 하나님 말씀에 순종이냐 불순종이냐 알기 위한 것이다. 순종하기 위해서 선악과를 주셨다." 이게 보통 가르침의 내용이었습니다. 그리고 사이비 쪽으로 나가면 이 사건을 가리켜서 여성과 불륜, 뭐 이런 식으로 잘못 풀어가기도 합니다만 사이비는 얘기할 필요도 없고 중요한 것은 이것입니다.

왜 하나님은 우리 인간에게 선악과 사건을 주셨는가? 이것은 우리 인간이 하나님과 똑같은 자유를 누리게 하기 위해서입니다. 이 선악과 사건은 우리 인간에게 자유의지의 선언이다, 이 말입니다. 하나님께서 우리 인류를 지으시면서 맨 마지막 관계가 바로 이것입니다. 즉 자유의지를 선언해 줌으로 말미암아서 우리 인생의 완성을 설명해 주고 있음을 우리는 보고 알아야 한다는 것입니다.

그런데 아담과 하와가 자유의지, 이 자유의지를 잘못 사용하여서 선악과를 따 먹게 됩니다. 그래서 죽임을 당하게 된 것입니다. 죽임 당한 인간들이 가장 중요한 것을 잃어버렸다면 그것이 무엇입니까? 인간 스스로 살 수 있는 자유를 잃어버린 것, 이것이 가장 아픈 것 중의 하나 아닙니까? 그런데 하나님께 다시 찾아와서 자유가 다시 회복되는 것, 우리는 이런 회복의 과정에 있습니다. 지금 중요한 것은 자유를 잃어버린 우리의 삶이라는 것을 알아야 된다는 것입니다.

이 문제만 나오면 저는 늘 말씀을 드립니다만 하나님께서는 우리 인간의 자유의지를 위해서 하나님의 전지전능을 포기하셨다 이 말인 것입니다. 여기서 짚어야 할 것이 무엇입니까? 우리 인간들이 하나님께 하는 맨 마지막 질문이 무엇입니까? '하나님이 전지전능하시다면 왜 선악과를 따 먹게 해 가지고 인간들을 고생하게 하는 거야, 그래도 하나님이 계시는 거야?' 이것이 마지막 질문이자, 핵심질문이자, 최후의 질문 아닙니까?

이때 하나님께서 우리를 하나님과 똑같은 자유를 누리게 하기 위해서 하나님의 전지전능하심을 포기하신 것을 알게 된다면 그러한 질문은 싹 사라져 없어져 버리고 오히려 하나님을 뵘으로 말미암아서 눈물이요 감격이요 즐거움이요 아름다운 삶이 시작되는 것을 우리는 알 수 있을 것입니다.
　인간 스스로 '하나님'하고 불렀을 때 하나님이 얼마나 기뻐하셨을 것인가? 얼마나 이것을 원하시는 가를 우리는 알 수가 있다는 것이지요. 하나님을 불렀을 때, 나는 당신은 나의 생명보다 높습니다. 당신은 나의 근원입니다. 나는 하나님 없이 살 수 없는데 살 수 없는 이유가 인간이 인간으로 태어나서 인간을 연구해 봐도 인간을 알 수 없는데, 하나님 형상으로 지음 받았기에 하나님이 지었기에, 하나님을 뵈면 뵐수록, 하나님을 알면 알수록 인간인 나를 알 수 있다는 말입니다. 내가 어디서 왔다가 어디로 가는 가를 알 수 있습니다. 웃음의 근원을 알 수 있습니다. 행복의 근원을 알 수 있습니다. 감사의 근원을 알 수 있습니다. 이것이 진짜 인간 아니겠습니까? 바로 하나님께서 우리로 하여금 그렇게 하나님을 부르기를 원하시면서 그것이 우리로 하여금 진짜 인간인 것을 깨닫게 하는 방법인 것을 알 때 우리는 이 말을 깨달을 수밖에 없다는 것입니다.
　둘째, 이 땅의 역사 과학 사회는 하나님이 우리 인류들에게 하나님을 알게 하기 위한 법칙인 것이며 동시에 인간들이 하나님을 부르도록 하신 것임을 알아야 합니다. 창조장 1장, 2장을 떠나서 3장부터 구속사가 시작되는데 구속사가 시작되었다고 하지만 3장부터 11장까지는 하나님과 인간의 직접적 대화입니다. 그리고 구속사의 구체적 내용이 창세기 12장부터, 아브라함에서부터 시작이 됩니다. 예수님이 구약에도 계셨고 태초에도 계셨지만 이천년 전에 나타나셨듯이 바로 구속사의 시작을 신약적으로 말한다면 창세기 12장으로부터라고 해도 틀리지 않는다는 것입니다. 그러면 3장부터 11장 사이는 무엇입니까? 하나님과 인간과 직접 상대해서 '인간들아 땅의 법칙을 봐라 하늘의 법칙을 봐라 바람의 법칙을 봐라 인간의 법칙을 봐라.' 그렇게 말씀하고 계십니다. 하나님을 깨닫게 하기 위한 하나님을 부르게 하기 위한 것으로 지음 받았음을 우리는 알게 된다, 이 말입니다.

분명한 것은 이런 상황 앞에서 바라보게 되었을 때 아시는 대로 이제 이런 관계를 보게 됩니다. 아브라함 전에 아담 가인 아벨 셋 노아 때까지만 하더라도 한 개인을 통해서 온 인류가 하나님을 알도록 역사를 움직이십니다. 아브라함 이삭 야곱 요셉 때에 이르러서는 아브라함의 가문 이삭의 가문 야곱의 가문 요셉의 가문을 통해서 하나님을 알게 하도록 본보기로 세워주셨습니다. 모세 때 이르러서는 이스라엘 민족을 통하여 온 세계 인류들에게 하나님을 알게 하기 위하여 세움 받았던 것을 알게 됩니다.

이와 같이 구속사가 나타나기 직전까지만 하더라도 하나님이 직접 통치하고 인도하심을 보아 알 수가 있다는 것입니다. 세계가 다 내게 속하였나니 하나님이 세상을 이처럼 사랑하사 독생자를 주셨으니 누구든지 분명히 하나님께서는 우리 인류들로 하여금 하나님을 부르도록 이 땅을 지었음을 바라보게 되는 것입니다.

역으로 보면 우리 인간들이 하나님을 부르지 않으면 그 책임은 우리 인간에게 있음을 설명해 주고 있습니다. 「롬 1 : 20」 창세로부터 그의 보이지 아니하는 것들 곧 그의 영원하신 능력과 신성이 그 만드신 만물에 분명히 보여 알게 되나니 그러므로 너희가 핑계치 못할찌니라. 오늘도 우리 장로님 기도하시면서 '장렬한 태양과 뜨거운 여름 속에서 하나님을 뵙게 하시니 감사합니다.' 얼마나 멋진 장로님이시

사색을 위한 단상 : 구원의 서정

고 우리 성도임을 확인하게 됩니까? 그렇습니다. 지금도 이 여름이 지나고 찾아오는 가을 앞에서 변함없이 일하시는 하나님을 뵐 수가 있고 발견하게 됩니다. 우리는 이 여름에 바다에 나가서 파도를 바라보면서 '이 파도가 하나님의 호흡이시라는 말인가?' 하면서 하나님을 뵐 수가 있습니다.

우리는 거짓말을 합니다. 때때로 거짓말하면서 거짓말하여 두렵다 하면서 두려움 앞에서 하나님을 뵐 수가 있습니다. 우리가 정직하게 생활합니다. 정직, 정직이 좋은데 그 좋은 정직 앞에서 하나님을 뵐 수가 있다는 것입니다. 이 같이 온 인류 역사 자연 그리고 사회는 하나님 부르심으로 꽉 차있습니다. 이 정도로 하나님께서는 우리 인류들로 하여금 하나님 부르기를 갈급해 하시고 원하시는 것을 설명해 주고 있습니다.

또 하나는 성경에 보면 하나님이 우리가 얼마나 하나님을 부르는 것을 좋아하시는지를 알 수 있는 장면을 볼 수 있습니다. 야곱 12아들은 어떤 본보기 중의 하나인가 하니, 하나님이 무엇을 기뻐하시는가, 하나님이 뭘 싫어하시는가, 뭐가 축복인가, 뭐가 저주인가, 뭐가 구속인가, 뭐가 은혜인가 이것을 보여주는 가문들입니다. 곧 12지파가 되는 것입니다.

그 중에서 야곱은 아내가 둘이 있는데, 라헬은 자식을 못 낳고 레아가 아들을 쑥쑥 낳습니다. 이때 레아가 낳은 첫째 아들이 루우벤인데 낳을 때 뭐라고 하시는가 하니 "여호와께서 나의 괴로움을 권고하셨다." 둘째도 아들 시므온을 주시니 "내 남편이 나를 사랑하리라." 셋째도 아들 레위를 주시니 "내 남편이 지금부터 나와 연합하리라." 넷째도 아들 유다를 주셨지요. 이때 "내가 이제는 여호와를 찬양하리라." '이제는 내가 여호와를 찬양하리라.' 하나님은 자존심이 없으십니까? 장자가 있고 두 번째, 세 번째도 주셨는데도 '나와 연합하리라, 나를 사랑하리라.' 그런데도 하나님은 그 속에 하나님이 계시기를 원하신다는 것입니다. 야곱의 12아들 중 유다족속을 통하여 그 후손을 통하여 다윗이 태어나고 예수 그리스도가 탄생됨을 우리가 보아 알 수 있는데 이 정도로 하나님께서는 우리 인류들이 하나님 부르기를 그렇게 간절히 애원하고 기다리시고 계심을 우리에게 강조해 주고 계시다는 것을 알 수 있다는 것입니다.

또 하나 우리 인간은 하나님 이름을 불러야만 웃을 수 있도록 지음 받았습니다. 돈을 벌어서 웃을 수 있는가? 출세를 해서 웃을 수 있는가? 식욕을 만족시켜서 웃을 수 있는가? 지식욕을 만족시켜서 웃을 수 있는가? 감정을 만족시켜서 웃을 수 있는가? 성욕을 만족시켜서 웃을 수 있는가? 이런 식으로는 절대 웃지 못하도록 지으셨다는 것입니다. 그럼 어떻게? 내가 하나님 이름을 부를 때 비로소 웃을 수 있도록 지으셨음을 우리에게 설명해 주고 있다는 것입니다.

만일에 집 떠난 탕자가 굶주려 죽을 정도로 고생하면서도 체면 때문에 약속 때문에 떠나서 돌아오지 않았다면 여전히 탕자는 가난 속에서 헤어나질 못했을 겁니다. 아버지 집에는 먹을 게 많다 하면서 찾아왔을 때 그는 비로소 회복되었고 어깨를 펼 수가 있었습니다. 예수가 한 마을을 지나갑니다. 소경 바디메오가 있습니다. "예수여, 선생님이여, 나를 불쌍히 여겨주세요." 소리 지르지 않았다면 소경 바디메오는 그냥 소경으로 있을 수밖에 없었습니다. 아하수로 임금님 때 이스라엘 백성들이 곤경에 빠졌을 때 "죽으면 죽으리라." 하나님께 부르짖지 않았더라면 이스라엘 백성들은 지금 어떤 식으로 구원받았을 것인가? 여전히 그대로 있을 수밖에 없었을 것입니다.

하나님을 부르지 않는다면 우리 인생은 어떻게 될까요? 그냥 머물러 있습니다. 어떻게 머물러 있습니까? 운명 팔자 속에 머물러 있습니다. 하나님 부르게 되면 영원(永遠)이 보입니다. 하늘나라가 보입니다. 우리의 회복됨이 보입니다. 죄송하지만 우리 '송수남 집사님 사건' 앞에서 봅시다. 심장마비를 일으키셨습니다. 그때 우리가 한 일이 무엇입니까? 어느 여집사님입니다. 앞에 나서서는 부끄러워 말 한마디도 못하는 분이십니다. 40대 중년임에도 불구하고 수줍음 속에서 매력을 보여주시는 집사님이신데 그 모습 보더니 "주여!" 소리를 지르셨습니다. 우리가 한 일이 뭡니까? 바로 '주여!'입니다. 당신이 이렇게 나을 때까지 이 분이 이런 역사 속에서 깨닫게 된 가장 중요한 것 중의 하나가 '주여!' 부르짖음이었습니다. 성도님들, '아버지여!' 불러서 만일 아버지의 응답이 없다면 우리는 지금 어떻게 되는 것입니까? 오늘 이 장면을 보여주심을 알아야 될 것입니다.

 인간이 갓난아이로 태어나서 갓난아이가 어떻게 엄마를 부릅니까? 우는 것이 부르는 것입니다. 엄마를 부르면서 모든 것이 시작됩니다. "쌌니? 깨끗하게 씻겨 줄게." 우리 인생이 하나님을 부르기만 하면 "나를 불렀구나, 이리와 너, 이것 필요하구나. 이리 와 내가 다 해줄게." 그래서 하나님 부름은 기도의 시작입니다. 내가 하나님 부름은 믿음의 시작입니다. 내가 하나님 부르면 우리 예배의 시작입니다. 내가 하나님 부르면 하나님과 나와의 관계의 시작입니다. 이렇게 되었을 때 하나님이 필요한 것을 채워주시면서 인도하시는 모습이 눈에 보이지 않느냐 이 말인 것이지요. '주여, 주여!' 외치십시다.

 "너 그렇게 무식한 사람이야? 너 그럼 샤머니즘이야?" 하더라도 그렇게 말하더라도 "나는 몰라, 하나님 안 나타나고 응답 없으면 아무것도 아니야. 아무것도 할 수 없단 말이야." 그렇습니다. '주여, 주여!' 부르면서 이 땅을 더 살아봅시다.

4. 하나님의 부르심 (소명)

> ✶ 또 미리 정하신 그들을 또한 부르시고 부르신 그들을 또한 의롭다 하시고 의롭다 하신 그들을 또한 영화롭게 하셨느니라
>
> 롬 8:30

　지난 시간 우리 인간이 하나님 부르시기를 얼마나 원하시는가에 대해서 말씀을 드렸습니다. 하나님이 우주와 인류를 창조하신 다음 가장 갈급하게 원하신 게 있다면 우리 인간이 하나님을 부르는 일이었습니다. 그 원하는 마음으로 하나님은 자기 자신을 알게 하기 위하여 하나님의 전지전능하심을 포기하셨다고 말씀을 드렸습니다. 하나님은 자존심이 없으신 하나님이십니까? 아닙니다. 그런데도 하나님은 하나님을 부르는 곳, 그곳을 통하여서 예수 그리스도의 탄생이라는 축복을 하셨습니다.
　부르심에 대해서 두 번째 시간 갖기를 원합니다. 지난번엔 이와 같이 우리 인간들이 하나님을 부르시는 마음에 대하여 생각했습니다. 그러면 오늘은 하나님이 구체적으로 어떻게 부르시기를 원하시는가를 말씀드리기 원합니다. 제가 알기로 우리 성도님들 말고도 지구촌의 66억 인구들에게 "당신 하나님 부릅니까? 하나님 믿습니까?"라고 물으면 적어도 어떤 문화권 컬쳐(culture)로서 "네, 예수님 믿지요." 이런 식으로 대답하고 있는 줄 알고 있습니다. 그렇다고 이 분들이 다 하나님 부르는 사람들인가? 성경은 아니라고 말씀하고 있다는 것입니다. 이 땅에서 스스로 하나님을 진지하게 부른다고 자처하는 유대인들이 있습니다. 이미 말씀드린 대로 안식일에 일하지 않습니다. 엘리베이터

를 운영하는데 엘리베이터 버튼 누르는 것까지도 일이라 하여서 다른 전용 엘리베이터를 만들어서 다니며 사용합니다. 인간 편에서 보자면 이 정도로 하나님을 진지하게 부르는 사람들이 없을 정도로 철저하게 부르고 있는데 하나님은 이들에게 아니라고 말합니다.

하나님을 어떻게 불러야 만이 하나님이 원하시는 하나님을 부르게 될까요? 하나님은 거짓말 안하십니다. 우리 인간들이 거짓말하고 있습니다. 그 뜻을 살피기 위해서 본다면 「요 1서 5 : 10」에서 본다면 하나님의 아들을 믿는 자는 자기 안에 증거가 있고 하나님을 믿지 아니하는 자는 하나님을 거짓말 하는 자로 만드나니 이는 하나님께서 그 아들에 관하여 증거 하신 증거를 믿지 아니하였음이라. 「5 : 12」에 말합니다. 하나님의 아들이 있는 자에게는 생명이 있고 하나님의 아들이 없는 자에게는 생명이 없느니라. 말씀하고 있으니 예수님 없이 하나님 이름을 부르는 자는 하나님을 부르고 있는 게 아니라고 말씀하고 있는 것입니다. 「요 14 : 6」 내가 곧 길이요 진리요 생명이니 나로 말미암지 않고는 아버지께로 올 자가 없느니라. 「요 10 : 1-2」 양의 우리에 문으로 들어가지 아니하고 다른 데로 넘어가는 자는 절도요 강도요 문으로 들어가는 자가 양의 목자라. 분명히 예수 그리스도를 통하지 않고는 하나님께 나아갈 수가 없다는 것입니다.

예수님은 하나님 사랑의 본체일진데 예수님 부르지 않고 어떻게 하나님을 부를 수 있고 하나님을 알 수 있느냐는 당연한 이치의 말씀에 귀를 기울여야 될 것입니다. 예수님은 구약의 아브라함도 이 사실을 믿었음을 보여주고 있습니다. 「요 8 : 56」 너희 조상 아브라함은 나의 때 볼 것을 즐거워하다가 보고 기뻐하였느니라. 예수님은 다윗도 예수님을 불렀다고 말하고 있습니다. 「마 22 : 43」 가라사대 그러면 다윗이 성령에 감동하여 어찌 그리스도를 주라 칭하여 말하되. 「22 : 45」입니다. 다윗이 그리스도를 주라 칭하였은즉 어찌 그의 자손이 되겠느냐 하시니. 이는 구약에서도 분명히 하나님을 부를 때 성부 성자 성령 삼위일체 하나님을 불러야 만이 하나님을 부름이라고 말하고 있다는 것입니다. 우리는 이 하나님의 뜻이 창조 때부터 있음을 잘 알고 있습니다. 창세기 창조의 장 1장, 2장을 보면 하나님이 인간을 지으시고 '하나님 보시기에 심히 좋았더라'라고 말씀하고 있습니다. 여기에서 '심히'에 대해서 한 번 주석해보기를 원합니다.

　하나님께서 이 땅을 창조하셨을 때 말씀으로 창조하셨습니다만 인간을 창조하셨을 때는 흙으로 육체를 지으시고 그 코에 생기를 불어넣으셨으니, 이렇게 말씀하신 다음에 "애야, 내가 너를 지을 때에는 나와 똑같이 지었단다." "네가 얼마나 존귀한 존재인줄을 아느냐?", '하나님 보시기에 심히 좋았더라' '너는 나와 똑같다'라는 말이 들어있다는 것입니다. 또 하나 더 하나님께서 말씀하고 있습니다. "애야, 내가 너를 나와 똑같이 지었을 뿐이 아니라 내가 너를 위하여 십자가에 죽을 거야, 내가 너를 얼마나 사랑하는지 내가 너를 위하여 값없이 죽을 거야." 그래서 하나님께서는 인간을 쳐다보며 '심히 좋았더라, 심히 좋았더라'고 우리에게 말씀하고 있다는 것입니다. 이렇게 살펴봤을 때 하나님께서는 이미 2천 년 전에 십자가에 죽으심이 아니라 하나님이 스스로 계실 때부터 그리고 인간을 창조할 때 이미 십자가에 죽어져 계신 하나님을 발견하게 됩니다. 지금도 하나님은 나 때문에 우리 때문에 십자가에서 피를 흘리고 계시는 하나님이 보이실 뿐인 것입니다. 이 일은 오늘로 끝나는 것이 아니라 예수님이 재림하셔서 우리를 천국에 인도하실 때까지 여전히 하나님이 십자가에 피를 흘리시고 계심을 우리가 알아야할 것을 강조하고 있는 것입니다.

　이렇게 피를 흘리심으로 말미암아서 우리의 눈빛 하나 상하지 아니하고 우리의 생각이나 머리털 하나 상치 아니하신 채 여전히 주님을 주님의 피 흘리심 속에서 바라보게 된다면, 이것을 깨달았다면 우리는 이 아버지 앞에서 어떻게 해야 할지 모르는 감사 감격 영광 찬양 존귀 주님만 하나님만 높여드리는 이유를 알게 된다는 그 말입니다. 이 사건은 지난 시간에 말씀드린 대로 우리의 자유의지를, 하나님과 똑같은 자유를 누리게 하시기 위해서 하나님 스스로가 전지전능하심을 포기한 이유에 대하여 깨달아 알게 되면, 완벽한 절대적인 확실한 부르심인 것임을 알게 된다는 것입니다. 이제 하나님의 부르심이 얼마나 완벽한 부르심인지 살펴보기 원합니다. 지구촌의 인간 중에서 아담 이후 지금까지, 아니 앞으로 태어날 우리 인류들 가운데서 하나님을 먼저 부른 사람은 단 한 사람도 없습니다. 그런 까닭에 '나는 하나님을 믿고 있어, 나는 하나님을 부르고 있어.' 한다면 그것은 거짓말입니다. 그러면 누가 하나님 부르신 자입니까? 하나님이 불러서 하나님을 보게 된 자들이 하나님을 부르는 자들이라 이 말인 것입니다. 아담이 노아가 아브라함이 다윗이 베드로가 바울이 요한이 칼빈이 루터가 우리 성도들이 어느 누가 먼저 하나님을 부른 자가 있습니까? 아담 노아 아브라함 다윗이 하나님의 부름을 받은 것으로 말미암아서 우리가 성도가 되었다면, 이 하나님의 부르심이야말로 가장 완벽하고 확실하며, 분명한 부르심인 것을 우리는 알아야 된다는 말입니다. 만일 우리 인간이 하나님을 불렀다면 그것은 가짜이며, 그것은 불안전한 것이며 아무것도 아닙니다. 성경은 말하고 있습니다. 하나님의 부르심은 변치 않는 부르심이라고 말씀하고 있습니다. 「베전 1 : 25」 오직 주의 말씀은 세세토록 있도다 하였으니 너희에게 전한 복음이 곧 이 말씀이니라.

하나님의 부르심은 세세에 있다. 상대적이 아닙니다. 그렇다고 상황윤리도 아닙니다. 절대적인 것입니다. 따라서 하나님의 부르심인 까닭에, 하나님이 불렀다면 완벽한 부르심이고 우리가 하나님을 불렀다면 그것은 상대적입니다. 상황윤리입니다. 그것은 부름이 아니라 불러주셨을 때만이 완벽한 것임을 우리에게 말하고 있습니다. 하나님의 부르심은 값없는 은혜의 부르심입니다. 「**이사야 55 : 1**」 너희 목마른 자들아 물로 나아오라 돈 없는 자도 오라 너희는 와서 사먹되 돈 없이 값없이 와서 포도주와 젖을 사라. '하나님의 사랑은 값없이 우리에게 주셨다. 아무 조건 없이 하나님이 십자가에 죽어주셨다'는 이 말인 것입니다. 너무나 쉽게 말씀해 버리니 도대체 믿지 않으시려고 그래요. 이게 참 답답한 일이에요. 너무나 쉽습니까? 이게 하나님 뜻입니다. 너무나 쉬운 게 아버지의 뜻입니다. 그런데 이러한 이치가 발견되는 것은 이 우주에 태양 공기 바람 물 자연 그런 것들이 하나라도 지금 없으면 우리는 죽어버리는 것 아닙니까? 그런데 "태양, 고맙습니다. 바람, 고맙습니다." 그렇게 말합니까? 그냥 당연한 줄 알고 살고 있듯이 하나님의 사랑을 당연한 줄 알고 살고 있는데 그러면 안 될 것입니다. 제가 무슨 일을 했을 때 아무것도 한 것도 없는데 고맙다하며 찾아와 주면 뭔가 막 뚫리더라고요. 그래서 감사가 없는 사람 재미가 없고, 감사를 모르는 사람을 보면 뭔가 막힌 것 같아 감사하는 사람을 보면 '저분이 눈이 좀 뜨이는 구나.' 이렇게 보입니다.

하나님이 값없이 죽어주셨는데 제발 감사하면서 우리가 살아야 될 것이라는 그 말인 것입니다. 하나님의 부르심은 후회 없는, 실수하지 않는 부르심인 것입니다. 「**롬 11 : 29**」 하나님의 은사와 부르심에는 후회하심이 없느니라. 무슨 말입니까? 내가 너희를 불렀느니라. 죄송하지만은 사탄이 내게 찾아옵니다. "하나님, 저 배 목사는요. 어제도 주일날, 설교 준비 날인데 뭐했는지 아십니까?" 사탄이 해코지합니다.

삼강오륜이 나타나더니 '삼강오륜에 대해서 네가 얼마나 비슷했느냐?', 헬레니즘 문화권 속에서 진리, 이것이 진리인데 저보고 '네가 진리를 지켰느냐?' 그렇게 나에게 해코지합니다. 이때 하나님이 말합니다. "내가 불렀느니라, 내가 너를 부른 것을 후회하지 않느니라. 내가 말하였느니라, 내가 너를 불렀느니라." 인정해 주시기를 바랍니다. 감사해 주시길 바랍니다. 하나님의 부르심은 거절할 수 없고 능력 있는 부르심인 것입니다.

「행 13 : 48」 이방인들이 듣고 기뻐하여 하나님 말씀을 찬송하며 영생을 주실 작정을 한 자는 다 믿더라. 성경은 말하고 있습니다. 하나님이 부르신 자, 하나님과 인간이 부딪치면 뭐가 될까요? 하나님 보자마자 "나는 이제 죽었습니다. 이제 죽었어요.' 입니다. 피조물인 태양도 올바로 볼 수가 없는데 어떻게 하나님을 뵐 수가 있습니까? 이게 이적이지요. 하나님 뵈었으면 죽은 사람일텐데 살아있습니다. 이게 은혜거든요. 하나님의 부르심은 이런 부르심이라 이 말입니다. 하나님의 부르심은 영원한 부르심입니다.

「이사야 55 : 3」 너희는 귀를 기울이고 내게 나아와 들으라 그리하면 너희 영혼이 살리라 내가 너희에게 영원한 언약을 세우리니 곧 다윗에게 허락한 확실한 은혜니라. 하나님의 부름은 영원인 것이며 인간의 만남, 인간의 부름은 영원이라는 것이 없는 것입니다. 그래서 우리는 영원을 실존으로 가지고 살고 있다는 것, 그것이 얼마나 아름다운지 모르겠습니다. 하나님의 부르심은 우리를 천국에까지 가도록 지켜주시는 부르심입니다.

「엡 4 : 30」 하나님의 성령을 근심하게 하지 말라 그 안에서 너희가 구속의 날까지 인치심을 받았느니라. 이게 이적입니다. '너는 이제 내 거야 됐지? 열심히 살아봐.' 그러시지 않으시고, 그냥 두질 않으십니다. 내 머리칼을 세시며 생각나게 하시고 가르쳐주십니다. 사건이 터졌는데 "하나님, 어떻게 하지요?" 물어보면, "여기 있잖니?" 길을 가르쳐주십니다. 언제까지? 구속의 날까지. 어디까지? 천국에 갈 때까지 인도하시는 부르심이라 말씀하고 있는 것입니다.

이제 한 번 생각해 봅시다. 무엇이 축복이라고 생각하십니까? 아직도 돈을 버는 일입니까? 아직도 진급이 축복입니까? 아직도 남이 나를 알아주는 것이 축복입니까? 이런 일로는 도저히 웃을 수가 없습니다. 이 사실들이 우리에게 현실로 드러나는, 하나님의 약속의 도장이 예수 그리스도인 것을 알아야 됩니다. 곧 하나님 자신이 나 때문에 십자가에 죽어주심으로 하나님 말씀이 확실한 진리임을 우리에게 보여주고 있다는 것입니다. 그러기에 예수님 없는 하나님 부름은 하나님 부르심이 아닙니다. 이 예수님 통한 하나님 부르심에 대해서는 다른 종교가 흉내 낼 수 없습니다. 어떤 종교도 흉내 낼 수가 없습니다. 어떤 양심도 철학도 과학도 도덕도 아무도 흉내 낼 수가 없습니다. 하나님만이 부르라고 말씀하신대로 부르는 방법인 것을 알게 되는 것입니다.

이제 하나님이 인간들에게 하나님 부르심의 원하심과 하나님이 인간들을 부르셨음에 대하여 우리 믿음의 생활로 적용시켜 말씀 맺기를 원합니다. 하나님은 아브라함을 75세에 부르셨습니다. 그런데 115세가 지나서야 이제야 네가 나를 경외하는 줄을 안다고 「창 22 : 12」에 말씀하고 있습니다. 제가 알기로 75세에 하나님 불렀습니다. 그런데 85세에 하갈을 취해서 이스마엘을 낳는 실수를 범합니다. 이것은 하나님 뜻이 아닌 것이었습니다. 그리고 또 90세 쯤 되었을 때에도 약속의 땅에 머물러 있지 않고 남쪽나라 그랄 지방에 가서 그랄 왕 아비멜렉에게 자기 아내를 동생이라고 속이는 실수를 범합니다. 아브라함 기사가 많이 나오는데 아브라함이 대 여섯 번 실수, 거짓말을 합니다. 중요한 것은 성경에 기록된 실수, 거짓말보다도 성경에 기록되지 않은 실수나 거짓말을 더 많이 하신 분이 아브라함인줄 알고 있습니다. 그러나 아브라함이 115세가 지나서 '네가 이제야 나를 경외하는 줄을 안다'라고 하나님이 말씀하고 있다는 사실입니다.

저는 지금, 이 아브라함을 보면서 내 위치는 과연 몇 년짜리에 있는가? 살펴보자는 것입니다. 분명히 75세 때에도 하나님의 부르심이 있습니다. 100세 때에도 하나님의 부르심이 있습니다. 아니 75세 이전 그 전에도 하나님은 아브라함을 부르시고 간섭하고 계셨습니다. 그런데, 아브라함은 75세 때 하나님의 음성을 들었을 뿐입니다. 이렇게 봤을 때 아브라함의 75세 때의 모습과 아브라함의 100세 때의 모습이 같습니까? 다릅니까? 분명히 다릅니다. 아브라함의 75세 때의 모습은 실수, 거짓말을 더 많이 하는 아브라함의 모습이고 100세 때에는 모르긴 몰라도 거짓말하기 힘들었을 것 같습니다. '안 돼. 내가 실수하면 안 돼'하며 몸부림치는 아브라함이었을 것입니다. 그렇다면 비교해봤을 때 나의 위치는 아브라함의 어느 위치의 모습입니까? 아브라함의 모습으로 볼 때 75세입니까? 95세입니까? 100세의 모습이냐? 분명 예수님을 닮아감으로 성숙한 우리의 모습을 보여줄 때 비로소 하나님이 인정하시는 삶이 되는 것입니다. 저는 그렇기 때문에 이 일을 이렇게 표현하길 즐거워합니다. 우리는 예수님을 닮아간 만큼 웃을 수 있다. 우리는 예수님을 닮아간 만큼 행복할 수 있다. 다른 말로 말하면 우리 인간이 하나님 형상으로 지음 받았으니 내가 하나님처럼 된 만큼 건강할 수 있다. 눈빛이 빛날 수 있다. 내 양심이 멋질 수 있다. 이게 답입니다. 성도님들, 예수님 닮아 가십시다. 예수님처럼 사십시다. 이 땅에서 멋지게 살아봅시다.

5. 중생

> ※ 그런데 바리새인 중에 니고데모라 하는 사람이 있으니 유대인의 지도자라
> 그가 밤에 예수께 와서 이르되 랍비여 우리가 당신은 하나님께로부터 오신 선생인 줄 아나이다 하나님이 함께 하시지 아니하시면 당신이 행하시는 이 표적을 아무도 할 수 없음이니이다
> 예수께서 대답하여 이르시되 진실로 진실로 네게 이르노니 사람이 거듭나지 아니하면 하나님의 나라를 볼 수 없느니라
> 니고데모가 이르되 사람이 늙으면 어떻게 날 수 있사옵나이까 두 번째 모태에 들어갔다가 날 수 있사옵나이까
> 예수께서 대답하시되 진실로 진실로 네게 이르노니 사람이 물과 성령으로 나지 아니하면 하나님의 나라에 들어갈 수 없느니라
>
> 요 3:1-5

지난 시간 부르심에 대해서 말씀드렸습니다. 부르심 다음으로 중생이 이어지게 되는 이유가 있습니다. 중생, 그것은 무엇입니까? 성경적인 관계 속에서 하나님과의 시작은 바로 이 부르심에서 시작된 것을 알게 하기 위함인 것이었습니다. 이제 논리를 보시기 바랍니다. 하나님이 불렀습니다. "예"라고 대답했습니다. "배 목사야!" "예. 아, 하나님." 바로 이 순간 포착이 중생입니다. 뭐가 중생이냐? '예, 하나님' 그것입니다. 이미 말씀드렸듯이 인간이 먼저 하나님을 부른 사람은 한 사람도 없습니다. 하나님이 먼저 인간을 부르셨으니 우리 모두는 중생한 자들이라 이 말이지요. 내가 지금 '아, 하나님' 이 소리를 안 했다고 해서 염려하지 마십시오. 성경에서는 지금 내가 교회에 나온 것도 내가 나온 것이 아니라 하나님이 나오게 했다고 말하고 있습

니다.

　우리 솔직하게 이야기 합시다. 지금 교회에 나오면서 '하나님이 나오게 하셨어.' 하는 사람이 한 사람이라도 있습니까? '내가 나왔지' 이 느낌 아닙니까? 성경을 열어보면 '네가 나온 게 아니야 내가 나오게 했단 말이야' 마찬가지로 '아, 하나님' 이 소리를 내가 안 했다 해도 염려하지 말라는 것이지요. 분명히 하나님께서 나를 부르셨으므로 내가 이렇게 예배하게 되었고, 하나님을 부르게 되었고, 하나님 앞에서 운 좋게 살게 되었음을 우리는 알뿐인 것이며, 분명히 이런 걸 느꼈으면서도 말을 못하게 되는 것은 내 행동이 아직 떳떳치 못하니까 그렇게 말하려면 죄송스럽지요. 그래서 그냥 침묵하고 있는 것이 우리의 현실이지 않느냐, 이 말인 것입니다.

　그렇습니다. 중생은 하나님을 본 자를 가리킵니다. 하나님을 본 자는 이 세상이 달라져 보입니다. 이 말은 세상이 달라졌다는 말이 아닙니다. 하나님이 지배하는 세상이 보이기 시작했다는 것입니다. 우리는 하나님이 통치하는 세상을 '새 세상'이라고 부릅니다. 이 말을 신학적으로 표현해 본다면 중생은 새 생명의 원리를 사람 안에 심고 영혼의 지배적 성향을 성화시키는 하나님의 전적행위를 가리켜 말합니다. 이 말을 우리는 성도들의 새 생활의 시작이라고 말합니다. 「마 19 : 28」 세상이 새롭게 되어 인자가 자기 영광의 보좌에 앉을 때에 나를 좇는 너희도 열 두 보좌에 앉아 이스라엘 열 두 지파를 심판하리라. 「디도서 3 : 5」 그의 긍휼하심을 좇아 중생의 씻음과 성령의 새롭게 하심으로 하셨나니. 분명히 내가 살고 있었을 때와 하나님이 불러서 하나님이 이 땅을 통치하는 세계는 확실히 다른 것을 바라보면서 '새 세상'이라고 부르게 된다는 것입니다. 이 말을 '우리는 새로 태어났다 다시 출생하다 거듭나다'라고 표현하게 되는 것을 알게 됩니다.

거듭나지 아니하면 하나님의 나라를 볼 수 없다. 「벧전 1 : 23」 거듭난 것이 썩어질 씨로 된 것이 아니요 썩지 아니할 씨로 된 것이니 하나님의 살아있고 항상 있는 말씀으로 되었느니라. 「엡 2 : 10」 우리는 그의 만드신 바라 그리스도 예수 안에서 선한 일을 위하여 지으심을 받은 자니 이 일은 하나님이 전에 예비하사 우리로 그 가운데서 행하게 하려 하심이니라. 오늘 본문 내용을 다시 한 번 더 말씀드린다면 이런 내용입니다. 니고데모가 밤중에 예수님께 찾아옵니다. 니고데모는 유대인으로 오늘로 말하면 국회의원 장관급 되는 관료인 사람입니다. 이 분이 예수님께 찾아와, "내가 보니 당신이 틀림없습니다. 우리가 기다리는 메시야 그 분, 이 지구촌을 유토피아 세계로 만드실 그 분, 나를 완성시키시므로 온전케 하실 분이 당신 맞지요?" 예수님이 니고데모에게 대답합니다. "이 사람아, 사람이 거듭나지 않으면 그 나라 유토피아 세계가 완성되는 것은 완전히 이룰 수 없다"고 말합니다. 어떻게 거듭나야 하냐고 물었을 때 "물과 성령으로 거듭나야 만이…" "무슨 말입니까?" "인간 스스로는 죽었다 깨어나도 이 일을 할 수가 없네, 하나님만이 하실 수 있는데 하나님이 일하실 때 성령으로 말미암아서 우리에게 그렇게 되게 하네." 라고 그렇게 우리에게 말씀하고 있는 것이 오늘 본문 내용인 것을 우리는 너무나 잘 알고 있습니다.

그러면 어떻게 거듭납니까? 성령으로 말미암아서 거듭나는 것, 하나님이 부르시니 부르시는 자체가 거듭남이며 바로 우리의 중생 자체를 설명하고 있는 것을 알아야 한다는 것입니다. 하나님이 부르시니 '아, 하나님'하는 순간 이것이 거듭나는 중생이라면 이 소리를 다른 소리로는 뭐라고 부르게 됩니까? 함께 살리라. 소생시키다. 곧 「엡 2 : 5」 허물로 죽은 우리를 그리스도와 함께 살리셨고「골 2 : 13」또 너희의 범죄와 육체의 무할례로 죽었던 너희를 살리시고 우리에게 모든 죄를 사하시고 라고 말씀하고 있습니다. 곧 하나님이 부르신 자는 하나님이 함께 산다, 함께 동행 한다 이런 뜻이 들어있다, 이 말인 것입니다. 내가 살고 있는 세상과 하나님이 살게 하시는 세상이 똑같은 세상이지만 다르다는 말입니다. 무슨 얘기입니까? 똑같이 밥을 먹는데 내가 먹는 밥이 있고 하나님이 먹게 하는 밥이 있습니다. 내가 먹는 밥은 지금 이 세상 죽음으로 가는 세상입니다. 내가 먹고, 내가 입고, 내가 사는 세상은 공중의 권세를 사탄의 권세에게 빼앗겨서 이미 시샘하고 남을 죽이지 않으면 살지 못하는 세상이 되어버린 이 땅인 것입니다. 그러나 하나님이 통치하는 세상은 지금도 하나님이 통치하고 계십니다. 그렇기 때문에 그 통치 세계를 내가 볼 수가 있습니다. 느낄 수가 있습니다. 바로 그 세계 속에 들어와 봤더니, 새 세계, 소생되는 세계에 들어와 봤더니 나를 통하여 거룩이 나타나는데, 나를 통해 사랑이 나타나는데, 평화가 나타나는데, 아름다움이 나타나는데 과연 하나님이 인도하는 세상은 새 세상, 소생되는 세상이 중생한 자의 특성으로 나타난다는 것입니다.

  중생하는 자의 특성은 이런 것들이 있습니다. 무엇이 있을까요? 중생한 자는 그의 마음에 그리스도를 믿는 것입니다.「요 6 : 44」나를 보내신 아버지께서 이끌지 않으면 아무도 나에게 올 자가 없도다. 오늘 내가 지금 주님을 불렀습니다. 주님을 부른 이유가 바로 하나님이 부르시게 하심으로 말미암아서 나로 하여금 주님께로 향하게 만드는 것, 그게 바로 중생한 자에게 성령의 역사하심을 말해주고 있다 이 말인 것입니다. 중생한 자는 하나님께로 나아갈 마음이 나타나게 됨을 보게 됩니다.「히 10 : 22」우리가 마음의 뿌림을 받아 참마음과 온전한 마음을 믿음으로 하나님께 나아가자. 분명히 중생한 자는 하나님께 나아가 하나님을 보고 싶습니다. 왜 그렇습니까? 가만히 살펴본다면 결론은 버킹검이 될 수밖에 없는데 하나님께 안 나오면 말씀대로 안 살면 웃음이 없습니다. 진짜로 없습니다. 진리가 안보이고, 답이 안보입니다. 그런데 이렇게 들어와 있기만 하면 참이 드러나는데 진리가 드러나는데 하나님께 바짝바짝 매달릴 수밖에 없는 속마음을 나에게 허락하셔서 움직이고 있는 것이 바로 성령, 중생한 자의 마음이라는 것입니다.

중생한 자는 하나님 사랑하는 마음으로 나타나게 되는 것입니다. 「살후 3:5」주께서 너희 마음을 인도하여 하나님 사랑과 그리스도 안에 들어가게 하시기를 원하노라. 또 중생한 자는 영원을 사모하는 마음을 갖게 되는 것이며 그것을 알게 되는 것입니다.「전 3:15」때를 따라 하나님께 아름답게 하셨고 사람에게 영원을 사모하는 마음을 주셨느니라. 내가 하나님 믿은 것이 아니라, 내가 하나님께 나온 것이 아니라, 하나님이 나에게 영원을 사모하는 마음을 주셨습니다. 이것도 타락했을 때는 도무지 깨닫지 못했는데 중생한 자는 이 마음을 회복하여서 영원을 바라보고 사모하는 마음을 갖게 되었다, 이게 중생의 특징인 것을 알게 됩니다.

중생의 방법은 어떻게 될까요? 중생은 하나님의 창조주 역사이고 따라서 사람은 순전히 수동적인 역사이며 인간이 협력할 가치가 없는 전적인 하나님의 소관, 절대적 하나님 소관인 것임을 우리는 알게 되는 것입니다. 즉 구원은 전적으로 하나님에게 속한 것이란 말입니다. 계시의 종류는 크게 특별계시 일반계시로 나눌 수가 있습니다. 계시의 방법은 일방통행 조건통행이 있습니다. 예수 믿고 안 믿고는 하나님 소관, 즉 일방통행입니다. 말씀대로 살면 축복받고 말씀대로 못살면 저주받게 되는 성장문제가 있는데 구원문제 생명문제 영생문제는 전적으로 하나님께 속한 문제니까 중생은 특별계시에 속한 것입니다. 중생은 바로 일방통행 하나님의 전적 소관인 것을 알게 하고 있습니다.

중생은 새 생명원리를 영혼에 심으며 숨겨진 새 생명을 행동으로 드러나게 만드는 것을 알 수 있습니다. 이미 특색에서 말씀드렸듯이 예수님을 본받게 하고 사랑하게하고 영혼을 바라보게 하면서 실제로 우리가 예수님 믿기 전에도 뭡니까? 우리가 알게 되는 일이 있죠. 예수님 알기 전에 선한, 악한 양심이 있다. "선한 일이 무엇이지?" "섬기는 일이야 사랑하는 일이야 도와주는 일이야." "악한 일이 뭐지?" "때리는 거, 욕하고 거짓말하는 거야." 그런데 이상합니다. 예수님이 딱 들어오셔서 가지고 중생한 자가 되기만 하면 내가 예수를 알기 전에 나쁘다고 했던 것은 다 나빠지고 좋다고 했던 것들만이 계속해서 우리 삶 가운데 들어나기 시작하고 가기 시작하면서 우리를 이끌어가는 것을 볼 수가 있다, 이 말입니다.

재미난 것은 그런 것들을 이렇게 알게 됩니다. 뭡니까? 우리는 사건을 먹고 삽니다. 이 사건을 통해서 이젠 거룩이 나타납니다. 사랑이 나타납니다. 이게 나타납니다. 사건을 통해서 내가 나타나면 나의 이익을 말하고 성경적이 아닙니다. 이것은 세상적입니다. 사건을 통해서 거룩이 나타난다. 이것이 나타났을 때 현실은 비밀인데 꼭 그 사람 바보가 됩니다. 꼭 그 사람은 왕따를 당합니다. "쟤는 바보니까 늘 그렇게만 대답하는 애야. 쟤는 그런 애라니까, 다른 애 부르면 돼." 늘 사람들 앞에서는 바보가 되고, 왕따가 되고, 싫은바 되고, 고운 모양도 없는데 그런데 이상한 것은 죽은 줄 알고 봤더니 아직도 살아있네, 그리고 3개월 6개월 1년이 갑니다. '이상하네, 내가 달라지고 있네. 오, 하나님이 하게 하셨구나. 성령이 진행하고 있구나. 이상하네. 지금도 하나님이 살아계시시네.' 이렇게 말을 하게 하면서 달라지는 것이 중생의 방법, 하나님께서 일하시는 방법인 것을 우리에게 설명해 주고 있다, 이 말 입니다. '내가 하나님을 부르게 되었구나. 믿게 되었구나.'

중생을 이렇게 오해하지 말아주십시오. 실체의 변화는 아닙니다. 즉, 새로운 물질적인 종자가 사람 안에 심겨지는 것이 아닙니다. 빨 주 노 초 파 남 보 빨간색이 파란색으로 파란색이 노란색으로 변하는 것이 아닙니다. 빨 주 노 초 파 남 보가 더 좋은 빨강색, 더 좋은 깨끗하고 빛나는 다른 아름다운 색으로 빛나는 것을 우리에게 설명해 주고 있습니다. 느낌이나 사물을 보는 마음이 달라지는 것이 아닌 것을 알아야겠습니다. 오히려 영혼의 중심이 되고 돈을 죄로 보는 것이 아니라 돈을 더 잘 사용하게 만드는 주십니다. 가정을 파괴하는 것이 아니라 오히려 가정을 더 좋은 관계로 만드는 것이 중생한 자, 또는 성령의 특색입니다. 아내는 남편을 더 존경하게 되고, 친구와 친구 사이가 더 빛나게 되고, 여자는 여자 되고 남자는 남자 되고, 산은 산이 되고 바람은 바람 되고, 미움은 미움 되고 저주는 저주되면서 확실하게 빛나게 하면 '아, 이렇게 되었구나. 되었구나.' 하는 것이 바로 중생한 자가 깨닫게 되는 성령의 방법인 것을 알아야 됩니다.

오히려 죄 문제가 나타난다면 우리 중생한 자는 죄를 어떻게 사용하느냐고 묻게 됩니다. 특별히 의사선생님에게는 거짓말 사용문제가 있는 것을 저는 알고 있습니다. 분명히 진단해 보니 암 말기가 되어 사흘을 못살 것을 의사는 압니다. 그런데 정작 아픈 사람에게는 "조금만 더 참아주십시오. 기다리면 승리하실 수가 있습니다." 그렇게 말합니다. 이렇게 말을 했다하여 거짓말했다하지 않고 "우리 의사선생님 거짓말을 잘 사용하셨네요." 합니다. 중생한 자는요. 이 모든 존재하는 것들을 나를 위해 쓰지 않고 하나님을 위해서 사용하기 때문에 멋지게 아름답게 승화시키고 다 빛이 납니다. 그래서 낮과 밤이 하루가 되는 것을 알아야 됩니다. 중생의 방법은 하나님이 불러서 본 상태를 가리키는 것이며 부르신 하나님이 내 안에서 하나님이 직접 일하고 계시는 것을 보면서 내 입에서 나오는 용어를 말하게 되었군요. 보게 되었군요. 사랑하게 되었군요. 만나게 되었군요. 이렇게 살게 만들어진다, 이 말입니다.

중생한 자의 결과는 어떤 결과가 나올까요? 하나님을 확실하게 믿게 만듭니다. 무슨 말일까요? 지금 66억 명 인구에게 물어봅니다. "당신 하나님 믿습니까?"라고 물어본다면 제가 알기론 한 50억 명 정도가 "믿지요! 하나님이 우리를 창조하셨지요. 예, 그럴 거예요." 확실하다는 말을 못하지요. 그 다음 한 가지 더 질문합니다. "아니 그 하나님이 동정녀 마리아에게서 성령으로 태어나신 분이 예수님이어요. 이것 믿습니까?" 66억 명 중에서 그 소리를 믿는다는 소리, 내가 첫 번에 믿는다고 얘기 했으니까 이것도 믿지 않는다고 하면 안 되니까 몸을 추스르는 사람이 1억 명쯤이나 될까? 그 나머지 65억 명은 나는 안 믿는다고 말합니다.

중생한 자는 「창 1 : 1」을 믿는 이 믿음 앞에서 '하나님께서 인간으로 오셨습니다. 동정녀에게 탄생하셨습니다. 예, 당연하지요. 그럴 수밖에 없으셨네요.' 이렇게 확실하게 하나님을 믿게 되는 결론이 나온다는 것입니다. 지금 이 말씀이 진짜 아니면 가짜입니다. 중간은 없습니다. 때문에 우리가 진솔했으면 좋겠습니다. 차라리 가짜라면 교회를 떠나는 게 더 좋을 지도 모릅니다. 진짜입니다. 이것이 진짜이기 때문에 하나님께서 통치하는 세계 속에서 하나님의 방법 하나님의 일하시는 것을 직접 실전으로 즐기고 실전으로 누리게 되는 것이 중생한 자의 결론인 것입니다. 중생한 자는 하나님이 나와 함께 있었음을 깨닫게 됩니다. 사도 바울이 다메셋 도상에서 예수님 만나게 되는데 사도행전에서 9번에서 11번 사이 설교를 합니다. 설교를 할 때 간증이 필요할 때만 그 얘기를 했습니다. 13서신을 살펴보면, '하나님이 태초에 예정하셔서, 예정하셔서' 이 말로 가득 차있습니다. 이 말이 무슨 말입니까? '나는 처음으로 다메셋 도상에서 예수님을 만난 게 아니라 이미 나를 낳기 전부터 예수님이 나를 부르셨어.' 이렇게 얘기하고 있습니다. 결국 중생한 자는 어떤 고백이 나오게 되는가 하니, 내가 지금만 예수 믿는 게 아니라 과거에도 나를 부르고 계셨고 내일도 모레도 예수님 재림하실 때 또는 저 천국에 갈 때까지 불러주시기 때문에 이 사실을 알게 된다는 것입니다. 그래서 자연스럽게 중생한 자는 어떤 결과를 갖게 됩니까? 천국에서도 하나님과 더불어 영원히 함께 할 확실한 새 세계, 확실한 새 생명, 확실한 하나님과의 삶이 우리의 현실로 드러나게 되어있다 이 말인 것입니다. 성도님들 오늘 내가 교회를 나온 것 아닙니다. 하나님이 나오게 하셔서 예배하게 한 중생한 자들입니다. 이 사실을 믿으시길 주님의 이름으로 축원합니다.

6. 회 심

✳ 우리가 마게도냐에 이르렀을 때에도 우리 육체가 편하지 못하였고 사방으로 환난을 당하여 밖으로는 다툼이요 안으로는 두려움이었노라
그러나 낙심한 자들을 위로하시는 하나님이 디도가 옴으로 우리를 위로하셨으니
그가 온 것뿐 아니요 오직 그가 너희에게서 받은 그 위로로 위로하고 너희의 사모함과 애통함과 나를 위하여 열심 있는 것을 우리에게 보고함으로 나를 더욱 기쁘게 하였느니라
그러므로 내가 편지로 너희를 근심하게 한 것을 후회하였으나 지금은 후회하지 아니함은 그 편지가 너희로 잠시만 근심하게 한 줄을 앎이라
내가 지금 기뻐함은 너희로 근심하게 한 까닭이 아니요 도리어 너희가 근심함으로 회개함에 이른 까닭이라 너희가 하나님의 뜻대로 근심하게 된 것은 우리에게서 아무 해도 받지 않게 하려 함이라
하나님의 뜻대로 하는 근심은 후회할 것이 없는 구원에 이르게 하는 회개를 이루는 것이요 세상 근심은 사망을 이루는 것이니라
보라 하나님의 뜻대로 하게 된 이 근심이 너희로 얼마나 간절하게 하며 얼마나 변증하게 하며 얼마나 분하게 하며 얼마나 두렵게 하며 얼마나 사모하게 하며 얼마나 열심 있게 하며 얼마나 벌하게 하였는가 너희가 그 일에 대하여 일체 너희 자신의 깨끗함을 나타내었느니라
그런즉 내가 너희에게 쓴 것은 그 불의를 행한 자를 위한 것도 아니요 그 불의를 당한 자를 위한 것도 아니요 오직 우리를 위한 너희의 간절함이 하나님 앞에서 너희에게 나타나게 하려 함이로라

고후 7 : 5-12

본문 말씀을 중심으로 '회심'에 대해서 말씀드리기를 원합니다. 하나님이 부르신 자가 하나님 음성을 듣고 뒤돌아보면서 '아, 하나님.' 하는 이것이 중생이라면 회심은 부르면 그 즉시 '아, 하나님. 나 살아온 게 잘못된 것이로구나. 하나님이 계시는구나.' 하면서 뒤돌아서서 하나님께로 쫓아가는 것, 이것을 회심이라고 합니다. 중생에서 모든 존재하는 것들을 나 중심, 세상 중심, 모든 세상이 하나님이 통치하는 하나님 중심하는 세상으로 달라보이듯이 나 중심하여 세상 중심하여 살던 것이 하나님 중심하여 살게 되는 것 이것을 가리키겠습니다. 중생은 인간의 존재론적 변화를 다루었습니다만 회심은 구체적 삶의 변화를 말해주고 있음을 말하고 있습니다. 어떤 사람이 회심을 할 수 있을까요? 우리 인간은 하나님을 부를 수도 없고 볼 수도 없습니다. 그런데 하나님이 부른 사람들만이 "예"하고 대답하고 하나님을 뵙고 돌아서게 됩니다. 그러니 이 말은 하나님께서 인간을 부르실 때 하나님의 음성을 들을 수 있는 사람만 부르게 되는 것을 알게 되는 것입니다.

이 말을 하나님은 창세전에 예정했다, 택했다라는 말로 사용되는 것을 보게 됩니다. 「엡 1:4」 곧 창세전에 우리를 그리스도 안에서 택하사. 그리고 「엡 1:5」에서는 '그 기쁘신 뜻대로 예정하사'라고 기록되어있습니다. 이 말은 '우리로 하여금 하나님을 믿게 했고 그리스도를 고백하게 했다'라고 말씀하고 있습니다. 「요 1:12,13」 '예수 그리스도를 믿으면 하나님 자녀권세를 주셨는데 이는 혈통으로나 육정으로나 사람의 뜻으로 나지 아니하고 오직 하나님께로 말미암았다'고 말씀하고 있습니다. 「고전 12:3」 예수를 주라 부르는데, 즉 성령으로 아니하고서는 부를 수 없다라고 말씀하고 있습니다. 「로 8:16」 우리가 하나님 자녀인 것을 성령께서 증거한다라고 하고 있습니다.

「갈 4 : 6」 '하나님을 아버지라 부르는데 아버지의 영, 즉 성령께서 부르게 하지 아니하시면 하나님을 아버지라 부를 수 없다'라고 말하고 있습니다. 「엡 2 : 8」 예수 그리스도를 믿으면 구원을 얻는데 이것은 전적 하나님의 선물이라. 이유는 우리 인간으로 하여금 자랑하지 않도록 하기 위함이라고 말씀하고 있습니다. 「요 6 : 44」 '나를 보내신 아버지께서 이끌지 아니하시면 아무라도 내게 올 수 없다'라고 말씀하고 있습니다.

어떤 자들이 회개하여 하나님께 나옵니까? 하나님이 예정하신 자 택하신 자 믿게 하신 자 부르신 자 중생한 자이지요. 이것을 신학적 용어로 한 번 표현해 보겠습니다. 중생한 사람 안에 심겨진 새 생명의 새 원리는 그 자신의 선천적 능력으로 의식적 행동으로 나아가는 것이 아니라 단지 성령이 조명하시며 결실케 하시는 영향력을 통해서만 나아가는 것이라고 정의합니다. 「시 45 : 4」 우리 구원의 하나님이여 우리를 돌이키소서. 「시 50 : 10」 하나님이여 내 속에 정한 마음을 창조하시고 내 속에 정직한 영을 새롭게 하소서. 그렇습니다. 회개 회심은 아무나 하는 것이 아니라 전적으로 하나님이 하게 하시는 선물이시며 전적 하나님의 의지입니다.

그 하나님은 어떤 하나님이십니까? 우리의 머리카락을 세시는 하나님, 우리의 앉고 일어섬을 아시는 하나님이십니다. 이 회개 역시 확실한 분명한 변함이 없는 절대적 회개인 것을 알게 되는 것입니다. 한 가지 부탁드린다면 이렇게 쉽게 말씀드리니 '그래 알았어, 알았다.' 하면서 끝내버리는 것이 대체로 우리의 모습이라고 보이는데 제발 이러지 말기를 부탁드립니다. 이 사실을 내 삶에 내 생각에 우선 순위로 내 삶의 좌표로 두시면서 살기 바랍니다. 그럴 때 하나님의 역사는 이렇게 움직이게 됩니다. 하나님께서 이런 삶을 우선 순위로 두었을 때 하나님은 우리를 귀히 보시고 중히 보시고 그렇게 움직여 주시고 내가 하나님을 경홀히 여겼을 때 하나님이 나를 경홀히 여기시는 까닭에 회심을 하지 않으면 누구 손해일 것인가요? 틀림없이 이 삶을 존귀하게 여기며 가보시기 바랍니다. 성경 66권에 나오는 인물 모두가 이랬던 것을 아시기 바랍니다. 이 회개 회심에는 3가지 특성이 있습니다. 회개는 단회적 사실입니다. 한 번 돌아선 자는 영원히 하나님의 자녀인 것이며 한 번 회개한 자는 또다시 회개할 필요가 없습니다. 「행 13:48」 영생을 주기로 작정된 자는 다 믿더라. 「롬 11:29」 하나님의 부르심은 후회 없는 실수 없는 부르심이라고 말씀하고 있습니다. 오늘 「본문 10절」에도 후회하지 않는 부르심이라고 말씀하고 있음을 아시기 바랍니다. 여기서 한 가지 짚어본다면 회개와 뉘우침은 다릅니다. 예수님께서 베드로의 발을 씻어주려 하니 "왜 그러십니까?"라고 했을 때 말씀하십니다. "얘야, 발을 씻기는 것을 거절하면 너와 나는 아무 관계가 없는 것이니라."

그렇습니다. 하나님께 회개하여 돌아섰지만 여전히 우리는 감기에도 걸립니다. 여전히 거짓말도 종종합니다. 여전히 실수도 합니다. 한 번 회개하여 끝이 났습니다. 그러나 실수했을 때 목욕한 자는 발만 씻으면 되는구나, 즉 잘못한 것을 깨달은 것을 뉘우침이라고 부르지 회개한다고 말하지 않습니다. 성경적 용어로서 회개한다고 말하지 않습니다. 저도 기도할 때 회개하게 하옵소서라고 기도하기도 하지만 그러나 알 것은 알아야 합니다. 또 성경적으로 사용하여야 아름답습니다. 회개는 구원에 이르는 절대적 관문인 것입니다. 구원의 서정, 9가지 관문이라고 말하는 것이 무엇인가 하면 소명 중생 회심 믿음 칭의 양자 성화 견인 영화 그리고 천국에 가는 일이 있겠는데요. 바로 이것이 우리 인생이 천국을 가는 길의 한 질서요 순서입니다. 바로 이 회개 없이는 천국 가는데 절대 안 되는 관문인 것을 우리에게 알게 합니다. 이런 것도 짚어드리겠습니다. 소명 중생 회심 믿음 칭의 양자 성화 견인 영화. 이렇게 하나님이 불러서 부터 천국 갈 때까지의 순서가 있지 않습니까? 그런데 하나님이 계신 까닭에 이렇게 순서가 일직선으로 섭니다. 그러나 하나님 안 계신다면 순서는 일직선으로 서지 않습니다. 하나님의 관계 속에서 우리 인간이 하나님처럼 되는 질서가 나오는 곳이 벧후 1장에 나옵니다. 믿음 덕 지식 절제 인내 경건 형제우애 사랑, 이렇게 하나님과 관계 속에서 믿음으로 시작해서 내가 주님 닮아가는 완전한 곳으로 가는 질서가 잡혀있습니다. 또 하나 나타나는 것이 있습니다. 어딥니까? 이웃과의 관계 속에서도 인간으로 시작하여 주님처럼 올라가 온전케 되는 것이 있습니다. 심령이 가난하면서, 마음의 천국부터 갈 천국까지 순서로 놓여있다는 말입니다. 또 하나 산상수훈을 보면 이웃과의 관계 속에서 주님처럼 올라가는 온전케 되는 모습이 있습니다. 심령가난 애통 온유. 이웃을 귀히 여기는 것 등등 마음의 천국에서부터 갈 천국까지 쭉 순서가 되었습니다. 우리가 하나님 알고 난 다음에 이런 것들이 꽉꽉 가슴에 닿을 때 이건 어떻게 표현해야 됩니까? 그냥 무조건 '팡' 터지며 무조건 감사할 수밖에 없는 삶이 되었지요. 왜 하나님 밖에서는 이런 게 하트 모양으로 안 나타나고 그냥 선만 있을 수밖에 없습니까? A라는 사람이 있고 B라는 사람이 있습니다. A가 거룩의 실적을 막 쌓아놓습니다. B도 거룩을 막 쌓아놓습니다. A가 쌓아놓은 거룩이 있고 B가 쌓은 거룩이 있습니다. A가 쌓은 거룩과 B가 쌓은 거룩이 만나면 부딪칩니다. 그러나 하나님께서 주신 거룩은, A에게 하나님 주신 거룩이 있습니다. B에게도 하나님이 주신 거룩이 있습니다. 그 거룩과 거룩이 만나면 화음이 됩니다. 이 실존이 얼마나 무서운 얘기인지 모릅니다. 그렇습니다. 회개는 구원에 이르는 절대적 관문인 동시에 이런 실존을 바라보면서 영광을 돌리시면 감사하겠습니다.

세 가지를 말씀드렸는데 그 첫째, 시작이 무엇입니까? 하나는 하나님의 부르심이고, 하나는 믿는 것이고 심령가난 아닙니까? 모두가 하나님이 되는 것들임을 유념하셨으면 좋겠습니다. 회개한 자의 특성은 반드시 자기가 죄인인 것을 깨닫게 됩니다. '아, 하나님' 이것은 중생입니다. 하나님을 부른 다음 즉시, '내가 잘못 살았구나. 내가 잘못 걸어왔구나.' 그러면서 돌아서서 하나님께로 쫓아갑니다. 이것을 회심이라고 말할 때 하나님을 본 자는, '아, 하나님'한 자는 반드시 필수적으로 따라오는 것이, 그냥 알게 되는 것이 있습니다. '나는 죄인이로구나.' 입니다.

'그럼 뭐가 죄인이지?'할 때 적어도 3가지 아픔이 있는데 그것이 무엇인가요? 오호라, 인간이 죄인인 까닭에 70이요, 80이면 죽음으로 끝이 나는구나. 그런데 하나님을 뵙고 났더니 영원히 살게 되는구나. 우리 인간은 사건을 먹고사는데 인간이 인간 스스로 사건을 해결할 수 없구나. 죄송합니다. 여기 의사선생님들이 계시는데 이런 말을 드려서 죄송합니다. 여기 뽀두라지가 생겼습니다. 의사님이 치료를 했습니다. 이건 해결입니까? 분석입니까? 분석입니다. 왜 그렇습니까? 인간은 깨끗한 몸으로 지음 받았습니다. 여기 뽀두라지가 생겼습니다. 이걸 치료하는 것은 분석이지 해결이 아닙니다. 그리고 이렇게 돌아섰음에도 불구하고 또 거짓말합니다. 때립니다. 시기합니다. 이런 것들을 인간 스스로 또 해결할 수 없기 때문에 우리가 죄인이라는 것을 알게 되는 것이지요. 그렇기 때문에 내가 죄인인 것을 알기 때문에 필수적으로 하나님 앞에 설 수밖에 없는 나를 발견하게 되는 것입니다. 이것이 회개한 자의 특성인 것을 알아야 될 것입니다.

이제 회개한 사람의 상황, 실존의 모습을 좀 살펴보기 원합니다. 나 중심의 사람과 회개하여 하나님 중심한 사람의 변화의 모습을 우리는 종종 보게 됩니다. 중요한 것은 이 회개해 가지고 변화된 것은 이제는 나 자신의 변화입니다. 나 자신의 변화인데 구체적 변화인 것을 알았으면 좋겠습니다. 인간은 영과 육으로 되어 있습니다. 회개한 자는 인간, 인간의 변화이지 영만의 변화가 아닙니다. 인간의 변화입니다. 인간이 변화하면 영도 변화했고 육도 변화한 것이지요. 나의 변화인데 대부분의 사람들이 영의 변화라고만 말하고 있어서 여기에 혼돈이 옵니다. 내가 돌아섰습니다. 돌아선 나는 영과 육이 이 속에 있습니다. 육은 세상 것이고 영만이 하나님 것입니까? 이러면서 혼돈해서 뭐할 때는 영영하면서 하나님과 가까운 척 하면서 또 어떤 때는 육의 세상인척 하면서 또 어느 때는 축복이야기 하면서 들먹입니다.
　　나의 변화는 심리학자 사회학자들이 이렇게 말합니다. 지정의(知情意)라고 합니다. 먼저 지(知)는 지적 변화입니다. 나의 이성이 나 중심해서는 안 되는 것을 뚜렷하게 인식함으로 하나님 중심하여 살 수밖에 없는 것이지요. 「딤후 2 : 25」 '하나님이 저에게 회개하게 하사 진리를 알게 하신다. 율법으로 죄를 깨닫게 한다'라고 분명히 우리에게 말하고 있습니다. 모세를 보시기 바랍니다. 바로의 궁전에서 40년 미디안 광야에서 40년 동안 하나님께 교육을 받았습니다. 실전으로 이루어집니다. 드디어 200만 명의 이스라엘 백성들을 데리고 지금 광야 길을 걸어갑니다. 홍해가 막혔습니다. 바로가 쳐들어오고 있습니다. 그 가운데 백성 200만 명이 있습니다. 이제 끝났구나. 바로에게 다시 가서 무릎을 꿇고 무슨 고생을 어떻게 하느냐, 이것이 200만 명의 소리였습니다. 이 현실 속에서 앞장선 그가 피하지 아니하고 하나님께 고백합니다. "하나님, 하나님 말씀하신대로 여기에 오지 않았습니까?

그런데 앞에는 홍해 뒤에는 바로가 오니 이걸 어쨌으면 좋겠습니까?' 그 이성을 가지고 똑바로 하나님께 말합니다. 그 하나님께서 모세의 이성에게 말합니다. "네가 손에 든 지팡이를 들어 홍해를 향해 가리키라." 홍해가 갈라졌습니다. 이 66권 성경에서 이 사실이 모세에게만 나타났다면 할 말이 좀 약했을 수도 있지요. 그런데 성경 전체의 역사가 이렇습니다. 이걸 아셔야 됩니다. 다니엘이 사자 굴에 들어갈 때 사드락 메삭 아벳느고가 풀무불 속에 들어갈 때, 여호수아가 여리고성을 7바퀴를 돌았을 때, 에스겔 앞에서 하나님이 이 뼈들이 능히 살겠느냐 하시며 뼈들로 군대로 만들 때 하나님 역사에 이런 사실들이 있는데 이것이 믿음 신앙으로 된다가 아니라 분명한 이성을 가지고 하나님이 일하신다는 것을 아셔야 합니다.

또 지정의 중 정(情)은 감정적 변화입니다. 회개된 사람의 변화는 이성에서만 달라져 버리고 감정은 멀뚱멀뚱한 사람들이 아닙니다. 미리 말씀드립니다만 정말로 우리가 중생해서 성령 충만한 자가 되면 일반계시 영역이 드러납니다. 사람들이 지은 유행가 가사 속에서 가사 내용을 들어보면 얼마나 진솔한 고백들인 줄 모릅니다. '사랑은 저렇게 하는구나. 아, 부모님이 죽으면 저렇게 슬프구나.' 이 사랑표현 슬픔표현을 할 때 나도 거기에 빠져가지고 같이 울어주고 웃어주는 모습을 봐야 합니다. 그러지 않고서는 중생한 자가 아니라고 말하고 싶은 것이 이만큼 차있습니다.

감정 변화, 오늘 본문에서도 하나님 뜻대로 하는 근심은 후회함이 없는 회개인 것임을 우리에게 설명해 주고 있습니다. 근심, 마음의 일이지요. 정적인 일이지요. 「이사야 51:12」 주의 구원의 즐거움을 내게 회복시키시고 자원하는 심령을 주사 나를 붙드소서. 지금 다윗이 범죄 한 다음에 잠이 오지 않습니다. 밥맛을 잃었습니다. 멀뚱멀뚱

야단났습니다. 이때 하나님이여 이 감정을 즐거움을 나에게 회복시켜 달라고 기도하는 것을 보아야 합니다. 바울과 베드로가 옥중에 갇혔습니다. 예수님 때문에 옥중에 갇혔는데 무엇이 나옵니까? 찬송이 나옵니다. 이것이 감정의 변화 아닙니까? 확실한 감정의 변화가 있음을 알게 됩니다. 하나님 중심이 안 되었을 때 시간 낭비인 것을 알고 우리가 정말로 이 감정 회복 때문에, 하나님 어떻게 하면 이렇게 됩니까? 하나님 중심 되어서 모든 순간순간마다 우리의 깊은 웃음과 높은 웃음 속에서 정말로 건강한 삶을 감정을 다해서 마음껏 표현할 수 있는 것 얼마나 좋은 줄 모르겠습니다. 정말 이 사실은 경험한 사람이 아니고는 모르지 않습니까? 답답한 일입니다.

의(意)는 의지적 변화입니다. 의지적 요소는 지적요소와 정적요소의 논리적 산물로써 실천하여 옮기는 삶을 말합니다. 의지적 요소는 하나님께 향한 마음과 복종과 그리스도를 알아가는 마음입니다. 베드로가 가로되 너희가 회개하여 각각 예수 그리스도의 이름으로 세례를 받고 죄사함을 얻으라 그리하면 성령을 선물로 받으리니.「롬 2 : 4」 하나님의 인자하심이 너를 인도하여 회개를 시키는데 왜 알지 못하고 있느냐. 이런 말씀을 하고 있는 것을 아셨으면 좋겠습니다. 성도님들 다니엘이 사자굴 속에 들어갈 때, 내가 이렇게 하면 하나님이 구원해 주시겠지. 이런 얄팍한 생각을 가지고 들어간 사람이 아니라 그냥 들어가는 것입니다. 사드락 메삭 아벳느고가 풀무불 속에 들어갈 때 이미 말합니다. 그리하지 아니하여 질지라도 온전한 삶이 그냥 들어가는 것입니다. 왜 그렇습니까? 우리는 영원(永遠)이 표준이기 때문입니다. 이 땅은 순간이기 때문인 것입니다. 그래서 아무 장애를 받지 않습니다. 풀무불 속에 들어가는 것이 지금 아버지께 가는 길이요. 사자에게 가는 것이 아버지께 가는 것이기 때문입니다.

지정의의 변화 확실한 나 자신의 변화의 삶, 삶이 시작되었음을 우리에게 가르쳐주고 있습니다. 성도님들, 이 변화된 것을 세상의 뭐하고 비교하시겠습니까? 예, 이미 일대일에 대해서 말씀드렸듯이 경홀히 여기시지 마시고 이 실전의 삶 때문에 무릎을 꿇을 이유가 있습니다. '하나님' 하고 산에 가서 나무뿌리 뽑을 이유가 있습니다. 무릎에 공이가 박히도록 무릎을 꿇을 이유가 있습니다. 밤새도록 하나님 부르며 목이 쉴 이유가 있습니다. 이것이 실존이기 때문입니다. 이런 실존도 없이 교회 마당만 밟으신다면 무슨 맛으로 신앙생활 하신다고 말씀하시겠습니까? 부탁합니다. 주 앞에 올바로 서시기 바랍니다.

말씀을 정리합니다. 회개한 사람들, 모든 존재한 것들을 나 중심하지 아니하고 하나님 중심한 사람의 삶의 시작을 말해주고 있음을 알게 됩니다. 회개한 사람의 특징이 있습니다. 단회적 사건입니다. 하나님께 한 번 돌아선 자는 다시 돌아서지 않습니다. 회개한 사람은 반드시 자기 자신이 죄인인 것을 알게 된다는 것입니다. 그리고 우리는 확실한 변화 속에서 세상 중심에서 하나님 중심으로 생활을 옮긴 삶을 인지한 성도들이기 때문에 그 삶을 실존으로 누리게 되는 것이 바로 우리의 삶인 것을 알게 되는 것입니다.

7. 믿음

> ※ 하나님이 세상을 이처럼 사랑하사 독생자를 주셨으니 이는 그를 믿는 자마다 멸망하지 않고 영생을 얻게 하려 하심이라
> 하나님이 그 아들을 세상에 보내신 것은 세상을 심판하려 하심이 아니요 그로 말미암아 세상이 구원을 받게 하려 하심이라
> 그를 믿는 자는 심판을 받지 아니하는 것이요 믿지 아니하는 자는 하나님의 독생자의 이름을 믿지 아니하므로 벌써 심판을 받은 것이니라
> 그 정죄는 이것이니 곧 빛이 세상에 왔으되 사람들이 자기 행위가 악하므로 빛보다 어둠을 더 사랑한 것이니라
> 악을 행하는 자마다 빛을 미워하여 빛으로 오지 아니하나니 이는 그 행위가 드러날까 함이요
> 진리를 따르는 자는 빛으로 오나니 이는 그 행위가 하나님 안에서 행한 것임을 나타내려 함이라 하시니라
>
> 요 3 : 16-21

　본문 말씀 중심해서 믿음에 대해서 말씀을 드립니다. 믿음은 부르심 중생 회심 다음에 오는 순서로써 믿음이 되겠습니다. 부르심 당한 자 '아, 하나님' 이 순간이 중생인 것이며, 그 다음 이렇게 하나님 뵙게 되었고 그 앞에 섰으니 그 다음이 무엇입니까? 당연히 믿음이 찾아오는 것입니다.

　부르심 중생 회심은 하나님이 하게 하신 일임이 확실히 들어오는데 믿음에는 왠지 내가 믿었다는 개념이 나로 하여금 생득적으로 믿게 합니다. 그렇습니다. 믿음은 우리에게 주신 자유의지를 가지고 내가 동의해야 하는 책임적 요소가 있습니다. 만일 이것이 없다면 우리 인

간은 여전히 로봇 인생, 동식물처럼 달면 삼키고 쓰면 뱉는 그저 감탄고토, 아무 생명을 잃어버린 자유를 잃어버린 그런 인간이 되고 말았을 것입니다. 그러기에 믿음을 다룰 때에는 자유의지 사용문제와 동시에 다루어야 된다는 것이 관례가 된 것을 우리가 알았으면 좋겠습니다. 여기서 자연히 이러한 질문이 설정됩니다. 하나님이 이 세상과 인간을 지으시고 하나님이 인간에게 요구하신 법칙 중에서 가장 중요한 법칙이 있다면 그것은 무엇인가? 이제 자신 있게 그 법칙은 믿음이라고 말을 해야 될 것입니다.

우리는 이 땅에 살면서 이 사고하는 방법 두 가지를 가지고 있다는 것을 알고 있습니다. 하나는 연역적 사고방법이 있습니다. 하나는 귀납적 사고방법이 있습니다. 그런데 우리 인생들은 나 중심이었을 때 귀납법 사고방식으로 살고 있고, 학교에서 그렇게 배워왔고, 그렇게 느끼고 있는 까닭에 모든 것을 그렇게 증명되어야만 되기 때문에 그 증명되는 원칙을 아는 질서, 둘 더하기 둘은 넷이라는 이러한 법칙을 좋아합니다.

사실은 하나님께서 우리에게 더 중요하게 여기게 된 것은 그 법칙보다는 연역법인 것입니다. 하나님께서 나로 하여금 하나님을 믿게 하시고 하나님께서 그 믿음으로 살게 만든 그 믿음이 우선 순위가 되어야 하는데 하지만 우리는 늘 뭘 증명하려다 보니 믿음도 증명하려고 노력합니다. 오늘도 저는 귀납법을 사용해서, 저도 증명할 수밖에 없습니다만 바로 이 증명되는 것은 연역법, 믿음, 단순한 하나님은 아버지. 바로 이것을 믿게 하기 위한, 이것을 알게 하기 위한 한 증명일 뿐이지 이것이 주체가 아닙니다. 주체는 여전히 연역법, 하나님입니다. 하나님, 바로 그 믿음이 중요한 것을 설명해야 되는데 가장 중요한 문제를 우리는 간과하고 살고 있습니다.

저는 목사인 까닭에, 뭐 밥 먹고 이것 생각하며 살라고 하는 것이 직업입니다. 때문에 사람의 속성을 조금 알고는 있습니다. 그 사람의 속성 중에서 다른 사람은 모르겠는데 아니 다른 학자들도 말하는데, 제가 생각하는 느낌도 다 비슷한 것을 알고 있습니다만 정말로 인간의 속성은 악합니다. 왜 이 악함을 알게 되는가 하니, '하나님 제가 믿습니다.' 이렇게 말하는 순간 나는 벌써 거짓말하는 것입니다. 지금도 마찬가지입니다. '네가 믿어?' 제가 인간인지라 인간으로 태어나게 하셨고 이렇게 언어를 사용하게 만드신 까닭에 '나는 믿습니다'라고 하는 말을 안 할 수 없습니다. 그러나 '믿습니다.' 말하는 동시에 이 믿음이 가짜인 건 알고 있다는 말이지요. '내가 믿습니다.' 이것이 가짜인 것을 알고 있다는 것이지요. 그러면 하나님이 요구하시는 제1법칙인 믿음은 무엇을 요구하시는 것입니까? 나는 믿을 수가 없습니다. 나에게 믿음을 주시옵소서. 이제는 뵙게 되어서 믿게 되지 않았습니까? 믿게 된 이 사실을 이제는 떠나지 않고 계속 지키게 하옵소서. 바로 이 기도 속에서 우리가 올바르게 서야 할 것입니다.

저는 이 믿음을 생각할 때 한 가지 여기서 짚고 넘어갈 것이 있습니다. 그것이 무엇입니까? 믿음을 설명하기위해서 먼저 인간은 영과 육으로 되어있다는 사실입니다. 그러면 믿음이 하는 일은 영이 하는 일입니다. 기도가 있는데, 기도의 일은 육이 합니다. 인간은 영과 육으로 되어있습니다. 인간인 내가 하는 일은 예배입니다. 때문에 예배와 믿음과 기도는 떨어질 수 없는 하나입니다. 그래서 믿음 있는 자는 기도하는 자이고, 기도하는 자는 예배하는 자이고, 예배하는 자는 믿음이 있는 자이고 또 기도하는 자는 믿음이 있는 자이고 그렇습니다. 그러면서 이것은 늘 일치되어서 우리에게 하나로 있는 것을 우리는 알아야 될 것입니다. 우리는 이 믿음이라는 것을 생각하면서 알아야 될 게 있습니다. 믿음이라는 것은 무엇일까? 먼저 사전에서, 일반 계시영역 속에서 이렇게 말합니다. 믿음은 어떤 신조나 종교에 대한 옳다는 확신이며 신뢰요 성실이며 충성이라고 정의 내립니다. 성경에서는 무엇이라고 정의를 내립니까? 「히 11:1」 믿음은 바라는 것들의 실상이요. 보이지 않는 것들의 증거라고 분명히 못박아 정의 내리고 있습니다. 일반 정의는 매우 개념적이라고 생각되는데 성경의 정의는 매우 현실적인 것을 알게 됩니다. 그래서 「히 11:1」은 다른 말로 말하면 '믿음이란 현실적 사실이다' 이렇게 말할 수가 있을 것입니다. 우리가 현실적 사실로서 하나님을 믿을 수밖에 없는 이유가 있습니다. 하나님은 증명하는 하나님이 아니라 당연히 증명되어지는 하나님이시기 때문인 것입니다. 하나님은 믿어지는 하나님이시기 때문인 것입니다.

몇 가지 예가 있지요. 부부가 그렇습니다. 누가 부부인 것을 자식 앞에 증명합니까? 부모인 것이며 자연히 알게 되는 것이지요. 이 땅에 가장 중요한 우리를 살게 하는 원천적인 것들, 해 달 별 공기 바람 흙 등이 하나님이 창조하신 것들입니다. 지금도 이 우주는 하나님이 의도하는 대로 역사는 가고 있고 과학은 드러나고 있을 뿐인 것입니다. 아직까지 우리 인간이 무에서 유를 창조한 사건은 단 한 사건도 없습니다. 왜? 무에서 유로의 창조사건은 하나님 밖에는 어느 누구도 할 수 없기 때문인 것이며, 그 하나님은 스스로 계신 하나님으로서 오직 한 분밖에 안 계신 까닭에 이것만이 답입니다.

이스라엘의 전쟁사나 예수님의 이적사를 살펴보면 전쟁에서 승리를 시켜 이적을 베풀어서 하나님이 증명되거나 예수님이 증명되는 것이 아니라 이스라엘 백성들이 하나님을 믿을 때 전쟁에서 이겼고 아픈 환자들이 예수님을 구주로 믿었을 때 병이 나았고 문제가 해결 받았던 것을 알게 되는 것입니다. 그래서 우리 기독교에서의 사고개념은 연역법만 있고, 귀납법을 사용하게 되는 것입니다. 이와 같은 것들이 하나님을 우리가 믿을 수밖에 없는 이유들인 것입니다. 그리고 동시에 이것은 현실적 사실이라는 것입니다. 이 현실적 사실이 얼마나 분명하고 확실한 것인가 말씀드린다면 믿음의 원천이 하나님이시기 때문입니다. 믿음의 원천이 우리 인간이라면 불안전하고 상대적이며 상황윤리에서 이 믿음은 무너지고 말 것입니다.

「고전 12 : 9」 다른 이에게는 같은 성령으로 믿음을. 「롬 12 : 3」 오직 하나님께서 각 사람에게 나누어주신 믿음의 분량대로. 믿음의 원천이 예수님입니다. 「히 12 : 2」 믿음의 주요, 온전케 하시는 예수를 바라보자. 「눅 10 : 5」 사도들이 주께 여쭈오대 우리에게 믿음을 더하소서. 믿음의 원천은 성령님입니다. 이미 여러 번 말씀드렸듯이 「요 1장」 「갈 4 : 6」 「고전 12 : 3」 「엡 2 : 8-9」 「롬 8 : 16」 모든 말씀 중에서 예수님을 믿으면 하나님의 자녀가 되는 권세를 주셨는데 이는 사람의 혈통으로나 육적으로나 사람의 뜻으로 나지 아니하고 오직 하나님께로 말미암았느니라. 즉, 하나님이 믿게 하셨음을 우리에게 알게 하고 있다, 이 말입니다. 믿음의 원천이 말씀입니다. 「롬 10 : 17」 그러므로 믿음은 들음에서 나면 들음은 하나님의 말씀으로 말미암았느니라. 「행 4 : 4」 사람들은 하나님의 말씀을 듣고 믿었더라고 우리에게 말씀하고 있습니다. 믿음의 원천이 하나님 예수님 성령님 그리고 하나님 말씀인 까닭에 이 믿음은 확실하며 분명하며 완전하며 정말 우리를 이렇게 힘있게 강하게 살게 만들어주고 있음을 알아야 될 것입니다.

믿음의 특성이 있습니다. 믿음은 하나님을 기쁘시게 합니다.

「히 11 : 6」 믿음이 없이는 하나님을 기쁘시게 못하나니. 이제 말씀드린 대로 하나님이 이 땅에 법칙을 만드신 다음 가장 중요한 법칙이 믿음이라면 내가 믿었을 때 하나님이 얼마나 기뻐하시겠느냐, 이 말입니다. 믿음은 우리가 믿는 것이 아니라 하나님이 믿게 하는 것, 이미 말씀드렸습니다. 믿음은 하나님의 요구가 우리 인류에게 얼마나 공평한가를 알게 합니다. 하나님마저 학벌 노력 가문 정직 등을, 이러한 것들을 요구하셨다면 이 땅은 그야말로 실적만이 춤을 추며, 비교했을 때 좀 낮은 계층, 비교했을 때 가난한 계층, 비교했을 때 뭐가 좀 그렇지요? 이것도 비교했을 뿐이지 실상은 그게 아닌데 말입니다. 그러나 하나님께서 우리에게 믿음을 요구하심으로, 기도를 요구하심으로, 예배를 요구하심으로 말미암아서 우리가 가진 것, 있는 것, 아는 것 가지고 믿는다. 세금 필요합니까? 기도한다. 누가 막습니까? 예배한다. 어디 걸림돌 있습니까? 마음껏 할 수 있도록 하는 것이 66억 명 전체에게 똑같이 임한, 형평의 원칙이 똑같기 때문에 얼마나 감사하고 공평한지 모른다, 이 말입니다.

믿음은 하나님의 말씀이 진리인 것을 드러나게 합니다. 성도님들, 진리가 드러나지 않을 때 우리의 삶을 한 번 생각해 봅시다. 그리고 하나님 말씀대로 살았을 때 이게 진짜네, 하면서 하나님 말씀이 진짜네 하는 것은 진리를 내 실존에서 본다는 말 아닙니까? 이 진리를 내 실존에서 보지 못한다면 그것은 어떻게 되지요? 다른 식으로 상대적 원리 속에서 본다면 힘이, 잘 사는 것이, 성공하는 것이, 먹고 보는 것이, 목소리가 큰 것이 그게 임자인 것입니다. 그러나 하나님의 말씀이 진짜네, 진짜네 하면서 이것이 진리로 드러날 때 얼마나 감사한지 모릅니다. 그것을 느꼈을 때의 자존감, 얼마나 감사한지 모릅니다. 그것을 느꼈을 때 삶의 맛, 그것을 어느 누가 무엇에 비교할 수 있겠습니까? 믿음은 하나님과 나 사이가 1대 1인 것을 알게 합니다. 너무나 중요한 얘기입니다. 내 삶을 내가 책임져 주어야 됩니다. '오직 의인은 믿음으로 말미암아 살리라.' 믿음 자체도 중요합니다만 이 속에는 모든 삶의 책임은 내가져야 한다는 것입니다. 하나님과 나는 1대 1, 내가 배고플 때 아내가 내 딸이 나를 대신하여 밥먹어줄 수 없습니다. 이 땅의 모든 사고 표현 내가 책임져야 된다는 것입니다.

한 가지 짚어드린다면 믿음으로 하나님을 시험하면 안됩니다. 분명히 성경은 이렇게 말합니다. 「마 10 : 20」 내가 너희에게 이르노니 너희가 만일 너희 믿음이 한 겨자씨만큼만 있으면 이 산을 명하여 여기서 저기로 옮기라 하여도 옮길 것이요. 또 너희가 못 할 것이 없느니라. 「막 9 : 23」 예수께서 이르시되 할 수 있거든이 무슨 말이냐 믿는 자에게는 능치 못할 일이 없느니라. 이렇게 말씀하신 까닭에 우리 많은 성도님들이 자신의 믿음을 테스트하려고 합니다. 이미 제가 서론에서 잠깐 말씀드렸듯이 '내가 믿습니다' 하고 말한 순간 그것은 거짓말입니다. 그런데 어떤 분이 이렇게 말합니다. '나는 믿음이 있어. 독약 가져와.' '나 믿음이 있어. 뱀 한 번 가져와봐. 손 대 볼게.' 이게 바로 자신의 믿음을 테스트하는 것입니다. 이제 내 믿음을 시험하지 말아주시기 바랍니다. 성경에서 말하는 믿음은 하나님을 믿는 믿음을 말합니다. 하나님을 믿어서 하나님이 내 안에 들어오신 사람들은 그것을 말하지 않습니다. '어떻게 하면 예수님을 닮아갈까? 아, 예수님이 십자가에 죽으셨네, 나도 예수님처럼 십자가에 죽어야 되지. 이것이 믿음 있는 자의 삶으로 나타나야 되는 것인데 나는 믿는단 말이야 나는 능치 못할 일이 없단 말이야.' 그런 것은 진짜 믿음이 아닌 것입니다. 자, 믿음으로 하실 수가 있습니다. 그렇게 해서 신념을 키우기 원하십니까? 안됩니다. 가짜입니다. 신념은 내가 기르는 것이 아니라 하나님이 주셔서 자라게 되는 것도 아시기 바랍니다.

믿음의 결과는 무엇입니까? 우리는 믿음에 의해서 구원을 받습니다.「창 12 : 6」아브라함 여호와를 믿으니 여호와께서 이를 그의 의로 여기셨다고 말씀하고 있습니다.「행 16 : 31」믿으라, 구원을 얻으리라라고 말씀하고 있습니다. 믿음에 의해 그리스도를 받아들이게 됩니다. 이미 말씀드렸지요? 내가 믿는 것이 아니라 하나님이 믿게 했다고 말입니다. 하나님 믿게 되는 순간 이미 예수님이 내 안에 들어온 것을 아시기 바랍니다. 믿음으로 의로워집니다.「롬 5 : 1」그러므로 우리가 의롭다하심을 얻었은즉. 믿음으로 하나님의 아들이 됩니다.「갈 3 : 26」너희가 다 믿음으로 말미암아 그리스도 안에서 하나님의 아들이 되었으니. 믿음으로 거룩하게 됩니다.「사 26 : 18」믿음으로 눈을 뜨게 하여 어두움에서 빛으로 사탄의 권세에서 하나님께로 돌아가게 하고 죄를 사함과 나를 믿어 거룩하게 된 무리 가운데서 기업을 얻게 하리라. 믿음으로 보호됩니다.「벧전 1 : 5」믿음으로 말미암아 하나님의 능력으로 우리가 보호된다. 믿음으로 안식을 얻습니다.「히 4 : 3」믿는 우리는 안식으로 들어가야 한다. 믿음으로 하나님처럼 누릴 수가 있습니다. 이미 9절을 얘기하셨을 때 겨자씨만한 믿음이 있으면 이 산더러 옮기라 하면 옮긴다고 말씀하고 있습니다. 믿는 자에게 능치 못 할 일이 없느니라. 분명히 말씀하고 있습니다. 이 현실이 이루어지는 순간에 이미 나는 하나님처럼 되는 것입니다. 이 현실이 이루어지는 순간에 이미 내가 예수님 닮아가는 형체인 것을 발견하게 됩니다. 그래서 믿음으로 말미암아서 우리가 어디까지 올라갑니까? 하나님과 동행하는 실존의 삶을 우리가 볼 수 있다는 것이지요.

　말씀을 줄입니다. 믿음은 부르심 중생 회심 다음에 오는 구원받는 자들이 찾아오는 순서입니다. 믿음은 나의 자유의지를 가지고 하나님 섬기는 방법 중 가장 중요한 법칙 중의 하나입니다. 믿음은 현실적 사실입니다. 믿음이 현실적 사실로서 드러날 수밖에 없는 이유는 믿음의 원천이 하나님 예수님 성령님 하나님말씀 성경인 까닭인 것입니다. 믿음의 특성이 있습니다. 믿음은 하나님을 기쁘시게 합니다. 믿음은 믿어지는 것입니다. 믿음은 하나님의 요구가 우리를 가장 공평하게 하는 것을 알게 합니다. 믿음은 하나님의 말씀이 진리인 것을 알게 합니다. 믿음은 하나님과 나 사이가 1대 1인 것이 가장 중요한 까닭에 나의 책임감을 확실하게 만들어주고 있습니다. 한 가지 짚어 드렸습니다. 믿음을 시험하시면 안됩니다. 믿음의 결과는 무엇입니까? 믿음은 구원을 얻게 합니다. 믿음은 그리스도를 받아들이게 합니다. 믿음은 우리를 의롭게 하십니다. 믿음은 우리를 하나님의 아들이 되게 하십니다. 믿음은 우리를 거룩하게 합니다. 믿음은 우리를 보호하게 합니다. 믿음으로 우리를 안식하게 합니다. 믿음의 결과는 하나님과 내가 하나 됨으로 말미암아서 이 땅에서 천국생활을 하게 된 것을 믿음이라 말하고 있습니다.

이렇게 설명을 드림으로써 한번 말씀드리기를 원합니다. 이렇게 믿음이 중요함에도 불구하고 내가 믿는다고 말한다면 이것은 가짜입니다. 진정한 믿음은 무엇이냐? 어느 외줄타기 곡예사가 그냥 눈감고 왔다갔다 합니다. 그리고 난 다음에 말합니다. "여러분, 이제 내가 여러분들을 업고 한 번 이 줄을 타기 원합니다. 누구 한 분 나오십시오." 아무도 나오지 않습니다. 이때 한 아이가 나옵니다. 봤더니 당신의 아들입니다. 그 아들을 등에 업고 외줄타기를 끝냈습니다. 바로 이것이 믿음입니다. 아들이 '내가 믿습니다.' 말하면 가짜입니다. '아버지' 그 작은 가슴 속에 외줄타기를 잘하는 아버지로 그냥 넘치게 차 있는 것이 믿음입니다. 그러니 믿음이 무엇입니까? '하나님, 아버지' 이것이 믿음입니다.

8. 칭 의

✳︎ 우리가 알거니와 무릇 율법이 말하는 바는 율법 아래에 있는 자들에게 말하는 것이니 이는 모든 입을 막고 온 세상으로 하나님의 심판 아래에 있게 하려 함이라
그러므로 율법의 행위로 그의 앞에 의롭다 하심을 얻을 육체가 없나니 율법으로는 죄를 깨달음이니라
이제는 율법 외에 하나님의 한 의가 나타났으니 율법과 선지자들에게 증거를 받은 것이라
곧 예수 그리스도를 믿음으로 말미암아 모든 믿는 자에게 미치는 하나님의 의니 차별이 없느니라
모든 사람이 죄를 범하였으매 하나님의 영광에 이르지 못하더니 그리스도 예수 안에 있는 속량으로 말미암아 하나님의 은혜로 값 없이 의롭다 하심을 얻은 자 되었느니라
이 예수를 하나님이 그의 피로써 믿음으로 말미암는 화목제물로 세우셨으니 이는 하나님께서 길이 참으시는 중에 전에 지은 죄를 간과하심으로 자기의 의로우심을 나타내려 하심이니 곧 이 때에 자기의 의로우심을 나타내사 자기도 의로우시며 또한 예수 믿는 자를 의롭다 하려 하심이라
그런즉 자랑할 데가 어디냐 있을 수가 없느니라 무슨 법으로냐 행위로냐 아니라 오직 믿음의 법으로니라
그러므로 사람이 의롭다 하심을 얻는 것은 율법의 행위에 있지 않고 믿음으로 되는 줄 우리가 인정하노라
하나님은 다만 유대인의 하나님이시냐 또한 이방인의 하나님은 아니시냐 진실로 이방인의 하나님도 되시느니라
할례자도 믿음으로 말미암아 또한 무할례자도 믿음으로 말미암아 의롭다 하실 하나님은 한 분이시니라
그런즉 우리가 믿음으로 말미암아 율법을 파기하느냐 그럴 수 없느니라 도리어 율법을 굳게 세우느니라

롬 3 : 19-31

본문 말씀을 중심해서 말씀드릴 제목은 '칭의'가 되겠습니다. 칭의란 하나님이 그리스도를 믿는 성도들에게 의인이라고 선언하시는 하나님의 행위입니다. 다른 말로 하면 우리 성도들에게, 너는 내 것이야 하고 말하는 것이며 성도들의 신분변화를 선언하는 장면인 것입니다.

이 칭의라는 용어는 종교개혁 시대에 많이 드러난 역사적 산물이기도 합니다. 종교개혁은 총체적으로 성경으로 돌아가자, 이것이 총 주제이며 전체가 되겠습니다만 종교개혁 이전과 이후를 다음과 같이 나눌 수가 있습니다. 종교개혁 이전에는 농업과 자연을 중심해서 살게 되지만 종교개혁 이후에는 산업과 상업을 중심해서 살게 됩니다. 우리 교회에서 혁혁하게 달라지는 일이 있는데 그것은 무엇입니까? 종교개혁 이후에는 하나님 말씀을 우리 성도들이 읽게 됩니다. 신부들은 성경을 라틴어로 읽고 성도들이 알아들을 수 없고 그런 상황이었습니다. 그러나 종교개혁 이후로는 성도들이 성경을 알아들을 수 있게 되었습니다. 그래서 성도들이 하나님 말씀을 그대로 읽어가면서 성경으로 돌아가는데 그 성경연구 속에서 드러난 용어 중의 하나가 이 칭의라는 것을 우리가 알게 됩니다. 바로 이렇게 하나님 말씀을 읽고 연구하며 뜻이 하나하나 드러날 때마다 이 중요성이 우리의 현실로 가슴에 와 닿고, 이게 얼마나 놀라운 일인 줄 모르겠지요? 나보고 의롭다, 나보고 '의' 라고 말합니다. 이젠 죄인이 아니야 의인이야, 이미 죄인에서 의인으로의 신분변화, 이것이 칭의의 개념인 것을 알게 되는 것입니다.

칭의의 개념을 이해하기 위해서 잠시 생각할 게 있다면 우린 이미 죽었던 인간입니다 「롬 3 : 23」 우리 인간이 죄 까닭에 하나님의 영광에 이르지 못하더니. 「엡 2 : 1」 너희의 허물과 죄로 죽었던 너희를 살리셨도다. 바로 이러한 죄인인 인간에게 죽었었던 인간에게 새로운 지위를 주신 것입니다. 마치 우리가 의롭기나 한 것처럼 하나님이 당신의 은혜 속으로 들어오게 한 것입니다.

진흙탕 속에서 밖으로 튀어나오기만 하면 행복이 있고, 웃음이 있고, 건강이 있고, 즐거움이 있고, 완성이 있고, 영원이 있고, 자유가 있다고 얘기합니다. 그런데 진흙탕 속에서 올라가려고 하면 미끄러지고 미끄러져서 도저히 올라갈 수가 없습니다. 그런데 누가 딱 나타나더니 '이리와'하며 손을 잡아 당겼습니다. 그랬더니 완성이 있습니다. 행복이 있습니다. 영원이 있습니다. 자유가 있습니다. 바로 이 진흙탕을 우리 인간으로 비유한다는 것이지요. 우리 욕망 속에서 헤어나지 못한 채 70, 80이면 죽을 수밖에 없는 죽음의 늪 속에서 헤어나지 못하고 허덕이고 있을 때 '이리 와. 너는 내 것이야'하고 꺼내주는 것, 바로 이 장면을 우리가 칭의의 개념이라고 생각하시면 틀림없게 될 것입니다.

칭의에 대한 성격을 한 번 생각해 봅시다. 이것은 하나님이 우리 인류에게 행하신 자유로운 은혜의 행위인 것입니다. '인간이 이렇게 의롭게 되기 위해서 하나님이 하셨어.' 하면 끝나게 되는 것이지만 여기까지 오게 된다면 죽었던 나를 하나님이 살려주셨으니 하나님과 나는 종속적 관계가 됩니다. 더구나 나를 창조하시지 않으셨습니까? 종속적 관계인데, 종속적 관계를 없애버리시고 하나님께서 '너는 나와 평등한 대등한 친구야, 한 식구야.' 이것을 보여주시기 위해서 하나님이 십자가에, 스스로 십자가에서 죽어주심으로 말미암아 나와 대등한 인격이 되게 하신 이 모습을 저는 이미 말씀드린 바가 있습니다. 우리 인간에게 자유의지를 하나님과 똑같이 누리게 하기 위해서 하나님이 당신의 전지전능을 포기하셨다, 곧 우리가 하나님과 대등한 인격으로서 종속관계가 아니라 하나님이 누리는 자유를 똑같이 누리기 위해서 하나님이 스스로 행한 은혜의 법칙이 칭의입니다.

칭의는 용서도 포함되는데 용서와는 다른 것입니다. 좀 어렵지요? 용서는 포함되는데 용서와는 다른 것, 인간을 구원하는 것은 하나님이 죄인을 의롭게 하여 구원 하는 것이지 죄를 관대하게 보아 주거나 자비를 베푸는 것이 아닙니다. 하나님은 죄를 판결함에 있어서 죄를 가볍게 보거나 결코 양보의 사항이 절대 아닙니다.「**겔** 18 : 20」범죄하는 그 영혼은 죽을지라.「**출** 23 : 7」나는 악인을 의롭다 하지 않겠노라.「**롬** 3 : 23」모든 사람이 죄를 범하였으매 하나님의 영광에 이르지 못하나니. 그런데 하나님은 이러한 인간들에게 무조건 살려 주셨으니 용서는 포함되는데 용서는 아니다, 이 말입니다.

그러면 용서를 어떻게 해결해 주셨나요? 그렇습니다. 우리는 죄인입니다. 이 죄 문제를 인간에게 돌리지 아니하고 그러나 이 죄 문제는 분명히 해결 받아야 합니다. 해결 안 받을 수가 없는데 그래서 그 죄 문제를 해결하기 위해서 하나님이 내 죄 때문에 십자가에 죽어주셨다. 아들이 빚이 있는데 아버지가 대신 갚아주셨다. 이런 말이 되겠지요. 그래서 내 죄 때문에 하나님이 나를 대신하여 대속물이 되어 주셨다. 바로 이것이 칭의의 성격인 것을 알아야 되겠습니다. 칭의는 노력으로 해서 얻어낸 칭호가 아닙니다. 인간이 직면한 문제는 '어떤 인간이 율법을 완전하게 지킬 수가 있단 말인가?' 이것이 우리의 문제입니다. 아담 이후 예수님이 재림하실 때까지 율법을 지킨 자는 한 사람도 없습니다. 그렇습니다. 우리 모두가 율법을 지키기 위해서 '어떻게 지킬 수 있나, 어떻게 지킬 수 있나, 결국 나는 지킬 수가 없나이다.' 여기에서 답이 끝납니다. 그러면 어떻게 지킬 수가 있습니까? 하나님이 약속하신 대로 성령이 오셔서 생각나게 하시고 하나님이 오셔서 늪에서 건져주시고 살게 하시고 그래서 어떻게 우리의 답이 오게 되는가 하니 '하나님을 아는 사람은 이제 내가 산다 말하지 않고 살게 된다'라고 용어를 쓰고 '하나님 모르는 사람은 하나님 모르는 까닭에 내가 산다'고 얘기할 뿐이라는 것입니다. 결국 그 사람도 하나님이 살게 하고 있는데 말입니다. 그런 까닭에 칭의는 우리가 노력으로 해서 얻어낸 칭호는 절대 아니라는 것입니다. 여기서 우리 인간 편에서 할 일이 있다면 문제를 해결해 주시는 하나님을 믿는 일이고 의롭다하시는 이는 전적으로 하나님인 것을 알아야 할 것입니다.

하나님이 사용하신 칭의의 방법은 어떠했을까요? 「고전 15 : 22」 아담 안에서 모든 사람이 죽은 것 같이 그리스도 안에서 모든 사람이 삶을 얻으리라. 아담 안에서 온 인류 전체의 죄의 전가에서 예수님 안에서 예수님이 승리하니 온 인류 전체가 승리했다 이 말입니다. 한 사람이 죄를 범하였으매 전체가 죄를 짓게 되고, 한 사람의 승리로 말미암아 전체가 승리 한 것입니다. 곧 이 승리의 방법은, 칭의의 방법은 전적으로 하나님이 스스로 정했음을 우리는 알아야 된다는 것입니다. 그가 보내신 자를 믿는 일 곧 예수님을 믿는 것입니다. 「요 3 : 36」 아들을 믿는 자는 영생이 있고. 「요 6 : 29」 하나님의 보내신 자를 믿는 것이 하나님의 일이니라. 「갈 3 : 24」 우리로 하여금 믿음으로 말미암아 의롭다 함을 얻게 하려 함이니라. 바로 예수 믿는 자들에게 의롭다 하심은 예수를 믿는 자들에게 주신 하나님의 특권인 것을 알아야 되겠습니다.

칭의는 하나님의 은혜입니다. 「롬 3 : 24」 그리스도 예수 안에 있는 구속으로 말미암아 하나님의 은혜로 값없이 의롭다 하심을 얻은 자 되었느니라. 「딛 3 : 7」 우리로 저의 은혜를 힘입어 의롭다 하심을 얻어. 칭의의 방법은 전적으로 하나님의 은혜인 것입니다.

칭의는 그리스도의 피로 됩니다. 「롬 5 : 9」 그러면 이제 우리가 그

피를 인하여 의롭다 하심을 얻었은즉 더욱 그로 말미암아 진노하심에서 구원을 얻을 것이니.「히 9 : 22」율법을 좇아 거의 모든 물건이 피로서 정결케 되나니 피 흘림이 없은즉 사함이 없느니라. 전적으로 칭의의 방법은 예수 그리스도의 피 밖에 없다는 것입니다.

바로 여기에서 우리 기독교의 독특성이 있습니다. 종교라고 다 똑같은 종교가 아닙니다. 잘 아시는 대로 이 땅의 종교는 하나님으로부터 출발하는 기독교, 인간으로부터 출발한 힌두교 둘밖에 없었습니다. 이슬람교도 기독교로부터 나오게 되어버린 역사적 산물 이것은 이단이다 말할 가치가 없는 것이고 그 다음에 불교도 힌두교에서 한 종파로 나오게 된 한 종파일 뿐인 것입니다. 결국은 이 종교 속에서 다른 종교들이 아무리 흉내를 낼 지라도 우리가 죽은 자에서 산자가 되고 죄인에서 의롭다 되는 것은 예수님이 피 밖에 없는 것이며, 다른 방법은 일체 없기에 다른 종교가 흉내를 낼 수가 없습니다. 오직 기독교만이 유일한 방법인 것을 알게 하고 있다는 것입니다.

하나님이 우리를 의롭다 하심으로 우리에게 어떤 일이 생겼는가요? 그것은 죄와 심판의 면제를 의미합니다.「창 2 : 16」정녕 죽으리라.「민 32 : 23」너희 죄가 정녕 너희를 찾아낼 줄을 알라.「사 53 : 6」우리는 다 양 같아서 그릇 행하여 각기 제 길로 갔거늘 여호와께서는 우리 무리의 죄악을 그에게 담당 시키셨도다. 또 어떻게 말씀하고 있습니까?「요 3 : 18」저를 믿는 자는 심판을 받지 아니하는 것이요.「요 5 : 24」나 보내신 이를 믿는 자는 영생을 얻었고 심판에 이르지 아니하나니 사망에서 생명으로 옮겼느니라. 분명히 한 곳에서는 우리 인간은 죄 때문에 죽을 것이라고 말씀하였고, 죄가 드러난다 말씀하였고 죄를 용서할 수 없다고 말씀하고 있습니다. 다른 한 편에서는 하나님이 내 죄 때문에 죽어주셨음으로, 즉 대가를 치러주셨음으로,

우리는 의인이고 또 영원히 산다고 하면서 뭐라고 말하고 있느냐하면 심판의 면제라고 말하고 있습니다.

성도님들, 우리 인간에서 가장 심각한 일, 심오한 일, 가장 중요한 일, '가장'자를 붙여가지고, 가장 큰 그것이 무슨 문제일까요? 바로 우리가 생을 산 다음에 아버지 앞에서 만나는 하나님의 질문이 '내 책임을 어떻게 했는가'입니다. 책임에 대한 질문에 대답하는 시간인 줄로 알고 있습니다.

어떤 분이 앞에 누워있습니다. 환자이십니다. 온 가족이 둘러 앉아있습니다. 틀림없이 마지막 시간이 온 것을 이미 감지하고 있습니다. 다리를 만져보더니 "아빠, 할머니 다리가 차졌어." "그래……." 한 시간쯤 지났습니다. "아빠, 찬 것이 무릎까지 올라왔어." 이 할머니 입장에서 생각할 때 "얘들아~, 애야~." 이것이 중요할까요? 아니면 '아, 나는 지금 어떻게 될까? 하나님의 질문 앞에서 뭐라고 할 것인가?' 그래서 인간에게 가장 맨 마지막까지 머물러 있는 것이 청각이라고 말합니다.

제가 90세가 넘으신 고모님께 찾아갔습니다. 너무나 오래간만에 찾아갔더니 식구들이 모여가지고 말합니다. "철원집 아들 왔어요!" 그리고서는 우리 고모가 못 알아들으시는 줄 알고 말합니다. "며칠 못 가실지 몰라, 오늘 내일 하셔." "너 마침 잘 왔어." 저는 이미 알고 있습니다. 그래서 제가 기도를 합니다. "고모, 기도할게요." 그리고서 "하나님 아버지시여, 기도드립니다. 백세수를 하게 하시옵소서." 간절히 마쳤습니다. 그때 우리 고모께서 베개에 손을 넣습니다. 베개 속으로 들어가더니 2만원이 나옵니다. 이건 뭘 말합니까? 마지막 청각이 살아 있다는 것입니다.

하나님의 질문 앞에서 내가 무엇이라고 대답하리까? 무엇이라고 대답하느냐, 바로 이 문제인데 이때 우리는 이미 심판에 이르지 아니하나니, 이미 그때쯤 가면 천국이 보이고 천사가 보이고 아멘, 아멘 하니 그게 관계가 없는 것입니다. "너희들도 찬송 좀 불러라. 너희들 좀 믿어라." 이 말밖엔 할 말이 없는 것입니다. 우리 의롭다 하신 자들은 심판 면제라는 것입니다. 이렇게 하나님이 의롭다 하신 자들은 하나님의 자녀로서 일평생을 산다는 것을 우리가 압니다.

「갈 3:26」 너희가 다 믿음으로 말미암아 그리스도 예수 안에서 하나님의 아들이 되었으니, 이것은 죄에서부터 자유만을 말하는 것이 아닙니다. 신분만 변화시켜놓고 그냥 두는 것이 아닙니다. 하나님께 순종하고 하나님을 닮아가면서 예수님만큼 성장하는 것을 가리킵니다. 하나님이 나와 동행을 의미하고 있다, 이것이지요. 참으로 신비한 일은 이렇게 하나님이 의롭다 하는 자들은, 가만히 있는데도 하나님이 기뻐하시는 일을 하게 되고 하나님이 싫어하시는 문제들은 하지 않게 되어있습니다. 여기서 중요한 문제는 이것을 누가 빨리 실천하느냐에 따라서 누가 예수님 많이 닮아 가느냐는 문제가 달려있을 뿐인 것이지 결국 가서는 그렇게 되도록 하나님이 살게 만들었다는 것입니다. 그래서 의롭다함을 받은 자는 행위의 열매로 나타날 수밖에 없습니다. 아브라함이 이삭을 바칩니다. 「약 2:14」 '내 형제들아 만일 사람이 믿음이 있노라 하고 행함이 없으면 무슨 이익이 있으리오. 그 믿음이 능히 구원을 하겠느냐?'라고 자신 있게 말하고 있습니다. 저도 자신 있게 말합니다. 오늘 새벽에도 본 사실입니다만 예수님이 수난주간에 무화과나무 잎이 마르니까 무화과나무를 저주합니다. 다른 말로 말하면 우리 예수 믿는 사람들은 틀림없이 열매를 맺어야지 열매가 없으면 가짜라는 것입니다. 그 칭의의 열매는 소명의 열매 중생의 열매 회개의 열매 믿음의 열매나, 앞으로 할 양자의 열매 성화의 열매 견인의 열매 영화의 열매나 다 똑같은 것을 우리는 알게 됩니다. 그 열매는 무엇입니까? 우리가 일평생을 목마르지 않고 배고프지 않고 이 땅의 주인공으로서 모든 문제의 해결자이며 갈 천국과 있는 천국이 함께 있는 늘 천국으로서 살게 되는 열매를 맺게 되어있는 것을 말합니다.

한 가지만 얘기해 봅시다. '영원히 목마르지 않고 영원히 배고프지 않는다.' 이 말 하나만 가지고 우리 예수쟁이들은 끝났습니다. 어디하고, 어느 자리하고, 어느 옷하고, 어느 가치하고 비교하겠습니까? 비교할 게 하나도 없습니다. 이미 말씀대로 살기만 하면, 80세 되어서도 90세 되어서도 말씀대로 살기만 하면 말씀이 밥을 먹이시니 웃을 수 있다는 말입니다. 바로 이것이 하나님이 의롭게 하신 자, 바로 나는 죄인이 아니고, 의로운 자가 되었고, 이젠 죽을 자가 아닌 영원히 산자가 된, 곧 칭의를 받게 된 우리 삶의 모습인 것입니다. 이 실존이 지금 나에게 있습니까?

9. 양 자

※ 내가 또 말하노니 유업을 이을 자가 모든 것의 주인이나 어렸을 동안에는 종과 다름이 없어서
그 아버지가 정한 때까지 후견인과 청지기 아래에 있나니
이와 같이 우리도 어렸을 때에 이 세상의 초등학문 아래에 있어서 종노릇 하였더니
때가 차매 하나님이 그 아들을 보내사 여자에게서 나게 하시고 율법 아래에 나게 하신 것은
율법 아래에 있는 자들을 속량하시고 우리로 아들의 명분을 얻게 하려 하심이라
너희가 아들이므로 하나님이 그 아들의 영을 우리 마음 가운데 보내사 아빠 아버지라 부르게 하셨느니라
그러므로 네가 이 후로는 종이 아니요 아들이니 아들이면 하나님으로 말미암아 유업을 받을 자니라

갈 4 : 1-7

육신의 생각은 하나님과 원수가 되나니 이는 하나님의 법에 굴복하지 아니할 뿐 아니라 할 수도 없음이라
육신에 있는 자들은 하나님을 기쁘시게 할 수 없느니라
만일 너희 속에 하나님의 영이 거하시면 너희가 육신에 있지 아니하고 영에 있나니 누구든지 그리스도의 영이 없으면 그리스도의 사람이 아니라
또 그리스도께서 너희 안에 계시면 몸은 죄로 말미암아 죽은 것이나 영은 의로 말미암아 살아 있는 것이니라
예수를 죽은 자 가운데서 살리신 이의 영이 너희 안에 거하시면 그리스도 예수를 죽은 자 가운데서 살리신 이가 너희 안에 거하시는 그의 영으로 말미암아 너희 죽을 몸도 살리시리라
그러므로 형제들아 우리가 빚진 자로되 육신에게 져서 육신대로 살 것이 아니니라
너희가 육신대로 살면 반드시 죽을 것이로되 영으로써 몸의 행실을 죽이면 살리니
무릇 하나님의 영으로 인도함을 받는 사람은 곧 하나님의 아들이라
너희는 다시 무서워하는 종의 영을 받지 아니하고 양자의 영을 받았으므로 우리가 아빠 아버지라고 부르짖느니라

롬 8 : 7-15

본문 말씀을 중심해서 말씀드릴 제목은 '양자'가 되겠습니다. 양자는 구원의 서정, 칭의 다음에 찾아오는 우리에게 있어서 매우 귀중한 선물입니다. 양자로 삼는다는 것은 하나님이 거저 주신 은혜의 행위로서 이로 인해 우리를 하나님의 자녀의 수효 중에 들게 하시며 그 모든 특권을 누리게 하시는 하나님의 계획입니다.

양자, 즉 우리가 하나님의 자녀가 되었다는 것입니다. 양녀가 아니고 양자인 것은 하나님은 대의명분을 남자에게 주셨기 때문인 것이며 남녀 구분없이 다 하나님의 자녀인 것입니다. 양자를 다른 말로 표현한다면 우리가 하나님과 하나가 되었다는 말입니다. 예수님은 머리요, 우리는 그의 지체라고 「엡 1장」에서 말씀했고, 예수님은 「요 17장」에서 우리와 하나님은 하나이라고 말씀했습니다.

성경에서는 이를 이렇게 건물과 기초로 비유하셨습니다. 「엡 2 : 20」너희는 사도들과 선지자들의 터 위에 세우심을 입은 자라. 그리스도 예수께서 친히 모퉁이 돌이 되셨느니라. 「골 2 : 6, 7」그러므로 너희가 그리스도 예수를 주로 받았으니 그 안에서 행하되 그 안에 뿌리를 박으며 세움을 입어 교훈을 받은 대로 믿음에 굳게 서서 감사함을 넘치게 하라.

그리고 부부관계의 연합으로 비유하셨습니다. 「롬 7 : 4」부부가 하나님을 위하여 열매를 맺히게 하려 함이니라. 「엡 5 : 31」이러므로 사람이 부모를 떠나 그 아내와 합하여 그 둘이 한 육체가 될 찌니.

포도나무와 가지의 연합으로 비유 하셨습니다. 「요 15 : 5」나는 포도나무요 너희는 가지니 저가 내안에 내가 저 안에 있으면 이 사람은 과실을 많이 맺나니 나를 떠나서는 너희가 아무것도 할 수 없음이라.

아담과 그 후손의 연합으로 설명하고 있습니다. 「롬 5 : 19」한 사람의 순종치 아니 함으로 많은 사람이 죄인 된 것 같이 한 사람의 순종하심으로 많은 사람이 의인이 되리라. 「**고전 15 : 22**」 '아담 안에서 모든 사람이 죽은 것 같이 그리스도 안에서 모든 사람이 삶을 얻으리라'고 이렇게 말씀하고 있습니다.

우리를 하나님의 자녀라고 말씀하시면서 하나님께서는 그처럼 건축 관계로, 부부관계로, 나무와 가지사이로, 아담의 후손, 우리의 역사 속에서 이렇게 말씀하면서 무엇을 설명하고 있습니까? 하나님 없이는 인간은 없다, 부모님 없이는 우리는 이 땅에 태어날 수가 없다고 하시면서 그 친부모는 누구인가? 바로 우리 전체 온 인류의 아버지는 하나님이시라고 우리에게 밝혀주고 있습니다.

양자된 것을 성경에서는 내용적으로 하나인 것을 설명합니다. 성도는 예수 그리스도 안에 있다는 것입니다. 예수님이 친히 말씀하십니다. 「**요 14 : 20**」 '그 날에는 내가 아버지 안에 너희가 내 안에 내가 너희 안에 있는 것을 너희가 알리라'라고 말씀하고 있습니다. 사도 바울도 이렇게 고백하고 있습니다. 「**롬 6 : 11**」 그리스도 예수 안에서 산자로 여길 찌어다. 「**롬8 : 1**」 그리스도 예수 안에 있는 자에게는 결코 정죄함이 없나니. 이 사실을 깨달은 사도 베드로도 이렇게 말합니다. 「**벧후 1 : 4**」 '성도는 하나님의 성품에 참여한다'고 말씀하고 있습니다. 그러면서 우리 모든 성도는 하나님처럼 된다는 것을 설명해 주고 있다는 것입니다.

그렇습니다. 예수님은 머리시고 우리는 지체로서 예수님 안에서 하나가 되어야 하는데, 여기에 무슨 암시가 들어있습니까? 우리가 예수님처럼 성장하고 우리가 하나님처럼 살 수 있음을 말씀하시면서 하나님은 아버지시고 우리는 아들인고로 그 아들의 권리를 당당히 누리고 그렇게 되라고 말씀하고 있습니다. 여기서 부정적인 면 몇 가지를 생각할 수 있다면 친구들 사이의 사랑과 동정의 연합이 아니라는 것입니다. 인간성이 파괴되거나 하나님께 흡수되는 그러한 연합도 아닙니다. 천주교에서 말하는 화체설 같은 그런 연합도 아니라는 것입니다. 여기서 우리는 이 땅의 부정적인 삶의 방법을 우리가 왜 경계해야 하느냐 하면 우리가 교회에 다니면서 잘못 생각하는 것은 마치 교회를 공자학교로 만들어놓기가 쉽다는 것입니다. 헬레니즘문화권 시대의 인생이란 무엇이냐를 배우는 철학학교로 만들어놓고 있습니다. 교회는 하나님이 아버지이신 분명한 관계 속에서 우리의 삶이 나타나는 것이지 공자학교나 소크라테스학교가 되어서는 안됩니다. 본문에서 말씀하듯이 우리는 초등학문에서 벗어나야 합니다.

인간으로부터 출발한 모든 것들은 초등학문일 수밖에 없습니다. 복제인간? 초등학문입니다. 하나님께서는 우리에게 무엇을 원하십니까? '너희는 나의 아들이니라.' 우리가 자식을 낳은 다음에 그 자식이 자식의 권리를 당당히 누리기를 원하듯이 우리 보고 이 땅에 살면서 하나님의 아들인 것을 당당히 누리라고 얘기하고 있는데 우리는 어디서 멈추려합니까? 초등학문 공자학교로 만들어 놓고 여기에 만족하고 있다는 것입니다. 아닙니다. 우리는 하나님의 아들입니다. 나는 하나님처럼 되어야 합니다. 내가 예수님만큼 성장하는 것이 아버지의 뜻이며 우리의 소원이어야 되는 것을 알아야 되는 것입니다. 우리의 연합은 유기적인 완전한 하나가 된 것입니다. 곧 하나님이 우리 인간을 하나님의 형상으로 지으셨다고 하시니 바로 그 확인 실존적인 삶을 가르치고 있습니다. 이 연합은 오직 하나님께서 하신 불가사의한, 영원히 끊어지지 않는 연합을 말합니다. 그래서 연합으로 이루어진 양자는 하나님이 우리에게 아들로서의 확고한 지위를 주시는 것입니다.

양자가 된 것은 하나님 편에서 보면 영원전에 예정된 것입니다. 사도 바울의 설교를 보면 제가 알기로 아홉 번 설교를 한 줄로 알고 있습니다만 그는 다메섹 도상에서 예수님을 만납니다. 그가 설교를 할 때 만난 사실을 그때 상황이 필요할 때만 인용했을 뿐이지 그의 13서신 모두의 중심은 '하나님이 택하셨느니라. 하나님이 예정하셨느니라. 하나님이 부르셨느니라. 우리가 양자이었음을 하나님이 태초에 예정하셨다'고 처음부터 끝까지 말씀하고 설명하고 있습니다.

우리 성도들 편에서 보면 예수 그리스도를 영접할 때 이 사실이 이루어지는 것을 알 수가 있습니다. 무슨 말입니까? 예수님께서 태초에 하나님 스스로 계셨습니다. 바로 2천 년 전에 예수님이 나타나셨을 뿐입니다. 마찬가지로 우리가 예정된 것이 태초에 예정되었는데 내가 예수님을 구주로 영접하는 순간 이미 그 양자됨이 자동적으로 성취되기 시작했다는 말인 것입니다. 성취되기 시작했다는 말이 무슨 말일까요? 내가 영접하는 순간 내가 구원받았고 생명문제가 해결 받았습니다. 이제 성장문제가 있는데 어디까지일까요? 예수님 만큼입니다. 하나님 주신 성장이 필요한데 그 성장이 언제 성취될 것인가? 아들됨의 완전한 실현은 예수님께서 재림하셔서 영원한 천국에서 부활된 몸 아니면 변화된 몸으로 이루어지는 것을 알 수가 있습니다.

「고전 15 : 51, 52」 보라 내가 너희에게 비밀을 말하노니 우리가 다 잠 잘 것이 아니요 마지막 나팔에 순식간에 홀연히 다 변화하리니 나팔 소리가 나매 죽은 자들이 썩지 아니할 것으로 다시 살고 우리도 변화하리라. 그렇습니다. 부활의 역사적 사실, 다시 한 번 더 말씀드립니다. 우리는 초등학문, 공자의 학교로 마치는 집이 아닙니다. 우리는 초등학문 소크라테스의 집에서 만족하는 집이 아닙니다. 부활의 역사적 사실, 죽지 않고 영원히 변화된 몸으로 부활된 몸으로 사실로서 살게 되는 하나님의 실질적 자식, 양자됨을 우리에게 설명하고 있다, 이 말인 것입니다.

양자의 방법은 하나님이 행동으로써 그것에 의해 중생되고 의로워진 사람이 구속받은 받은 친교에로 옮아지는 것입니다. 전적으로 하나님입니다. 양자는 칭의 뒤에 옵니다. 반드시 시간적으로가 아니라 논리적 순서에서 그렇습니다. 하나님께서는 어떤 사람이든지 의롭게 되지 아니하면 하나님의 자녀를 삼을 수가 없게 되어 있습니다. 지난 시간에 말씀드린 대로 우리는 죄인입니다. 이 죄 문제 때문에 하나님이 십자가에 죽어주셔서 해결받았기 때문에 우리는 의인이 되었고 우리가 의인이 되었기 때문에 하나님의 자녀가 된 것을 우리는 인정해야 된다는 것입니다. 회개하고 믿게 되자마자 의롭게 될 뿐만 아니라 하나님의 아들이 되었다는 말입니다. 전적으로 하나님 방법입니다. 인간의 방법 도덕 윤리 양심으로 이해할 수 없는 방법입니다. 특징이 있습니다. 양자됨은 한 순간에 이루어집니다. 소명부터 양자까지 다음 장에 성화를 설명하겠습니다만 성화직전에 소명에서부터 양자까지 5가지가 나오지 않습니까? 소명 중생 회심 믿음 칭의 양자 이것은 논리적으로만 다를 뿐이지 실지로는 하나로 움직이는 것입니다. 소명부터 양자까지는 한 순간에 이루어지는 것입니다.

양자됨은 영구적인 효과를 지내는 것입니다. 「요 10 : 29」 아무도 내 아버지의 손에서 빼앗을 수 없다. 양자됨은 우리가 의식 할 수 있는 어떤 것입니다. 「갈 4 : 6」 성령이 친히 아바 아버지라 부르게 합니다. 「롬 8 : 16」 성령이 우리가 하나님의 자녀인 것을 증거하고 있습니다. 우리가 하나님을 아버지라 부르는 것은 하나님이 부르라고 했으니 부르는 것이지 '하나님, 하나님, 부르면 복을 받겠지' 하며 미신 샤머니즘적으로 부르라는 것이 아닙니다. 내 이성으로 내 감정으로 지정의가 나에게 느끼고 알게 하셨으므로 하나님을 당당하게 아버지라 부르는 것을 우리에게 설명해주고 있다는 것입니다. 그러니 하나님이 부르게 하신 아버지인 까닭에 확실한 것이며 분명하고 영원합니다.
몇 가지 짚어드린다면 우리가 하나님의 아들과 이 세상의 아들을 우리 눈으로 식별하고 싶은데 이게 참 아이러니합니다. 식별하여 알 수 있을까요? 모릅니다. 남자 여자를 척 보면 알듯이 흑인 백인 황인을 척 보면 알듯이 우리가 하나님의 자녀인 것을 척 보면 알아야 하겠는데 '이 사람이 하나님의 사람이야. 세상 사람이야.' 구분이 됩니까? 이것을 구분하기가 어렵다는 것입니다. 왜 그럴까요? 이것은 하나님의 비밀이며 전적으로 하나님의 방법이기 때문입니다.
한 가지 희미하게 알 수 있다면, **「고전 1 : 18」** 십자가의 도가 멸망하는 자들에게는 미련한 것이요, 구원을 얻는 우리에게는 하나님의 능력이라. **「마 11 : 25」** 그때에 예수께서 대답하여 가라사대 천지의 주재이신 아버지여 이것을 지혜롭고 슬기 있는 자들에게는 숨기시고 어린아이들에게는 나타내심을 감사 하나이다. 하나님의 비밀이라고 말하고 있습니다. 실지로 이 사건을 통하여 알 수 있습니다. 천국에 가 있어야 할 가롯 유다는 지옥에 있습니다. 지옥에 있을 것이라고 생각했던 한편 강도입니다. 한편 강도는 천국에 있습니다. 이 사실은 우리가 이 사람이 하나님의 사람이야, 지옥 갈 사람이야 알 수가 없다는 것입니다.
비밀의 실존이 어떻게 나타납니까? 하나님의 아들입니다. 당당한 하나님의 아들입니다. 청와대에서 고향에 찾아갔습니다. '야, 지금 고향에 내려왔단다. 내가 동기동창이니 그렇지 내가 가야지.' 뭘 좀 준비를 하고 갈 것입니다. 그런데 하나님의 아들이 뜨면 '하나님의 아들이 왔다. 커피 한 잔 마시자. 내가 살게.' 합니까? 아닙니다. '이리 와서 이것 좀 주워, 이것 좀 해 줘.' 하나님의 아들입니다. 당당하게 '그래 내가 주울게.' 그러면 '아무리 보아도 아이큐가 두 자리의 낮은 자구나'라고밖엔 안 보입니다. 아무리 보더라도 고운 모양이 없습니다. 아무리 보아도 사람들에게 싫어버린 바 당했습니다. 아무리 보더라도 사람들에게 괄시, 멸시를 받습니다. 천덕꾸러기입니다. 이게 하나님의 아들입니다. 이런 마음을 가지고 이 땅을 살아봅니다. 재미나지요? '이거 주워라.' '알아, 내가 주울게.' 주울 때의 그 희열. '주여, 그가 주를 모를 뿐입니다. 그가 하나님을 모를 뿐입니다. 주님이 주시는 웃음의 맛을 알았다면 주님이 주시는 건강의 맛을 알았다면, 주님이 주시는 행복의 맛을 알았다면 저도 남들처럼 똑같아질 텐데.' 합니다. 이게 비밀입니다.

그렇습니다. 우리가 사람들을 식별하지 못할지라도 나 자신은 하나님의 아들인 사람은 하나님의 아들인 것을 확실히 인식하고 확실히 알기 때문에 자존심이 하늘을 찌릅니다. '내 말을 잘 듣기 때문에 너 이리와, 그래도 되는 줄 알았는데 아니네. 대단하네.' 저도 그런 사람을 그런 줄 알고 괄시하고 있다는 것입니다. 넥타이 매고 머리에 기름 바르고 회전의자에 앉아있고 그 앞에는 나도 정중해지고 마치 내 사람인 것처럼. 이게 저의 가슴 아픈 일입니다. 죄인의 속성이 불현듯 드러나고 있는데 앞에서 제발 이러지 않기를 원합니다. 내가 무서워 할 사람이 누구입니까? 내가 들어야 할 사람이 누구입니까? 내가 떨면서 함께 살아야 될 사람이 누구입니까? 제발 철 좀 들었으면 좋겠습니다.

한 번 고백해 봅니다. 「엡 3 : 14, 15」 이러하므로 내가 하늘과 땅에 있는 각 족속에게 이름을 주신 아버지 앞에 무릎을 꿇고 비노니. 이 구절을 칼빈주의 학자 하지는 이렇게 표현하고 있습니다. "하늘의 족속은 천사를 가리키지 아니한다. 오직 구속받은 성도들만 가리킨다"

고 말하고 있습니다. 분명히 우리만이 하나님의 아들입니다.

'하나님은 나의 아버지입니다.' 이 말을 영적으로 해석해서 영의 아버지이며, 육의 아버지는 아닌 것처럼 살면 안 되는데, 지금 기독교 우리 목사님들, 신학자들 불러다 놓고 얘기해 보면 이성으로 해결 안 되면 '영적이야' 그러면서 성도들과 타협하다니 답답합니다. 어떻게 영적입니까? 내가 하나님 아들인데 육은 하나님 형상이 아닙니까? 영과 육이 다 하나님 형상인데 내가 하나님 자식인데, 제발 '영적이야' 하면서 미꾸라지처럼 도망가지 맙시다. 기업을 운영할 때, 직장에 계실 때, 우리 청년들 학교에서 공부할 때, 목사가 일을 할 때, 어디서나 하나님의 자식이 되어봅시다.

아들도 아버지도 할아버지도 손자 손녀도 하나님을 아버지라 부릅니다. 이것은 하나님과 나 사이에 일 대 일이라는 것입니다. 참 무서운 얘기인 것을 알아야 합니다. 이 땅에 모든 것은 하나입니다. 그러나 하나님 안과 밖 천국과 지옥은 둘입니다. 하나님 안과 밖만 둘일 뿐이지 모든 건 하나입니다. 그래서 「요 8:44」 너희는 마귀에게 속했다. 「고전 15:22」 아담 안에서 모든 사람이 죽은 것 같이 그리스도 안에서 모든 사람이 삶을 얻으리라. 하나님 밖의 사람, 이게 죽은 자들 아닙니까? 아무리 가봐야 초등학문 속에 있지 않습니까? 우리가 산자 아닙니까? 우리가 하나님 아들 아닙니까? 이 나팔을 분명히 불 수 있어야 됩니다.

양자는 우리가 하나님과 똑같이 되는 것은 아닙니다. 「갈 4:17」 자녀로서 우리는 하나님의 후사요 그리스도와 함께 한 후사가 된 자인 것입니다. 이것을 이렇게 설명해 보겠습니다. 「창 2:7」에 보면 우리 사람을 흙으로 지으시고 성령으로 사람이 지음을 받습니다. 「겔 3:7」에 보면 성령으로 뼈들이 군대 되게 만들었습니다. 「마 1장」에 보면 성령으로 예수님이 오셨습니다. 그러면 우리 인간이 예수님과 똑같습니까? 그렇게 말하시면 안됩니다. 다릅니다. 「**마 1장**」 예수님은 하나님의 본체가 임한 것이오. 「**창 2장**」과 「**겔 7장**」, 우리 인간은 하나님의 형상이라는 것입니다. 곧 유기체적 하나인 것을 우리는 알아야 되는 것입니다.

양자의 결과는 무엇입니까? 이미 전에도 말씀드린 대로 소명 중생 회심 믿음 칭의 양자의 결과는 같습니다. 목마르지 않고 배고프지 않고 영원히 지속되는 것입니다. 당연하지 않겠습니까? 하나님의 아들이 목말라서야 되겠습니까? 배고파서야 되겠습니까? 이 땅이 위정자가 타락한다고 세상의 심판이 임하지 않습니다. 교회가 타락하면 하나님이 심판합니다. 교회가 올바로 서면 하나님이 그 나라를 축복하십니다.

우리가 이 세상의 주인공입니다. 당연하지 않습니까? 아들이 주인공 되는 것이. 하나님이 아버지이신 고로 우리의 모든 사건은 해결 받을 수밖에 없습니다. 우리는 자유자로 살 수 밖에 없습니다. 구원받은 자, 그리고 주님을 닮아가면서 영원히 천국을 누리는 자가 되는 것을 알 수 있습니다. 성도님들, 우리는 하나님의 아들입니다. 하나님의 아들들은 정직 거룩 사랑 화평 오래 참음을 나타내야 됩니다. 하나님의 아들들은 결코 부자 되는 것 때문에 출세하는 것 때문에 정직을 팔지 않습니다. 거룩을 보전하는 자이지 거룩하게 되는 것을 포기 하지 않습니다. 우리가 하나님 앞에서 하나님의 자녀인 것을 자랑 한다면 지금도 하나님은 나를 하나님의 자녀인 것을 확인시켜주심으로 나는 누릴 수 있고 감사할 수 있으며 삶의 맛을 알 수 있다는 것입니다. 하나님은 지금 나에게 내가 있는 곳에서 하나님이 나와 함께하심으로 내가 하나님의 아들인 것을 알게 할 것입니다. 하나님 아들로서 내가 당당히 크게 외치며 분명히 살아야 할 것입니다.

10. 성화

> ✱ 이러므로 내가 하늘과 땅에 있는 각 족속에게
> 이름을 주신 아버지 앞에 무릎을 꿇고 비노니
> 그의 영광의 풍성함을 따라 그의 성령으로 말미암아 너희 속
> 사람을 능력으로 강건하게 하시오며
> 믿음으로 말미암아 그리스도께서 너희 마음에 계시게 하시옵
> 고 너희가 사랑 가운데서 뿌리가 박히고 터가 굳어져서
> 능히 모든 성도와 함께 지식에 넘치는 그리스도의 사랑을 알고
> 그 너비와 길이와 높이와 깊이가 어떠함을 깨달아 하나님의
> 모든 충만하신 것으로 너희에게 충만하게 하시기를 구하노라
> 우리 가운데서 역사하시는 능력대로 우리가 구하거나 생각하
> 는 모든 것에 더 넘치도록 능히 하실 이에게
> 교회 안에서와 그리스도 예수 안에서 영광이 대대로 영원무궁
> 하기를 원하노라 아멘
>
> 엡 3 : 14-21

　본문 말씀을 중심해서 말씀드릴 제목은 '성화'가 되겠습니다. 성화란 우리 성도가 거룩케 되는 것을 가리킵니다. 내가 거룩하니 너희도 거룩 하라하신 하나님 말씀에서 나왔습니다. '내가 거룩하니 너희도 거룩 하라.' 이 말씀은 신·구약성경을 한마디로 축약 한다면 이렇게 축약 할 수 있을 정도로 중요한 용어이며 중요성에 있어서 아무리 강조해도 부족함이 없는 내용인 것을 알게 되는 것입니다. 이 말을 신학자 벌 코프의 말을 빌려 다른 표현을 해 본다면, "거룩하게 하심은 하나님의 거저 주신 은혜의 역사로 말미암아 우리가 하나님의 형상을 좇아 인격이 새로워지고 점점 죄에 대하여는 능히 죽고 의에 대하여

는 능히 살게 되는 것이다"라고 정의 내리고 있습니다. 성경에서 살펴보면 「살전 4 : 6-8」 하나님이 우리를 부르심은 우리를 거룩케 하려 함이다. 「벧후 1 : 10」 그러므로 형제들아 더욱 힘써 너희 부르심과 택하심을 굳게 하라. 성화는 분명 우리가 거룩케 되는 것 곧 하나님처럼 되는 것이며 예수님을 닮아가는 것을 가리키고 있습니다.

이 성화를 알기 위해서는 몇 가지 짚어 드리기를 원합니다. 소명 중생 회심 믿음 칭의 양자 등은 단회적으로 이루어지는 사건들인데 이 성화는 단회적이면서도 오랜 기간이 필요하여 하나님 나라에 갈 때까지 계속되는 사건인 것을 알게 됩니다. 사람이 이 땅에 사는 동안에는 완벽한 성화를 이룬 자는 한 사람도 없습니다. 늘 저 완벽한 인간이 될 때까지 기다리면서 그렇게 사는 동안이 기간인 것을 알게 되는 것이지요. 이렇게 완벽한 인간이 되기 위해서는 그 우리 사람들 개인마다 몇 년씩이나 걸릴지 우리는 알 수가 없는 것입니다. 우리가 완전한 성화에 이르기 위해선 사람마다 기간이 다르므로 몇 년 짜리 인줄을 우리는 알 수가 없습니다.

구약학자 김희보 교수님은 이 땅에서 사는 동안에 가장 영화와 가깝도록 성장한 사람을 꼽으라면 야곱을 꼽는 것을 알 수가 있습니다. 그런데 도대체 야곱을 왜 이 땅에 사는 동안에 영화로운 몸이 됐다고 하셨을까 하는 이유를 가만히 묵상해보니 찾아낼 것만 같았습니다. 그가 147수였습니다. 앞은 보이지 않습니다. 하나님이 부르실 날 바로 그 해입니다. 이젠 다 죽게 되었는데 죽기 전에 손자들에게 축복을 하고 하나님 나라에 가는 한 행사가 있었습니다. 이때 아들 요셉이 아들 둘을 데리고 들어와서 손을 얹는데 장자에게 오른손, 차자에게 왼손을 놓아야하는데 이 아버지 야곱이 차자 에브라임에게 오른손을 놓고 장자 므낫세에게 왼손을 놓습니다. 이때 깜작 놀라며 "아버지,

손을 잘못 놓았어요." 할 때 바로 야곱이 하는 말입니다. "나도 안다. 내 아들아, 나도 안다." 전혀 앞을 못 보시는 바로 이 야곱이 어떻게 이 일을 하면서 '나도 안다, 내 아들아.' 얘기한 것인가, 바로 이 장면 앞에서 살아생전에 가장 영화로운 몸 가장 완벽에 가까운 성화에 이르신 분 중에 한 분이었겠구나, 저도 동의할 수가 있었습니다. 아시는 대로 아브라함이 하나님을 만나서 하나님의 인정받을 때까지의 성숙되는 기간은 자그마치 30년이 걸렸습니다. 오늘 이렇게 완벽하게 성숙했다라고 말하는 야곱은 제가 알기로 적어도 30년이 넘습니다.

그리고 신약성경에 우리가 그렇게도 추앙하고 있는 사도 바울, 지식과 열정이 뜨거워서 놀라운 사도 바울마저도 다메섹 도상에서 예수님 만날 때까지 이미 그 순간은 율법을 달달 외웠을 때이고 이미 남에게 인정을 받았을 때였고 예수님을 만나서 실제로 복음을 증거 할 때는 아라비아 광야에서 3년, 길리기야 당신 고향에서 7년여 동안을 있으면서 10년 이상을 묵상하면서 때를 기다렸다가 전도하기 시작했습니다. 분명히 우리가 하나님께 거듭나서 하나님 사람이 되었지만, 이렇게 예수님 사람이 되었습니다만 그렇게 하려면 시간이 걸리는 줄을 우리에게 가르쳐주고 있음을 바라보고 있으며 오랜 기간이 필요한 것을 깨달아 압니다.

또 하나 짚어 드린다면 소명 중생 회심 믿음 칭의 양자 없이는 성화는 있을 수 없다는 것입니다. 하나님의 사람이 되지 않고서는 그 사람의 성화는 죽었다 깨어나도 될 수가 없습니다. 하나님 중심하지 않고 나 중심해서 이 지구촌에서 성화된 사람 봤습니까? 한 사람도 없습니다. 우리의 성화의 과정, 어렸을 때 하나님의 형상으로 태어났습니다. 맑고 정직한 눈빛을 가지고 태어났습니다. 성숙되었습니다. 이것을 성장시킨 사람이 없습니다. 그런데 하나님 안에서 있는 사람은 성숙한 사람이 있습니다. 스데반입니다. 당신을 돌로 쳐 죽이고 있습니다. 아버지시여 저들이 아버지를 모르기 때문입니다. 그러나 저들은 진실합니다. 그들의 진실이 나에게 돌질을 하겠으나 저들을 용서하여 주소서. 성 후렌시스가 있습니다. 한 그림자일 뿐이겠지만 그가 깊은 산중에 있었을 때 동물들이 찾아와서 같이 놀고 웃고 뒹굴었다고 그의 일기장에는 적혀있는 것을 우리는 알게 됩니다. 분명 하나님을 떠난 나 중심 한 삶을 살아드리는 동안에 우리가 성숙하려면 오히려 내 눈빛이 변하여지는 것 때문에, 나의 양심이 타락하는 것 때문에 고민하는 것이지, 그 눈빛이 예수님처럼 닮아가 가지고 성숙한 사람은 이 땅에서 볼 수 없다는 것입니다. 분명히 성도들에게 있어서 시간만 다를 뿐이지 성화가 있는데 그 성화는 구원의 서정, 양자, 하나님 아들 된 다음에 시작되는 것을 우리에게 알게 한다는 것입니다. 또 우리가 성화를 알기 위해서는 성화라는 법의 선포 속에서 점진적 성화가 이루어지는 것을 알아야 될 것입니다.

먼저 법의선포를 살펴보면 「**고전** 6 : 11」 너희는 주 예수 그리스도의 이름과 우리 하나님의 성령 안에서 씻음과 거룩함과 의롭다 하심을 얻었느니라. 「**행** 20 : 32」 성도를 거룩해진 자들이라고 표현하므로 말미암아서 완료 시제를 사용합니다. '여기 거룩함과 의롭다함을 얻었느니라.' 이것이 완료 시제입니다. 실제로는 완벽한 성화가 이루어지지 않았지만 이미 법적으로는 '이루어졌느니라. 너는 깨끗해졌느니라. 너는 나의 사람이니라. 너는 내 것이니라.' 우리는 이미 거룩한 자가 되었고 성화되었다는 성화된 자라는 것을 법적선포로서 받았다는 것입니다. 재판관이 '너는 무죄이니라.' 무죄선언을 '땅땅' 쳤습니다. 그러나 그가 숙소에 가서 옷을 바꿔 입기 전까지는 여전히 수의의 옷을 입어야 됩니다. 담 밖으로 나오기 전까지는 완전한 자유자가 아니라 수용소 안에 있어야 하지 않습니까. 바로 짧은 시간이지만 기간이 필요하듯이 우리가 성화된다는 이 말은 시간이 많이 필요하다는 것을 우리에게 설명해주고 있습니다.

성도님들 성화되는 것을 우리가 알 수 있을까요? 우리는 꼭 알게 되는 것을 우리가 명심했으면 좋겠습니다. 이렇게 성화되도록 선포 받은 성도들은 점점 하나님을 닮아가면서 성장하도록 되어있습니다. 우리는 이미 법적으로 완전한 성도가 되었지만 완전한 성도가 되기 위해서는 이것이 점진적으로 이루어진다는 것입니다. 그러기에 성화의 목표는 죄를 완전히 근절하는 것과 그리스도의 형상을 완전히 본받는 것입니다. 우리가 이 목표를 염원에 둘 때 그것이 순간적으로 이루어지지 않고 긴 과정을 통해서 이루어지는 것임이 분명합니다. 성도는 그리스도의 형상을 완전히 닮기 위해 지금도 나아가고 실천 중에 있는 것을 알아야 됩니다. 우리가 이 사실을 알기 위해서는 하나님의 예정과 인간의 자유의지의 관계를 알아야 합니다. 그래서 저는 누누이 말씀 드려왔습니다. '이 땅에는 논리적으로는 다른데 실질적으로는 하나이다.' 또 제가 이번에 이런 말씀을 묵상하고 있었을 때 어떻게 또 은혜를 주시는가 하니 '얘야, 이 지구촌에서 본질문제의 대부분은 이렇게 되어있느니라. 이 지구촌의 근원문제, 본질문제를 말할 때에는 대체로 이렇게 되어있느니라.' 본질적인 것 중의 하나가 빛입니다. 이 빛은 플러스와 마이너스가 합해서 하나가 된 것입니다. 빛을 플러스만으로 계속 해석할 수 있습니다. 마이너스만으로 계속 해석할 수가 있습니다. 그러나 그것을 하나로 말 할 때에는 빛이라고 말합니다. 하나이다. 이 말이지요. 무슨 말입니까? 하나님의 예정과 인간의 자유의지가 있습니다. 이것은 하나로 설명할 때 이것이 해석되는 것이고 실존으로 보여지는 것이지 따로따로 설명해 보십시오. 얼마든지 귀납법을 사용해서 설명할 수가 있습니다. 인간의 자유의지, 얼마든지 귀납법으로 설명할 수 있습니다. 그런데 인간의 자유의지와 하나님의 예정을 동시에 설명해 보라고 하면 설명을 못합니다. 안됩니다. 그러나 이것은 논리적으로는 다르지만 실제적으로는 하나입니다.

그 실제를 보여드리겠습니다. 제가 이 책을 들었습니다. 내가 들었습니까? 하나님이 들게 했습니까? 분명히 내가 들었습니다. 그런데 우리는 뭐라 말해야 되는가? 하나님이 들게 했다고 해야 합니다. 그렇게 대답해야 더 좋은 대답입니다. 왜 그렇습니까? 내가 들었다고 말할 때에는 내가 뭔가 할 수 있다는 것입니다. 이미 나 중심이 되어 버렸습니다. 그러나 하나님이 들게 했다고 말할 때 비로소 나는 하나님 중심하여 살게 되는 그런 표현인 것이지요. 그런 까닭에 내가 들었다는 것 보다는 하나님이 들게 했다고 말할 때 이것은 더 좋은 표현이라는 것입니다. 이랬을 때 우리가 점진적 성화의 과정 속에서 이런 것들을 우리가 알고 산다는 것이 얼마나 중요한 것인지를 안다는 것을 깨닫게 되는 것입니다. 이러한 성화의 과정 속에서 하나님의 역할과 인간의 역할이 무엇인지 아는 것이 중요합니다. 하나님은 말씀하시고 소명 중생 회심 믿음 칭의 양자 성화 법의선포를 우리에게 하십니다. 그러면서 중요한 것은 하나님의 모든 말씀은 우리 성도들이 지켜야 할 책임이라는 것, 우리가 명심했으면 좋겠습니다. 바로 이 책임을 어떻게 지켰는가? 다른 말로는 우리의 자유의지를 어떻게 사용해야 될 것인가 이 말입니다.

그 자유의지의 첫 단추가 이 책을 내가 들었느냐 하나님이 들게 했느냐, 손을 내가 흔들었느냐 하나님이 흔들게 했느냐, 바로 이때 '하나님이 들게 했습니다. 하나님이 흔들게 했습니다'라는 용어를 쓰게 되어서야 비로소 자유의지 사용의 첫 단추를 사용한 것임을 알게 된다는 것입니다. 그렇게 될 때 성화가 얼마나 좋은 이야기이며 중요한 사건인지 우리는 알아야 될 것입니다.

성화의 방법은 무엇일까요? 먼저 부정적인 면부터 살펴본다면 인간이 혼자 힘으로 자신의 노력으로 될 수가 없습니다. 안됩니다. 칼빈도 인간의 전적타락을 주장하면서 인간은 스스로는 아무것도 할 수 없음을 말합니다. 인간의 죽음을 선언합니다. 「롬 3장」 의인은 하나도 없고 선을 행하는 자도 없다. 「롬 3 : 21」 모든 사람이 죄를 범하였으매 하나님의 영광에 이르지 못한다. 「창 6 : 5」 잘 들으십시오. 사람이 생각이 항상 악할 뿐임을 보시고. 그렇습니다. 인간스스로는 죽었다 깨어나도 성화될 수가 없습니다. 성화의 방법은 어떤 것입니까? 성화는 엄격하게 말하면 초자연적인 것입니다. 왜? 하나님 말씀과 성부 성자 성령의 역사 속에서 이루어지기 때문입니다. 하나님 말씀과 성부 성자 성령의 역사를 우리가 이해할 수 있을까요? 절대 죽었다 깨어나도 이해할 수가 없습니다. 그러나 여전히 그러함에도 불구하고 성경은 우리에게 말씀하고 있습니다. 곧 하나님 말씀이 우리를 성화시키고 있다 그 말입니다. 「시 119 : 9」 청년이 무엇으로 그 행실을 깨끗하게 하리이까. 주의 말씀을 따라 삼갈 것이니이다. 「히 4 : 12」 하나님 말씀은 살았고 운동력이 있어 영과 혼과 관절 골수를 찔러 쪼갠다. 「렘 23 : 29」 나 여호와가 말하노라 내 말이 불같지 아니하냐. 반석을 쳐서 부스러뜨리는 방망이 같지 아니하냐. 저는 이렇게 쉽게 이해해 봅니다. 1+1=2이라는 법칙이 있듯이 내 눈빛이 맑아지며 내 양심이 깨끗해지며 우리 인생이 성화되는 비결은 하나님 말씀밖에 없느니라, 하나님 말씀이라는 것입니다. 얼마나 쉽습니까? 받아드리기만 하면 됩니다. 희한합니다. 말씀만 폈다가 접어도 우리의 마음이 순해집니다.

또 말합니다. 성부 성자 성령 하나님이 우리를 성화시킨다고 말합니다. 성부 하나님은 하나님 자신이 우리를 거룩하다고 선포하시며 예수님을 우리의 거룩의 모퉁이 돌이 되게 하셨습니다.「고전 1 : 2」우리는 예수 그리스도 안에서 거룩하여 졌다고 합니다.「엡 1 : 22」그를 만물 위에 교회의 머리로 주셨느니라. 하나님은 우리를 세상 사람과 구별하여 세워 주심으로 성화시켜 주십니다.「엡 1 : 5」복중에 짓기 전에 너를 구별하였고「사 43 : 1」너는 내 것일 말씀하시며 구별하시었습니다.

예수님은 어떻게 우리가 성화되는데 동조하십니까?「히 13 : 12」예수님은 자기 피로서 백성을 거룩케 하려고 성문 밖에서 고난을 당하셨다고 했습니다.「히 10 : 10」예수 그리스도의 몸을 단 번에 드리심으로 우리가 거룩함을 얻었다라고 말씀하고 있습니다. 예수님은 우리 성도를 위하여 자기의 생명을 바침으로 우리를 거룩하게 했습니다.

성령님은 어떻게 일하십니까?「롬 8 : 29」하나님이 미리 아신 자들로 또한 그 아들의 형상을 본받게 하기 위하여 미리 정하셨으니 이는 그로 많은 형제 중에서 맏아들이 되게 하려 하심이니라.「엡 3 : 16」그 영광의 풍성을 따라 그의 성령으로 말미암아 너희 속사람을 능력으로 강건하게 하옵시며.「빌 1 : 6」너희 속에 착한 일을 시작하신 이가 그리스도 예수의 날 까지 이루실 줄을 우리가 확신하노라.

여기 성부 성자 성령 중에서도 성화의 문제는 성령과 깊은 관계가 있습니다. 왜 그렇습니까? 우리가 사건을 처리할 때 내가 사건을 처리하는 게 아니라 하나님 어떻게 처리합니까? 성령의 역사 속에서 처리하게 된다라고 이미 말씀드렸습니다 자유의지가 있습니다. 성령이 임했습니다. 자유의지와 성령이 함께 일하고 있습니다. 이때 나는 내가 일하고 있지만 하나님이 하게 하셨습니다. 바로 성령의 역사라고 고백하고 있다는 것입니다. 이렇게 성령께서 일하시는데 어떻게 일하십니까? 성령은 성도들의 지정의 전인의 생활을 끌어들임으로써 성도인 우리를 성화시키고 있다는 것입니다. 모든 존재하는 것들을 하나님을 위하여 사용하게 하심으로 말미암아서 우리를 성화되게 만들고 있다는 말인 것입니다. 그렇습니다. 우리가 사건을 처리할 때마다, 내가 하는 것 같지만 하나님이 하게 하셔서 했다고 내가 고백할 때 성령이 오셔서 일하시는 것을 내가 체험하게 된다는 것입니다. 사건을 처리합니다. '이 사건 세상 것이잖아. 다 필요 없어. 여기가 천국이잖아.' 이것은 잘못입니다. 샤머니즘, 잘못된 것입니다. 여기에 사건이 임했습니다. '하나님 어떻게 처리할까요? 어떻게 일하십니까?' 사건을 피하지 아니하고 사건 속에서 하나님, 하나님 찾으시면서 '성령이 이렇게 일하시는구나.' 하나님의 역사를 발견하는 것, 그래서 이것을 몇 번이고 해 봤더니 '진짜 이것을 내가 한 게 아니라 하나님이 하게 하셨구나.' 몇 번이고 말할 수 있도록 하나님은 우리를 인도하고 있더라는 것입니다.

　우리 성도들이 자유의지를 가지고 말씀을 지키는 일들이 참으로 중요한 일인데 성령이 말씀을 지키게 하십니다. 성령은 하나님의 말씀에 의하여 우리의 의식을 사용하여 자라게 하십니다. 성령이 인도하시는 까닭에, 사건을 처리할 때 내가 하지 아니하고 성령이 인도하시는 까닭에 우리를 그 말씀을 통해서 예수님 닮아가도록 하나님처럼 되도록, 될 수밖에 없도록 인도되는 것을 우리는 발견하게 됩니다. 성도님들 성화에 대하여 말씀드렸습니다. 논리입니까? 이론입니까? 종교의 장난입니까? 아닙니다. 하나님이 함께 하심입니다. 성령의 역사가 있는 바로 실존입니다.

　피아노 치는 분이 밥을 먹고 매일 다섯 시간 이상만 쳐보십시오.

익숙해지는 걸 자기가 느낍니다. 영어공부 하는 분이 밥을 먹고 영어에 빠져서 3년만 지내보십시오. '영어를 이렇게 잘하게 되었네.' 하실 겁니다. 성도님들 내가 성령에 이끌려 가지고 '진짜네. 진짜네.' 확인하며 살아보십시오. 내가 예수님 닮아가는 것을 나 자신이 못 느끼면 내 잘못입니다. 그러나 하나님 말씀대로 살기 위해서 '성령이 역사하시네.' 하면서 계속하여 연습해 보십시오. 닮아가는 걸, 내가 성숙하고 있는 걸 우리는 느끼게 된다, 이 말입니다.

우리 성도들이 완전하고도 최종적인 성화는 언제 이루어지는 것입니까? 우리가 죽어서 천국에 가든지 예수님이 재림하셔서 우리를 변화시키고 하늘나라에서 살 때입니다. 그러나 소명 중생 회심 믿음 칭의 양자의 결과처럼 성화의 결과도 마찬가지가 되겠는데 우리의 이 현실에서 앞으로 갈 천국의 그림자를 실존으로 보고 느낄 수가 있다는 것입니다. 저 천국과 이 땅에 변하지 않는 것이 있습니다. 하나님의 속성분야, 거룩이 안 변합니다, 사랑이 안 변합니다, 진실이 안 변합니다, 변하지 않는 것이 안 변합니다. 영원히 그것들은 안 변합니다. 그러니 우리가 이 땅에 살면서 이것을 내가 실존으로 누릴 수 있다는 것입니다.

목마르지 않고, 영원히 배고프지 않고, 여전히 우리는 세상의 주인공이며, 사건을 만났을 때 사건은 해결되는 것이며, 진정한 자유를 누릴 수 있는 것이며, 구원과 천국을 동시에 느끼며 영원한 삶을 누리는 것입니다. 이 실존이 내게 있습니까? 이 실존을 노래해 보십시오. 이 실존을 감사해 보십시오. 하나님께서 나와 함께 하심을, 점점 예수님 닮아가는 나를 발견하게 될 것입니다.

11. 견 인

> ※ 그런즉 이 일에 대하여 우리가 무슨 말 하리요 만일 하나님이 우리를 위하시면 누가 우리를 대적하리요
> 자기 아들을 아끼지 아니하시고 우리 모든 사람을 위하여 내주신 이가 어찌 그 아들과 함께 모든 것을 우리에게 주시지 아니하겠느냐
> 누가 능히 하나님께서 택하신 자들을 고발하리요 의롭다 하신 이는 하나님이시니
> 누가 정죄하리요 죽으실 뿐 아니라 다시 살아나신 이는 그리스도 예수시니 그는 하나님 우편에 계신 자요 우리를 위하여 간구하시는 자시니라
> 누가 우리를 그리스도의 사랑에서 끊으리요 환난이나 곤고나 박해나 기근이나 적신이나 위험이나 칼이랴
> 기록된 바 우리가 종일 주를 위하여 죽임을 당하게 되며 도살당할 양 같이 여김을 받았나이다 함과 같으니라
> 그러나 이 모든 일에 우리를 사랑하시는 이로 말미암아 우리가 넉넉히 이기느니라
> 내가 확신하노니 사망이나 생명이나 천사들이나 권세자들이나 현재 일이나 장래 일이나 능력이나
> 높음이나 깊음이나 다른 어떤 피조물이라도 우리를 우리 주 그리스도 예수 안에 있는 하나님의 사랑에서 끊을 수 없으리라
>
> 롬 8 : 31-39

본문을 중심하여 말씀드릴 제목은 '견인'이 되겠습니다. 견인은 '굳게 참는다'는 뜻입니다. 이 말은 '하나님이 우리를 위하여 굳게 참는다. 기다린다'는 말씀에서 나오는 것인데 하나님이 굳게 참으시니 우리도 굳게 참아야 된다는 뜻이 되겠고 「갈 5 : 22」에 보면 성령의 아

아홉 가지 열매 중에 오래 참음이 있음을 우리는 알았으면 좋겠습니다. 견인의 뜻은 하나님이 참는데서 또는 기다리는 데서 그치는 것이 아니라 하나님이 참으시는 이유는 하나님이 한 번 부른 자는 영원히 지켜준다는 그런 뜻이 있음을 알아야 될 것입니다. 「요 10 : 28」 내가 저에게 영생을 주리니 영원히 멸망치 않을 것이요. 저희를 내 손에서 빼앗을 갈 자가 없느니라. 「롬 11 : 29」 하나님의 은사와 부르심에는 후회하심이 없느니라 라고 말씀하고 있습니다. 「빌 1 : 6」에서 말씀하고 있습니다. 너희 속에 착한 일을 시작하신 이가 그리스도 예수의 날까지 이루실 줄을 우리가 확신하노라. 「요 10 : 29」 아무도 내 아버지의 손에서 빼앗을 수 없다고 말씀하고 있습니다.

위의 말씀들을 살펴 본대로 믿음으로 그리스도와 연합한 모든 사람은 하나님의 은혜로 거룩함을 받고 성령에 의해 중생함을 받은 모든 성도들은 은혜의 상태에서부터 전적으로 또는 최종적으로 결코 떨어져 나갈 수가 없으며 다만 그 안에서 끝까지 보존함을 받는다고 성경은 가르치고 있습니다. 또 하나는 위의 본문들을 잘 살펴보면 하나님이 기다리시는 이유가 하나 더 있는데 그것은 우리의 눈빛 생각 양심마저 흩트리지 아니하고 밝게 맑게 하시려고 기다리신다는 것입니다. 마치 낙숫물이 바윗돌을 뚫고 있는 것처럼 과연 어느 정도의 인내를 가져야만 볼 수가 있을까요? 그냥 잊어버리고 한 3~4년 후에 왔더니 '진짜네' 하는 그게 아마 낙숫물이 바윗돌을 뚫는 모습 아니겠습니까? 그 모습이나 마찬가지로 내 눈빛 상하지 않고 내 느낌 상하지 아니하신 채 하나님이 나를 보존시키시기 위해서 참으시고 기다리시는 이유입니다.

이것을 신학적으로 본다면 하나님의 형상중의 하나에 자유의지가 있는데 우리 인간으로 하여금 하나님과 똑같은 자유의지를 누리게 하시면서, 우리가 하나님과 똑같은 실질적인 자유를 누리면서 주님을 닮아가야 하는 까닭에 '이런 과정이 필요했구나. 이런 생각이 필요했구나. 이런 삶이 필요했구나.' 하는 것을 우리에게 알게 하고 있다는 말입니다. 중요한 것은 이것은 추상의 문제가 아니라 계시의 문제입니다. 그래서 변할 수 없고 그대로 이루어지는 진리의 문제라는 것입니다. 「사 14 : 24」에 말씀하고 있습니다. 만군의 여호와께서 맹세하여 가라사대 나의 생각한 것이 반드시 되며 나의 경영한 것이 반드시 이루리라라고 말씀하고 있습니다. 여전히 「**본문** 35, 38, 39」 누가 우리를 그리스도의 사랑에서 끊으리오라고 말씀하고 있습니다. 내가 확신 하노니 사망이나 생명이나 천사들이나 권세자들이나 현재일이나 장래일이나 능력이나 높음이나 깊음이나 다른 아무 피조물이라도 우리를 우리 주 예수 안에 있는 하나님의 사랑에서 끊을 수 없느니라고 말씀하고 있습니다. 「29, 30절」 미리 아신 자 부르시고 부르신 자 의롭다 하시고 영화롭게 하신다고 말씀하고 있습니다. 분명히 하나님의 계시인 까닭에 그대로 되어가는 진리인 것을 알아야 됩니다.

    하나님은 이 사실이 분명한 것을 알기 위하여 여러가지 증거를 보여 주셨습니다. 곧 예수님이 십자가에 죽으심으로 완전한 보장을 보여주셨습니다. 우리는 곧장 질문합니다. '하나님 이게 정말입니까? 어떻습니까? 무엇입니까?'라고 묻고 있을 때마다 저는 기도시간에 묻고 있습니다. 저는 이 기도 때문에 할 말을 잊고 맙니다. "내가 너 때문에 죽지 않았니? 내가 너에게 대하여 죽을 때 너에게 뭘 요구했더냐? 돈을 요구했더냐? 정성을? 사랑을? 너의 이성을 요구했더냐? 네 생각을 요구했더냐?" "아닙니다. 아무것도 없었습니다." "내가 이렇게 했으니 믿어다오." 그러시면서 하나님이 십자가에 죽어주심처럼 더 큰 확실한 도장이 어디 있느냐, 이 말인 것이지요. 하나님의 사랑이 이렇다면 하나님의 바라시는 열망은 무엇일까요? 하나님이 전지전능하신 방법으로 우리를 지켜주시는 모습, 그 방법. 그뿐이라는 것입니다. 「딤후 1 : 12」 나의 의탁한 자를 내가 알고 또한 나의 의탁한 것을 그 날까지 저가 능히 지키실 줄을 확신 함이라. 「유 1 : 24」 능히 너희를 보호하사 거침이 없게 하시고 너희로 그 영광 앞에 흠이 없이 즐거움으로 서게 하실 자. 「롬 16 : 25-27」 나의 복음과 예수 그리스도를 전파함에 따라 너희를 견고케 하실 지혜로.

정말 그 증거들이 하나님께서 말씀하신 까닭에 불변하는 확실한 진리인 것을 알게 됩니다. 이러한 사실들이 우리에게 어떻게 적용될까요? 성도님들, 하나님 안과 밖, 천국과 지옥만 둘일 뿐이지 이 땅의 모든 존재하는 것들은 욕망을 포함한, 눈에 보이지 않는 공기를 포함한 모든 존재하는 것들은 하나님 안에서 하나입니다. 그러니 내가 하나님 안에 거하여 있기만 하면 우리는 하나로서 하나님이 지켜주시는 것을 확인할 뿐입니다. 그러면 당연히 이러한 질문이 따라옵니다. '내가 하나님 안에 있는데 감기 걸렸어. 부도 맞았어. 암 병 걸렸어. 아니 사람들에게 왕따 당해가지고 이렇게 처참한 지경에 빠질 수가 있어?' 이렇게 질문하실 것입니다. 이 질문 앞에서 '그렇다면 이 사건은 무엇입니까?'라고 질문합니다. 여전히 이 사건 앞에서 해답이 세 가지가 있습니다. "애야, 이 사건의 바람은 지나가는 것이야." "애야, 이 사건의 바람은 네 가슴 속에 영원히 남지 않고 지나가는 것이야. 이 사건을 통해서 네가 너로 되는 순간이야." "애야. 이 사건을 통해서 분명히 나의 뜻을 이루는 시간이야." 그러니 우리에게는 하나님 안이냐, 하나님 밖이냐가 중요한 것입니다. 하나님 안에 들어와 있다면 봄 여름 가을 겨울이 중요치 않습니다. 낮과 밤이 중요치 않습니다. 병에 걸렸다는 등 감옥에 갇혔다는 등 부도를 맞았다는 등 이러한 상황이 중요치 않습니다. 왜 그렇습니까? 하나님 안이기 때문입니다. 하나님이 지금도 동행하시기 때문입니다. 오히려 병에 걸렸다면 저는 이렇게 고백합니다. 그야말로 절호의 찬스입니다. 당신이 병에 걸렸다면 하나님이 만나시기 위하여 당신에게 병을 주셨다면 하나님 만나십시오. 하나님 만날 수 있는 절호의 찬스를 왜 아프다고 말하면서 '하나님이 나를 버리셨나.' 이렇게 겸손한 척 하면서 하나님을 피하느냐는 말입니다. 오히려 하나님 만날 수 있는 절호의 찬스가 왔습니다. 하나님하며 떼를 쓰며 만나면 얼마나 아름답냐, 이 말입니다.

실제로 우리 한 번 생각해 봅시다. 40년 광야생활, 인간 편에서 보기에는 지옥입니다. 200만 명 이상을 광야에 보내 놓고 40년을 머물게 했다는 것은 누가 뭐래도 인간 편에서 보면 지옥입니다. 그런데 하나님은 그 장소가 천국이라고 얘기합니다. 광야의 교회, 하나님이 주인이시고 예수님이 머리이신 광야의 교회, 천국이라고 선언합니다. 제가 알기로 아담 이후 예수님이 재림할 때까지 가장 부요한 왕 지혜로운 사람을 꼽자면 솔로몬 빼고 말할 수가 없을 것입니다. 틀림없이 솔로몬 임금이 당대의 최고의 사람이었을 것입니다. 인간 편에서 보기에 부귀영화, 몇 천 명의 궁녀들, 외국나라에서 왕들이 일부러 찾아와서 뵙자고 말하는 사람, 그런데 성경에서는 뭐라고 말합니까? 솔로몬을 당신은 뭐라고 말합니까? 이곳이 지옥입니다. 인간 편에서 보기에 분명히 천국이어야 되는데 성경은 지옥이라고 말하고 있고, 인간 편에서 보기에 지옥인데 성경은 분명히 천국이라고 말씀하고 있으니 성도님들, 하나님 안이냐 하나님 밖이냐가 얼마나 중요합니까? 정말 중요한 일입니다. '우리는 이 하나님 안에서 우리 삶은 무엇일까?' 그러기에 우리는 하나님 뜻이 이루어지고 있으며 내가 나 되고 있으며 바람은 지나가고 있으면서 역사 속에서 상황 속에서 우리는 뭘 알게 됩니까? 이 견인으로 말미암아 하나님 안에서 우리 성도들은 하나님이 한 번 부르시면 구원의 날까지 보호하시며 인도하심으로 한 사람도 낙오자가 없이 천국에 들어가게 되었다는 것을 알게 되었습니다.

중요한 것은 우리 예수교 장로회 사람들은 이 사실을 믿고 '됐어' 그럽니다. 여기에서 문제가, 지난 시간에 우리 오창록 목사의 설교를 통해 깨달았듯이 말씀의 매너리즘에 빠져 가지고 '나는 이제 천국 갈 자이니까' 하며 천국 운명론에 빠져있다는 것입니다. 이러지 마시기 바랍니다. 주의 말씀을 경홀히 여겼던 에서를 생각하십시오. 주의 말씀을 부여잡고 '이것으로 살 거야' 하는 야곱을 생각하십시오. 우리는 깊이 묵상할 시간이 왔습니다. 그런데 이러한 성도의 견인론에 반대하는 분들이 있습니다. 이 교리는 방종과 태만을 일으킨다는 것입니다. 이분들은 성경을 모르는 사람들입니다. 우리 성도들이 하나님 말씀대로 살아보십시오. 우리 성도들이 내 자유의지를 가지고 말씀대로 말씀을 지켜 살기로 작정했다면 우리에게는 고3이 따로 없습니다. 그리고 죄 중에서 가장 큰 죄 중의 큰 죄, 아마 자범죄 중에서 가장 큰 죄는 게으름 죄입니다. 왜? 예수님을 믿고 하나님 알고 나서는 고3이 따로 없고 부지런 할 수밖에 없기 때문입니다. 여러분, 「요 3: 15」에 말씀하고 있습니다. 형제를 나가라 욕하는 자는 살인죄를 범하였다. 우리 기독교의 윤리가 이러합니다. 형제를 욕하는 것이 살인죄라고 말하고 있는 우리, 거짓말하지 않고 돈을 벌려고 결심한 우리, 얼마나 부지런해야 되겠습니까? 뭐라고요? 이 사람들에게 방종과 태만을 일으킨다고요? 어림없는 소리입니다. 하나님을 모르시는 사람들입니다. 이 교리는 자유를 박탈한다고 얘기합니다. 이것 또한 성경을 모르기 때문에 하는 말인 것입니다. 우리는 하나님 말씀 때문에 그것을 지키기 위한 책임을 가지고 사는 사람들입니다. 마음껏 죄짓고 타락으로 가는 자유를 사용하면서 나는 자유자라고 말하지 않습니다. 오히려 자유를 가지고 하나님 말씀대로 살려고 노력하면서 이것이 너무나 좋기 때문에 이것이 진짜 실존이고 진리이기 때문에 이렇게 사는 것이 즐거워서 자유를 누리고 있는 자입니다. 눈빛 마음의 빛을 지키기 위한 자유의 사용 결코 만만한 자유의 사용이 아닙니다. 진짜 우리 성도들이야 말로 진정한 자유를 누리고 있는 것입니다.

아니 성경에서 견인론에 대한 반대적 사실이 있다고 주장하는 사람들이 있습니다. 이해가 갑니다. 무슨 말입니까? 하나님이 부르셨다가 버린 자가 있잖아요. 구약의 사울 신약의 가룟 유다가 있잖아요. 사울과 유다도 마찬가지지만요. 하나님이 사울에게도 하실 일을 다 하셨습니다. 하나님이 하셨다 하면, 전지전능하신 방법으로 하실 일을 다 하셨습니다. 사울 임금이 자기 자유를 가지고 하나님을 거절했습니다. 오히려 그 하나님이 하나님의 전지전능을 포기하시고 권위를 포기하시고 사울 임금에게 인카네이션─동격으로 얘기해 주시는 하나님 앞에서 사울 임금이 하나님을 버렸다는 이 말입니다. 하나님이 사울 임금을 버린 것이 아니라 사울 임금이 하나님을 버린 장면을 우리는 알아야 된다는 것입니다. 유다의 경우, '이미 목욕한 자는 발 밖에 씻을 필요가 없느니라. 온 몸이 깨끗하니라. 그러나 너희가 다는 아니니라, 하시니 이는 팔자가 누구인지 아심이라 그러므로 다는 깨끗지 아니하다 하시니라.' 여기 가룟 유다는 예수님을 만났습니다. '예수님, 이건 도덕에 맞지 않잖아요. 이런 윤리와 사랑과, 아니 이것 맞지 않잖아요?' 이러면서 가다가 때가 차매 마지막에 자기를 들어냅니다. 이것도 가룟 유다가 예수님을 친 것이지요. 그래서 이런 사건을 통해서 '내가 교회를 다니되 마당만 밟고 있는 성도인가, 진짜 예수님을 믿고 하나님 말씀대로 사는 자들인가?' 우리가 명심해 봤으면 좋겠습니다. 우린 이 견인을 통해서 구원을 보장받았습니다. 우리는 이미 다 천국에 갈 자가 된 것입니다. 외우고 있으면 다되는 것입니까?「고전 3 : 15」누구든지 공력이 불타면 해를 받으리니 그러나 자기는 구원을 얻되 불 가운데서 얻은 것 같으리라. 천국에 가면 상급이 있습니다. 그러면 이제는 '나는 됐어' 하고 있는 사람과 천국에 가서 상급을 받기 위하여 노력하는 사람과 이 차이가 바로 우리의 문제가 되겠는데, 오늘날의 실존의 문제가 바로 지금의 문제입니다. 많은 분들이 '예수님을 닮아갑시다.' 말하면 그 말을 경홀히 여깁니다. '아니야, 내가 실크를 두르고 가니 친구들이 나를 보던데. 내가 회전의자에 앉으니 사람들이 나에게 머리를 숙이던데 뭘.' 이러면서 이 말씀을 경홀히 여깁니다. 아니요. 절대로 경홀히 여길 일이 아닙니다. 왜 그렇습니까? 우리 온 인류들은 예수님을 닮아간 만큼 웃을 수 있습니다. 예수님을 닮아간 만큼 행복할 수가 있고 건강할 수가 있습니다. 이 일을 경홀히 여기지 말아주십시오. '이 땅에서는 고생하다가 천국 가면 돼.' 이것은 종교, 샤머니즘이 만들어낸 것입니다. 이미 갈 천국을 바라 본 사람은 지금 예수님 닮아가면서 예수님만큼 충만히 누리는 사람들입니다. 절대로 이것을 경홀히 여기지 말아 주십시오. 이 문제는 다음 영화론에서 다루기를 바라고, 지금 말씀드리고 있는 성도의 견인론은 하나님의 계시로서 절대 불변의 사실인 것을 알아야 될 것입니다.

　이제 우리 성도들의 변화된 성질은 어떤 것일까요? 성경은 말하기를 성도는 이미 새로운 피조물이라고 했습니다.「고후 5 : 17」그런즉 누구든지 그리스도 안에 있으면 새로운 피조물이라. 다른 말로 하면 에덴동산의 처음 지었던 그 모습으로 환원 복귀되었다는 것을 말합니다. 생명을 얻은 자이다고 말하고 있습니다.「롬 5 : 18」그런즉 한

범죄로 많은 사람이 정죄에 이른 것같이 의의 한 행동으로 말미암아 많은 사람이 의롭다 하심을 받아 생명에 이르렀느니라. 의인이 되었습니다. 「롬 5 : 19」 한 사람의 순종치 아니함으로 많은 사람이 죄인 된 것같이 한 사람의 순종하심으로 많은 사람이 의인이 되리라. 영생을 얻은 자입니다. 「요 3 : 16」 하나님이 세상을 이처럼 사랑하사 독생자를 주셨으니 누구든지 저를 믿는 자마다 영생을 얻게 하려 하심이라. 「요 3 : 36」 아들을 믿는 자는 영생이 있고 아들을 믿지 아니하는 자는 영생을 보지 못하고 도리어 하나님의 진노가 그 위에 머물러 있느니라. 그렇게 말하고 있습니다. 성도님들, 이 견인의 축복 속에서 뭘 배워야 되겠습니까?

우리는 하나님의 견인론을 통하여 무엇을 배우게 됩니까? 이미 우리는 천국에 갈 자입니다. 구원은 받은 자입니다. 그렇다면 그러면 열중 쉬어입니까? 아닙니다. 이젠 어떻게 살아서 상을 받아 누리겠는가? 우리 자유의지를 잘 사용하여서 예수님 닮아가면 웃을 수 있고, 예수님 닮아가면 행복할 수 있고, 예수님 닮아간 만큼 건강할 수 있으니 행복 건강 아름다운 삶을 지금 살 수 있으니 예수님 믿으세요.' 증거할 수 있는 신실한 우리가 되기를 원하면서 이 말씀 심부름했습니다.

12. 영 화

> ✱ 그러나 너는 배우고 확신한 일에 거하라 너는 네가 누구에게서 배운 것을 알며
> 또 어려서부터 성경을 알았나니 성경은 능히 너로 하여금 그리스도 예수 안에 있는 믿음으로 말미암아 구원에 이르는 지혜가 있게 하느니라
> 모든 성경은 하나님의 감동으로 된 것으로 교훈과 책망과 바르게 함과 의로 교육하기에 유익하니
> 이는 하나님의 사람으로 온전하게 하며 모든 선한 일을 행할 능력을 갖추게 하려 함이라
>
> 딤후 3 : 14-17
>
> 형제들아 너희는 함께 나를 본받으라 그리고 너희가 우리를 본받은 것처럼 그와 같이 행하는 자들을 눈여겨 보라
> 내가 여러 번 너희에게 말하였거니와 이제도 눈물을 흘리며 말하노니 여러 사람들이 그리스도의 십자가의 원수로 행하느니라
> 그들의 마침은 멸망이요 그들의 신은 배요 그 영광은 그들의 부끄러움에 있고 땅의 일을 생각하는 자라
> 그러나 우리의 시민권은 하늘에 있는지라 거기로부터 구원하는 자 곧 주 예수 그리스도를 기다리노니
> 그는 만물을 자기에게 복종하게 하실 수 있는 자의 역사로 우리의 낮은 몸을 자기 영광의 몸의 형체와 같이 변하게 하시리라
>
> 빌 3 : 17-21

본문을 중심해서 말씀드릴 제목은 '영화'가 되겠습니다. 영화는 우리 인간이 하나님처럼 된 상태를, 예수님처럼 충만한 상태를 가리키고 있습니다. 인간의 완성된 모습, 인간의 온전케 된 모습을 가리키고 있습니다. 구원의 서정 아홉 가지 소명 중생 회심 믿음 칭의 양자 성

화 견인 영화 중에서 맨 마지막 단계에 이르렀을 때 이 영화의 단계가 나오는 것을 알게 됩니다. 이 영화는 하나님 말씀대로 살았을 때 찾아오는 선물이 됩니다.

제가 교회에 발을 디딘지 어언 55년이 지나고 있습니다. 55년이 넘도록 신앙생활을 한다고 했는데 이 영화를 생각하면서 어렸을 때부터 영화의 중요성을 깨닫고 하나님 닮아가자, 예수님 닮아가자, 하나님처럼 되자고 하면서 이것을 귀중히 여기고 살았더라면 얼마나 좋았을 것인가를 이제야 조금 보이고 나니까 '아, 내가 잘못 살았구나'라는 생각이 듭니다. 이제 철이 들어 알고 보니까 인간이 예수님 닮아간 만큼 웃을 수 있고 행복할 수가 있고 건강할 수 있는데 내가 왜 이리 경홀히 여겼던가 생각하면서 그렇게 살지 못한 것이 정말 아쉽기만 한 마음을 갖고 있습니다.

제 생활이 또한 이렇듯이 우리 한국교회를 살펴본다면 사실이 그렇지 아니한가 하며 좀 마음 아파하면서 생각해 봅니다. 한국교회의 90% 이상의 교회들이겠지요? 거의 모두가 축복, 축복. 그 축복 말고 더 조금 달리 생각하시는 분들은 인격자를 원합니다. 교회는 믿어서 축복 받는 곳, 인격자 되는 곳이 아닙니다. 교회는 우리 인간이 하나님의 형상으로 지음 받은 까닭에 바로 하나님처럼 되는 곳입니다. 하나님이 인간 예수님으로 오셔서 본보기로 보여주신 까닭에 교회는 우리 인간이 예수님만큼 성장하는 곳입니다. 제가 주일학교 다닐 때 알았어야 할 문제였는데 지금 생각해 본다면 '인간이 하나님의 형상대로 지음 받았구나. 그러니 나도 하나님처럼 되어야겠구나.' 이것이 이제야 왜 귀에 들어오는지요. 여기서 우리는 구분해야 되겠습니다. 믿어서 축복 받는 것과 인격자가 되는 것 거기에서 머물면 종교에 매이게 됩니다.

우리 기독교는 그렇게 말하지 않습니다. 내가 하나님처럼 되는 것을 기다립니다. 내가 예수님만큼 성장하는 것을 기다립니다. 그래서 종교에 매이지 않습니다. 종교에 매인다면 늘 마음속에 불안이 있습니다. 믿으면서도 불안합니다. 그래서 어떤 삶이 계속 되는가 그 실태를 봅시다. 특히 열심이나 믿음가지고 생활하신다는 분들이 기도하면 뜨겁습니다. 기도 안 하면 뭐가 안보입니다. 연약하니까요. 그러니 기도원에 가서, 철야에 가서 외치며 달구어 놔야 비로소 '뜨거워졌어'라고 말합니다. 가만히 있으면 식어지고 기도하면 달궈집니다. 술 마신 사람이 술 마시고 후회하고 또 며칠 지나면 한 잔만 하자하며 또 마십니다. 이런 생활을 되풀이 합니다. 이것은 종교 샤머니즘입니다.

하나님이 우리에게 요구하는 것은 나로 하여금 하나님처럼 되라는 것입니다. 나로 하여금 예수님만큼 성장하라는 것입니다. 구별했으면 좋겠습니다. 자유스러움을 가지고 예수님만큼 성장할 수 있다는 것, 얼마나 아름다운지 모르겠습니다. 여기서 또 이런 공식이 나올 수밖에 없습니다. 내가 원했던 축복, 내가 원했던 인격자가 된 것 같지만 어떻게 됩니까? 잘 안되지요. 그런데 내가 하나님처럼 되려고, 내가 예수님처럼 닮아가려고 노력하면 그 축복, 그 인격자가 되는것은 부수적으로 자연히 따라오게 된다는 겁니다.

위와 같이 따라오는 그 부수적인 축복이 뭘까요? 돈 좋아하시는 분에게 돈 많이 벌면 축복입니다. 명예 좋아하시는 분에게 명예 높아지면 축복입니다. 운동 잘 하시는 분이 국가대표가 되면 축복입니다. 예술 하시는 분이 그 예술행위를 하면서 크게 웃을 수 있으면 축복입니다. 하나님처럼 된다, 예수님 닮아간다면 위의 것들이 자연히 이루어지고 있게 됩니다. 여기에서 인격자가 될 수밖에 없고 축복을 누릴 수밖에 없는, 똑같은 이야기 같지만 똑같지 않는 하늘과 땅의 차이의 소리를 드렸습니다. 하나님이 이 강단에 세워주시는 동안 계속 이 소리 하겠습니다. 왜? 그럴 수밖에 없습니다. 피아노를 계속 쳐야 이 소리가 나오기 때문입니다. 이 소리를 계속 듣고 살아야 그래야만이 이 삶이 나오기 때문에 계속합니다. 왜 어제 한 이야기 오늘 또 하는가? 내 삶을 바꾸라는 말입니다. 내 마인드, 내 생각을 고치라는 말입니다.

그래야만이 소리가 나오고 삶이 나오게 되어 있습니다. 이 영화로운 몸이 되는 것은 우리 인간들이 사람 중심하며, 세상중심하여 가지고는 안 될 수밖에 없습니다. 성경은 말합니다. 온전케 될 수 있다. 예수님만큼 될 수 있다. 때가 차면 우리도 하나님 나라에서 하나님과 똑같은 몸으로 영원히 살 수 있다고 말합니다. 이 실존을 하나님 나라에 가기 전에 느낄 수 있고, 체험할 수 있고, 알 수 있고, 볼 수 있고, 확실히 살 수 있다는 것입니다. 여기에서 기독교의 독특성, 유일성이 드러납니다. 다른 데서는 도저히 찾으래야 찾을 수가 없습니다. 이 영화로운 몸이 되는 것을 어느 누구도 이렇게 설명할 길이 없다는 것입니다. 있으면 분석일 뿐 영화로운 몸이 되는 것을 설명을 못합니다.

잘 아시는 대로 우리가 영화로운 몸이 되기 위해서는 조건이 있습니다. 두 가지 문제가 해결되어야 합니다. 그것이 뭡니까? 이제 아셔야 됩니다. 그 조건이 이루어지지 아니하면 영화로운 몸이 될 수가 없습니다. '인간 스스로는 아무것도 문제를 해결할 수 없구나.' 그렇습니다. 「빌 1 : 6」 너희 속에 착한 일을 시작하신 이가 그리스도의 날까지 이루신다고 말씀하고 있습니다. 너희 속에서 착한 일을 시작하신이가 누구입니까? 성령입니다. 인간으로는 안 됩니다. 성령이 이루십니다.

죽음 문제를 어떻게 해결합니까? 「요 3 : 16」 예수님을 믿으면 멸망치 않고 영생을 얻게 하려함이라. 영생을 얻는다고 했습니다. 예수 믿으면 영생이 보인다는 것입니다. 그렇습니다. 이 문제 해결과 죽음 문제, 이 두 가지가 해결 안 되면 영화로운 몸이 될 수 없습니다. 기독교는 이 두 가지를 완벽하게 해결합니다. 그러니 기독교에서만이 영화로운 자가 될 수 있습니다.

영화로운 몸이 될 수 있는 방법은 무엇입니까? 그야말로 온전하다는 말, 완전이라는 말은 우리 기독교 말고는 사용할 수가 없습니다. 우리는 우리를 영화롭게 하시는 하나님의 말씀이 있는 까닭에 영화로운 몸이 될 수 있습니다. 온전한 몸이 될 수 있습니다. 「렘 23 : 29」 말씀이 마음을 부수는 방망이다. 「히 4 : 12」 말씀은 영혼 관절 골수를 찔러 쪼갠다. 또 마음과 생각의 감찰자이다. 「고후 3 : 15」 말씀은 사람의 진정한 상태를 그대로 비춰주는 거울이다. 「엡 5 : 26」 말씀은 더러운 것을 씻어내는 물이다. 「욥 23 : 12」 말씀은 굶주린 자를 위한 음식이다. 「시 19 : 10」 말씀은 가난한 자를 위한 황금이다. 「시 119 : 105」 말씀은 인생의 안내자이다. 「엡 6 : 17」 말씀은 군인을 위한 칼이다.

성도님들, 옷에 때가 묻으면 빨 수가 있습니다. 안 빨아지면 과학자가 연구한 화학반응을 일으켜서 씻어낼 수가 있습니다. 그런데 옷이 아니라 마음이 타락되었습니다. 눈빛이 흐려졌습니다. 나폴레옹이 내 마음을 고칠 수 있습니까? 아인슈타인이 내 눈빛을 파랗게 만들 수 있습니까? 어느 학자들이? 철학자가? 윤리학자가? 과학이? 어느 누구도 이 마음을 빨 수가 없습니다. 이 마음을 깨끗하게 할 수 없습니다. 청년이 무엇으로 행실을 깨끗하게 하리이까? 주의 말씀이 깨끗하게 한다고 「시 119편」에서 말씀하고 있습니다. 말씀이 내 가슴을 칩니다. 말씀이 영혼 관절 골수를 찔러 쪼갭니다. 말씀만이 답입니다. 말씀만이 나를 영화롭게 한다 이 말입니다. 우리에게는 하나님께서 주신 예배와 믿음과 기도가 있는 까닭에 영화롭게 될 수 있습니다. 예배는 무엇입니까? 우리 인간이 하나님 앞에 서 있는 것이 예배입니다. 믿음이 무엇입니까? 서 계신 하나님을 내가 믿어드리고 신뢰하는 것입니다. 기도가 무엇입니까? 신뢰로 하나님께 아뢰는 것이 기도입니다. 하나님 앞에 서서 그 하나님을 신뢰하고 내가 아뢰면 문제가 해결됩니다. 얼마나 멋진지 모르겠습니다.

중요한 것은 우리 인생이 이렇게 영화롭게 되는 것을 어느 누구도 막을 수가 없다는 것입니다. 중요한 얘기입니다. 내가 이렇게 영화롭게 되는 것, 내가 예수님 닮아가는 것, 내가 하나님처럼 되는 것을 어느 누구도 막을 자가 없다니까요? 아마 우리가 이렇게 얘기할 겁니다. 막는 자가 있다면 사탄이 있지 않느냐? 사탄은 우리를 협박합니다. 우리에게 거짓말합니다. 거짓 천사로 나타납니다. 그러나 사탄이 유혹을 하지만 유혹을 받아드리고 안 받아드리는 것은 나의 자유의지입니다. 사탄은 유혹밖에 못합니다. 사탄은 협박 거짓말 밖에 못한다니까요? 그런데 받아드리고 안 받아드리고는 나라니까요? 사탄은 저리 가야해요. 왜? 피조물, 천사이니까 필요 없어요. 내가 영화롭게 될 것인가? 나에요 나. 하나님께서 말씀하신 대로 '내가 너를 나와 똑같이 지었다니까.' 그 말씀을 받아들일 것인가? 안 받아들일 것인가? 여기에 책임이 달려 있는 것을 우리는 알아야 된다는 것입니다.

성경에서는 이렇게 영화롭게 되는 순서를 아주 친절하게 소개하고 있습니다. 「벧후 1장」입니다. '얘들아, 너희가 하나님의 성품에 참여해서 하나님처럼 된다'고 이야기 하면서 그 되는 방법, 믿음에 덕, 덕에 지식, 지식에 절제, 인내에 경건, 경건에 형제우애, 형제우애에 사랑이라고 말합니다. 사람은 하나님 사랑이지 인간 사랑이 아닙니다. 뭐가 믿음입니까? 믿음에 덕이 생기는데 원어풀이에 가보면 덕에 두 가지 뜻이 있습니다. 인생의 가는 길과 또 하나는 힘—파워, 믿음에 길이 보이고 힘이 생긴다는 것입니다. 성도님들 뭐가 덕입니까? 그렇지요. 그렇습니다. 그게 인간의 덕입니다. 그러나 성경에서는 덕을 그렇게 말하지 않습니다. 성경에서 진정한 덕은 내 가는 길이 보이고 그 갈 수 있는 길을 가는 힘—파워가 있어요. 이게 진짜 덕 아닙니까? 이걸 알게 되는 게 지식입니다. '알았다. 됐다.' 하는데 '절제해. 네 것이 아니야. 하나님 주신거야.' '그러면 내가 무슨 재미로 살아요?' 합니다. 그러면서 인내해야 합니다. 인내했을 때 드디어 경건, 경건 자가 나와야 인간이 되지 않습니까? 이 경건한 자가 되었을 때 바로 이웃이 보입니다. 형제우애, 형제를 사랑할 때 드디어 본체 사랑이 보입니다. 또 한군데 있습니다. 산상수훈입니다. 심령가난한 자 애통하는 자 온유한 자 의에 주리고 목마른 자 긍휼히 여기는 자 청결한 자 화평케 하는 자 말씀을 위해 핍박을 받는 자. 심령이 가난한 자가 누구입니까? 나는 하나님 없으면 살 수 없습니다. 이게 심령가난입니다. 나 자신이 죄인인 걸 알 때 이웃을 이해하고 용서할 수가 있습니다. 이 자세에 들어가야 만이 온유한자가 됩니다. 온유자에게 의가 보입니다. 의가 보일 때 이웃을 긍휼히 여길 수 있습니다. 온유했을 때, 남을 용서하는 것과 긍휼했을 때 이웃에게 주는 것과는 격이 다릅니다. 남에게 줄 수 있을 때 청결이 옵니다. 청결이 있었을 때 내가 화평케 할 수가 있습니다. 이 정도 되면 하나님 없이는 할 수 없는 것을 아는데 하나님 말씀 때문에 핍박을 받습니다.

오늘 구원의 서정에서 하나님 부르심입니다. 중생입니다. 아홉 가지가 그대로 순서입니다. 그 다음 회심 믿음 칭의 양자 성화 견인 영화. 첫 단추가 뭐입니까? 처음이 믿음이지요? 하나님 부르심이지요? 심령가난, 하나님 없이는 살 수 없다는 것이지요? 여기서 중요한 것이 또 나타납니다. 이런 공통점 속에서 한 번 찾았으면 좋겠습니다. 이 땅에 존재하는 것들이 참 많습니다. 사랑도 미움도 생명도 물질도 모든 게 존재하는 것들입니다. 그런데 중요한 것은 이 존재하는 정도를 가지고 사랑 좀 만들어 주십시오. 프로이드에게 찾아가서, "선생님, 사랑 좀 만들어 달라니까요?" 프로이드가 해결 못합니다. "나폴레옹 선생님, 힘 가지고 거룩 좀 만들어 주십시오." 턱도 없이 못 만듭니다. 아인슈타인에게 찾아가서 묻습니다. "선생님, 평화 좀 만들어 주십시오." 여러분, 어떻게 만듭니까? 하나님 없이 지금도 저 산 속에서 서슴없이 종교 활동을 하는 그 분들, 인생 때문에 고민하는 당신들에게 거룩이 뭡니까? 보여주십시오. 거룩을 못 만들고 솔직한 대답만 들어봤습니다. 성철스님 대답 들어봤습니다. 그런데 모든 존재하는 것들이 있는데 나타났잖아요. 하나님께로부터 시작하면 거룩이 보입니다. 사랑이 보입니다. 은혜가 건강이 실존으로 보입니다. 이것이 기독교의 독특성입니다. 정말 고민하셔야 됩니다. 이 문제 때문에 고민하셔야 됩니다.

저는 말씀드립니다. 무릎 꿇고 말씀대로 살면서 이것이 실존으로 보이는 순간 이 거룩은 하늘나라 거룩과 똑같습니다. 지금 주신 이 사랑은 하늘나라 사랑과 똑같습니다. 그래서 갈 천국 가기 전에 지금 볼 수 있습니다. 지금 누릴 수 있습니다. 이래도 하나님처럼 되는 것을 마다하시겠습니까? 이래도 예수님 닮아가는 걸 포기하시겠습니까? 무릎 꿇읍시다. 하나님을 봅시다. 영화로운 삶이 내 실존에 있기를 축원합니다.

2부

실천신학으로 본 존재론과 행동의 법칙

1장 존재론적 중심
2장 행함의 법칙 중심
3장 열 매

1장 존재론적 중심

13. 이것들을 생각하라
14. 예수 그리스도
15. 하나님
16. 성령님
17. 말씀만이
18. 교회와 국가
19. 나는 왜 하나님을 믿어야 하는가?
20. 하나님의 역사만이

존재론적 법칙

하나님, 인간(가정), 말씀(삶의 나침반), 교회(국가), 그리고 역사 (자연 우주만물)

이 우주는 위의 존재하는 것으로 말할 수 있다 이것은 곧 모든 만물과 인간의 하나치(근본)들이다 이 하나치들을 모르면 하나님도 인간도 역사도 아무것도 말할 수 없다 곧 해결은 없다

그러기에 아직까지 인간이 인간을 연구했지만 분석만 있을 뿐 해결은 없다 우리 인간은 모든 만물과 인간의 하나치들을 말하므로 비로써 해결이 존재함을 보게 된다

13. 이것들을 생각하라

> ✱ 끝으로 형제들아 무엇에든지 참되며 무엇에든지 경건하며 무엇에든지 옳으며 무엇에든지 정결하며 무엇에든지 사랑 받을 만하며 무엇에든지 칭찬 받을 만하며 무슨 덕이 있든지 무슨 기림이 있든지 이것들을 생각하라
> 너희는 내게 배우고 받고 듣고 본 바를 행하라 그리하면 평강의 하나님이 너희와 함께 계시리라
>
> 빌 4 : 8-9

 육체는 호흡이 끊어지면 죽습니다. 영은 생각이 없으면 죽은 인간입니다. 생각에 대하여 묵상하면서 본문을 살펴보기를 원합니다. 김수환 추기경 소천과 수많은 참배객들은 우리로 하여금 많은 생각을 하게 했습니다. 생각의 중요성과 구체적으로 무엇을 어떻게 생각해야 한다는 말인가에 대하여 말씀드리기를 원합니다. 먼저 생각을 하게 한 김수환 추기경님입니다. 김수환 추기경님의 소천을 통하여 과연 생명을 귀중하게 보신 분으로 평생을 바치신 분이며 좌로나 우로 치우치지 않으신 분으로 존경하기를 원합니다. 언론이나 천주교에서는 그분을 추모하며 사랑하신 분으로 조명하고 있습니다만 사랑이라고 말하기에는 이웃을 평생 도와주시다가 소천하신 테레사 수녀님에게 더 어울리는 명칭이며 추기경님께는 인간생명을 존중히 여기며 좌우나 우로 치우치지 아니하신 분으로 충분히 존경받아야 할 분이라고 생각합니다. 추기경님은 천주교 좌파성향의 함세웅 신부같은 분들에 의해 비판과 함께 보수주의로 규명되신 분이기도 합니다. 그러나 당신의 생명에 대한 생명 귀중성은 시대나 환경 어디에서도 흔들리지

아니하고 생명사랑을 하신 분으로 기억해야 할 것이라 생각합니다. 생명을 귀중히 보신 분이기에 당신의 마지막 육성은, "주님 감사합니다." 그렇게 말씀을 마치시는 것을 봅니다. 그래서 이 분은 우리로 하여금 무엇인가를 생각하게 만듭니다.

오늘 본문에도 이것들을 생각하라고 하십니다. 오늘 본문 말씀은 인간 이야기가 아닙니다. 하나님 말씀입니다. 생각의 중요성입니다. 먼저 생각에 대하여 짚어 본다면 존재론적 입장에서 볼 때 자유 사랑 거룩 진리 평화 미움 질투 등등에서 가장 중요한 부분이 있다면 하나님이 우리에게 하나님 자신을 소개하신 부분인 '나는 스스로 있는 자'라고 말씀하신 자유부분입니다. 이 자유부분을 가장 값지게 만들고 귀중하게 하는 부분이 있다면 바로 생각입니다. 데카르트의 말대로, '나는 생각한다. 고로 존재한다.' 육체에 있어서는 호흡이 살아 있는 것을 확인한다면 영혼에 있어서는 생각이 살아 있는 것을 확인하여 주고 있습니다. 호흡이 없으면 죽은 자이듯이 생각이 없으면 죽은 자입니다. 그렇다면 우리는 무엇을 생각하여야 할까요? 바로 하나님께서는 우리로 하여금 이러한 것들을 생각하라고 가르쳐주고 있습니다. 하나님이 우리 인류에게 하신 말씀이니 당연한 진리이며, 우리는 꼭 이렇게 생각하면서 살아야 할 것입니다.

생각을 설명하는 본문을 이렇게 보시면 좋으실 것입니다. 성경에 보면 어떤 중요한 것을 알게 하기 위하여 어떤 사실을 설명했음에도 불구하고 또 한 번 더 설명하여 강조하는 대구법을 사용하는 경우가 많이 있습니다. 오늘 본문 8절에서 이것들을 생각하라고 하십니다. '무엇에든지 참되고 무엇에든지 경건하라. 무엇에든지 옳으며 무엇에든지 정결하라. 무엇에든지 사랑할만하며 무엇에든지 칭찬을 받아라. 그리고 무엇에든지 덕을 세우며 무엇에든지 기림을 받아라.' 이 말씀을 9절에서는 다른 말로 설명하여 강조하고 있는데 이것은 예수님에게서 이것을 본보기로 보여주셨으니, '내게 배우고 받고 듣고 본 바를 행하라'는 것입니다. 곧 내게 배우고는 참되고 경건함을 배웠다는 것이며, 받고는 옳으며 정결함을 받았다는 말이며, 듣고는 사랑할 만하며 칭찬을 받는 소리를 들어야 한다는 것이며, 본 바는 신앙의 열조들이 이웃에게 덕을 세우고 기림을 받음을 보았듯이 우리도 그렇게 이웃에 보여주어야 한다는 것입니다. 이렇게 8절을 9절에서 강조하시면서 이렇게 행하면 평강의 하나님이 우리와 함께 하신다고 말씀하심으로 본문을 설명하여 주고 있습니다.

육체에 있어서 호흡이 없으면 죽은 몸이듯이 영에 있어서 생각이 없으면 죽은 인간이고, 하나님이 이것들을 생각하라고 하셨으니 이 말씀의 중요성을 보아야 할 것입니다. '생각하라'를 이렇게 번역하여 설명해도 좋을 것입니다. '네 마음이 이것들 위에 거하도록 두라. 네 마음이 이것들 위에 무게를 두라. 이것들 위에 두고 셈을 세어보아라. 이것들을 숙고하라 고찰하라.' 등 '생각하라'를 아주 무겁게 강조하는 것을 봅니다. 하나님이 말씀하시는 이것들은 무엇일까요? 하나님은 하나님에게서 배운 것을 기억하라고 말씀하십니다. 그 배운 것이 구체적으로 오늘 본문에서는 무엇에든지 참되고 무엇에든지 경건해야 하는 것을 가리킵니다. 이 세상에서 무엇이 가장 참된 것일까요? 빨 주 노 초 파 남 보, 빨간색은 빨간색 되는 것이며, 생명은 생명 되는 것입니다. 사랑은 사랑 되는 것입니다. 미움은 미움 되는 것입니다. 그 중에도 생명은 생명 되고 자유는 자유 되는 삶, 얼마나 중요한 것인가를 생각합니다.

여기 생명은 생명 된다는 말을 경건에서 구체적으로 찾아보면 예수님이 가르치신 산상수훈에서 볼 수가 있습니다. '심령이 가난한 자는 복이 있나니 천국이 저희 것임이니라'라고 합니다. 심령이 가난하다는 것은 '나는 하나님 없이는 살 수 없다'고 하는 나의 발견입니다. 그 다음은 애통하는 자는 복이 있나니, 나를 발견한 사람은 나 때문에 애통합니다. 나는 나를 뺍니다. 옷이야 비누와 물로 씻지만 타락한 마음을, 연약한 의지를, 유한한 이성을, 불안한 나를 어떻게 빨아서 해결을 받을 수 있을까요? 이러한 인간의 총체적인 것을 애통이라 부릅니다. 온유는 나 때문에 고민하고 울고 있는 사람이 이웃의 실수를 이해하고 용서할 수 있습니다. 이 단계가 바로 '온유'입니다. 의에 주리고 목마름, 나의 잘못과 이웃의 이해의 단계에 이를 때에 의에 주리고 목말라 할 수 있습니다. 객관적인 삶 때문에 고민할 수 있습니다. 의에 주리고 목마르고 객관적인 삶 때문에 고민할 때 이웃을 긍휼이 여기는 이웃을 보는 곳으로 가게 됩니다.

우리가 진정으로 이웃을 보게 될 때에 비로소 마음의 청결 상태에 이릅니다. 마음의 청결 상태에 이를 때에 우리는 경건이라는 용어를 사용할 수 있습니다. 이 경건의 상태에 이를 때에 인간의 숭고한 삶, 고결한 삶, 즉 하나님 형상으로 지음 받은 인간의 본체를 말할 수 있습니다. 이 사실을 「벧후 1장」에서는 너희가 신의 성품 즉, 하나님처럼 되기 위해서는 믿음 덕 지식 절제 인내 경건의 순서를 말함으로 믿음에서 경건 단계에 이르는 필수 과목의 수업이 필요하며 여기까지 이르는 데는 사람마다 시간이 다르며 노력이 필요함을 말해주고 있습니다. 이 사실을 십계명을 통해서도 알 수가 있습니다. 분명한 것은 하나님은 우리에게 가르쳐 주셨다는 것입니다. 하나님이 지으신 모든 본체들이 그대로 드러나도록, 그리고 우리 인간은 하나님의 형상대로 지음 받았으니 우리가 하나님처럼 되는 것을 우리에게 가르쳐 주셨다는 것입니다. 그러기에 내게 배우고는 무엇에든지 참되고 무엇에든지 경건하게 되어 참인간이 되는 비결을 가르쳐 주셨다는 것입니다.

또 무엇을 생각해야 할까요? 다음 단계를 말합니다. 다음 단계는 '받고'라고 기록 되어 있는데, 이것은 앞에 '무엇에든지 옳으며 무엇에든지 정결하며'라고 미리 말해두고 있습니다. 이 말씀은 우리가 행동할 때에 옳으며 깨끗하게 할 수 있도록 주셨다는 것입니다. 우리가 어떻게 우리의 행동을 옳게 깨끗하게 할 수 있습니까? 우리의 행동이 좌로나 우로나 치우쳐서는 안 될 것입니다. 우리의 행동 속에서 불순물이 들어가 행동이 흐려지면 안 될 것입니다. 무엇에든지 옳으며 무엇에든지 정결해야만 합니다. 바로 이것을 생각하라고 말씀합니다.

우리가 심령가난에서 청결까지 이르는데 믿음에서 시작하여 경건에 이르러 예수님만큼 성장단계에 이르는데 옳으며 정결하게 행동하여야 이 단계에 이를 수 있습니다. 그것은 곧 하나님이 우리에게 할 수 있도록 성령이 도와주시기 때문입니다. 오히려 재미난 것은 하나님이 우리에게 이렇게 이를 수 있도록 도와주시는데 하나님은 우리가 할 수 없는 일을 요구하신 적이 없습니다. 우리가 가진 것 아는 것 있는 것 가지고 최선을 다하면 이렇게 될 수 있다는 것입니다. 그런데도 못하게 되면 우리의 책임이 되는 것입니다. 다니엘에게 인간이 할 수없는 일이 찾아 온 적이 있었습니다. 그것은 바벨론 임금 느부갓네살이 꿈을 꾸었는데 무슨 꿈인지도 설명도 없이 그 꿈을 알아내야 하는 일이었습니다. 물론 바벨론의 술사들도 박사들도 아무도 알아낼 수가 없었습니다. 여기에서 다니엘은 어떻게 문제를 해결합니까? 가진 것 아는 것 있는 것만 가지고 할 수 있어야 하는데 어떻게 해결할 수 있었습니까? 그렇습니다. 다니엘은 하나님께 기도할 수가 있었습니다. 다니엘이 기도할 수 있다, 분명 다니엘이 할 수 있는 일이었습니다. 이러한 일들은 요셉이 그랬고 모세도 그렇게 했습니다. 이들이 어떤 일들을 성취하기 위하여 마술을 부린 적이 없습니다. 특별한 머리가 필요한 것도 아니었습니다. 이들이 할 수 있었던 기도로 문제가 해결 되었습니다. 분명 할 수 없는 것 가지고 해결된 것이 아니라 할 수 있는 기도로 해결했습니다. 그리고 어떻게 기도가 옳은 것을 해칠 수 있으며, 인간의 깨끗함의 상징인 정결을 해칠 수가 있겠습니까? 오히려 옳은 것과 정결을 해치고, 오염시키고, 그릇되게 만드는 것은 인간의 탐욕으로 오염시키고 불순물을 만들게 합니다. 이것은 당신만 더러워지게 하는 것이 아니라 다른 사람마저도 오염시키고 더럽게 만듭니다. 바로 예수님은 우리가 옳으며 정결하게 할 수 있도록 사는 방법을 선물로 주셨습니다. 예수님은 본질을 드러나게 가르쳐 주셨을 뿐 아니라 옳으며 정결하게 살도록 삶의 방법을 주셨습니다.

또 무엇을 생각해야 합니까? 다음 단계는 '듣고'입니다. 즉 무엇에든지 사랑할만하며 무엇에든지 칭찬할만한 삶을 말합니다. 이 단계는 다른 사람들이 나를 보고 우리를 보고, '너는 나를 사랑하는구나'라고 하면서 칭찬하는 것을 우리가 듣게 된다는 것입니다. 성도님들, 지금 아브라함이 내 옆에 와 있다고 가정하여 아니, 노아가 모세가 다윗이 바울이 베드로가 내 옆에 와 있다고 생각하여 봅시다. 우리는 당장, '이들은 우리를 사랑하는 사람이야'라고 말할 것입니다. '이들은 나의 아주 좋은 친구 중에 한 분이야'라고 말하게 될 것입니다. 바로 이들의 공통점 그리고 우리 신앙 열조들의 공통점이 있는데 그것은 당신 자신들이 한 것은 하나도 없다고 고백합니다. 노아가 방주를 만들고 있습니다. 친구들과 이웃들이 노아를 비웃을 뿐이었습니다. 그리함에도 노아는 하나님하고만 갑니다. 모세가 바로 임금 앞에 나갑니다. 당시대에 황제가 사람하나 죽이는 데는 사람을 개 한 마리로 취급해도 좋을 정도로 황제는 신적 존재였습니다. 그런데 그 바로 앞에 나가서 이스라엘 민족의 해방을 논합니다. 무기도 환경도 이웃도 아무도 없습니다. 모세에겐 하나님 한 분 뿐이었습니다. 그리고 하나님은 모세에게 이렇게 일하셨습니다. 낮엔 구름기둥, 밤엔 불기둥이 인도했습니다. 불기둥 구름기둥이 진행하면 모세는 움직였습니다. 불기둥 구름기둥이 진행치 아니하면 모세는 멈추었습니다. 신약에 바울의 고백이 있습니다. 「빌 4 : 12, 13」 내가 비천에 처할 줄도 알고 풍부에 처할 줄도 알아 모든 일에 배부르며 배고픔과 풍부와 궁핍에도 일체의 비결을 배웠노라 내게 능력주시는 자 안에서 내가 모든 것을 할 수 있느니라. 사도 바울은 당신이 할 수 있다고 고백하는 것이 아니라 하나님이 능력을 주실 때 할 수 있다고 말합니다. 우리의 본보기이신 예수님이 말씀하십니다. 「요 8 : 29」 나를 보내신 이가 나와 함께 하시도다 내가 항상 그의 기뻐하시는 일을 행하므로 나를 혼자 두지 아니 하셨느니라. 예수님은 항상 나의 원대로 마옵시고 아버지의 뜻대로 되기를 원하셨습니다. 여기에 공통점이 있습니다. 당신들이 한 것이 하나도 없으니 자랑할 것이 없습니다. 하나님이 하게 하셨으니 감사밖에 없습니다. 그런데 사람들은 이들에게 말합니다. 사랑할만하며 칭찬하고 싶은 사람이라고 말합니다. 다른 사람들이 이렇게 신앙의 열조들에게 말들을 하니 이들이 듣게 되듯이 우리도 이렇게 들어야 합니다.

또 무엇을 생각하여야 합니까? 마지막 단계입니다. '본 바를'입니다. 무엇을 보았습니까? 이들이 본 것은 무엇에든지 행할 때마다 기림을 받고 무엇에든지 덕을 세웠습니다. 구약의 특성이 있다면 본대로 행함이 따라야만 하는 율법주의처럼 보입니다. 실상은 율법주의는 아닌데 그렇게 보인다는 것입니다. 구약의 인물들을 살펴보시기를 바랍니다. 하나처럼 이들은 그 사회에 항거하다가 법에 불복하다가 죽은 사람이 한 사람도 없습니다. 하나님 말씀대로 살다가 그 법이 말하면 한마디

항거 없이 그 나라의 그 민족의 풍습에 따라 순종하며 희생합니다. 아니 순교에 가까운 삶을 살아드립니다. 신약의 12사도가 그렇습니다. 이들의 특징 역시 요한 말고는 다 순교를 당하였는데 항의하다가 순교당한 것이 아닙니다. 예수 믿었기에 예수 믿는 것이 그 나라의 법에 사형이라면 기꺼이 사형을 당했을 뿐입니다. 사형에 대한 항거를 하다가 억울하다고 하소연 하다가 죽은 사람은 없습니다. 사도 요한도 실상은 도미시안 황제 때 면전에서 독약을 마셨습니다만 하나님이 살리셨기에 더 살았던 것입니다. 그것도 예수님이 십자가 위에서 당신의 어머니 마리아를 요한에게 부탁하신 까닭입니다. 그 하나님 말씀에 대한 성취로 말미암아 더 살게 된 것이며, 순교당하지 아니하고 더 산 것이지, 축복이기에 더 살게 된 것은 아닙니다. 은사 문제에 있어서도 당신의 자랑이 아닙니다. 사도 바울은 말합니다. 「고전 14 : 19」 그러나 교회에서 네가 남을 가르치기 위하여 깨달은 마음으로 다섯 마디의 말을 하는 것이 일만 마디의 방언으로 말하는 것보다 나으니라. 「고전 8 : 13」 그러므로 만일 식물이 내 형제로 실족케 하면 나는 영원히 고기를 먹지 아니하여 내 형제를 실족치 않게 하리라.

성도님들, 우리는 무엇을 생각하여야 합니까? 무엇에든지 참되고 무엇에든지 경건한 것을 생각해야 합니다. 그러면 우리 인간은 하나님 형상대로 된 참인간임을 발견하게 됩니다. 무엇에든지 옳으며 무엇에든지 정결함을 생각해야 합니다. 그러면 우리는 타협없이 깨끗하게 살면서 예수님 닮아가는 방법을 받게 됩니다. 무엇에든지 사랑할만하며 무엇에든지 칭찬받도록 생각하여야 합니다. 그러면 이웃이 나보고 필요한 사람이라고 칭찬과 기림이 있을 것입니다. 무엇에든지 덕을 세우며 무엇에든지 기림을 받도록 생각하여야 합니다. 그러면 나의 행동이 이웃에게 덕을 세우는 일만 하게 되는 나를 발견하게 될 것입니다.

14. 예수 그리스도

> ※ 예수 그리스도의 나심은 이러하니라 그의 어머니 마리아가 요셉과 약혼하고 동거하기 전에 성령으로 잉태된 것이 나타났더니
> 그의 남편 요셉은 의로운 사람이라 그를 드러내지 아니하고 가만히 끊고자 하여
> 이 일을 생각할 때에 주의 사자가 현몽하여 이르되 다윗의 자손 요셉아 네 아내 마리아 데려오기를 무서워하지 말라 그에게 잉태된 자는 성령으로 된 것이라
> 아들을 낳으리니 이름을 예수라 하라 이는 그가 자기 백성을 그들의 죄에서 구원할 자이심이라 하니라
> 이 모든 일이 된 것은 주께서 선지자로 하신 말씀을 이루려 하심이니 이르시되
> 보라 처녀가 잉태하여 아들을 낳을 것이요 그의 이름은 임마누엘이라 하리라 하셨으니 이를 번역한즉 하나님이 우리와 함께 계시다 함이라
> 요셉이 잠에서 깨어 일어나 주의 사자의 분부대로 행하여 그의 아내를 데려왔으나
> 아들을 낳기까지 동침하지 아니하더니 낳으매 이름을 예수라 하니라
>
> 마 1 : 18-25

명절을 맞이하여 무슨 말씀으로 증거할까 하다가 예수님에 대해서 설교해 드리면서 모두가 가벼운 마음으로 명절 맞는 기분을 가지면 어떨까 했지만 역시 말씀은 성령을 통해서 이해가 되지 우리 이성으로 이해가 되는 게 아니기 때문에 무겁게 진행됨을 발견하게 됩니다. 그렇지만 이 명절에 온 가족이 함께 앉아서 예수님은 누구이신가 한 번 이해되면 좋겠다 싶어서 이 말씀으로 증거해 드립니다.

예수님은 누구이신가? 스스로 계셨던 하나님으로서 하나님이 인간에게 자기 자신을 알리기 위해 이 땅에 오신 분이십니다. 「창 1 : 1」 태초에 하나님이 천지를 창조하시니라. 하나님은 엘로힘 복수입니다. 성부 성자 성령 삼위일체 하나님을 가리킵니다. 하나님은 우리 인간에게 하나님을 알리시기 위하여 스스로 성부 성자 성령 하나님으로 계시기로 작정하셨던 것입니다. 「요 8 : 58」 예수께서 가라사대 진실로 진실로 너희에게 이르노니 아브라함이 나기 전부터 내가 있느니라. 「요 11 : 45」 나를 보는 자는 나를 보내신 이를 보는 것이니라. 「요 14 : 9」 나를 본 자는 아버지를 보았거늘 어찌하여 아버지를 보이라 하느냐. 그렇습니다. 예수님은 분명 하나님이셨고 그리고 하나님께서 우리 인류들에게 친히 나타나 주신 장면, 그 장면이 그 분 예수님이십니다.

예수님은 무엇을 하시는 분이십니까? 우리의 구속자입니다. 왜 당신은 구속자이어야 합니까? 우리 인간이 두 가지 숙제를 스스로 풀 수가 없습니다. 하나는 문제가 생겼을 때 완전히 해결할 자는 한사람도 없습니다. 또 하나는 죽음의 문제를 해결하지 못합니다. 밤이 스스로 없어지지 아니하고 태양이 떠야만 없어지듯이 인간 스스로 인간 문제를 해결 할 수 없기에, 하나님이 찾아와야만 되기에 예수 그리스도라는 구속자가 필요합니다. 「요 10 : 10」 내가 온 것은 양으로 생명을 얻게 하고 더 풍성히 얻게 하려는 것이다. 「요 1 : 14」 말씀이 육신이 되어 우리 가운데 거하시매 우리가 그 영광을 보니 아버지의 독생자의 영광이요 은혜와 진리가 충만 하더라. 「요 17 : 3」 영생은 오직 참 하나님 독생자를 아는 것이다. 「행 4 : 12」 다른 이로서는 구원을 얻을 수 없나니 천하인간 에게 구원을 얻을 만한 다른 이름을 우리에게 주신일이 없음이라. 「요일 5 : 11」 또 증거는 이것이니 하나님이 우리에게 영생을 주신 것과 이 생명이 아들 안에 있으니 아들이 있는 자는 생명이 있고 없는 자는 생명이 없느니라.

그렇습니다. 인간으로 오신 하나님은 이름이 둘입니다. 하나는 예수, 곧 메시야 우리를 구원하시는 분입니다. 또 하나는 임마누엘, 하나님이 우리와 함께 하신다는 뜻입니다. 이것은 곧 예수님은 우리를 구원하시고 우리와 함께 하시는 완벽하신 구속자임을 말합니다.

구속자는 몇 분이신가요? 오직 한 분입니다. 「딤전 2 : 5」 하나님은 한 분이시오 또 하나님과 사람사이에 중보도 한 분이시니 곧 사람이신 그리스도 예수라. 구속의 방법은 어떻게 하셨는가? 이 설명이 쉽지 않습니다. '이렇게 이어졌구나' 하시며 들어주시기 바랍니다. 예수님이 이 땅에 오셔서 일하신 방법은 선지자 제사장 왕인 삼중직(三重職)을 가지고 일하셨습니다. 마치 어느 나라든지 통치 방법이 입법 사법 행정부로 나누어 나라를 통치하듯이 예수님은 선지자 제사장 왕직을 가지고 일하셨습니다. 그런데 이 삼중직은 태초에 하나님이 스스로 계실 때부터 세우셨던 계획이었습니다. 바로 그것이 성부 성자 성령, 삼위일체 하나님으로 우리에게 나타나시고, 바로 이 방법으로 눈에 보이는 선지자 제사장 왕을 세워서 이 땅을 통치하시고, 지금도 이 방법으로 통치하시고 계심을 알아야 합니다.

먼저 이 방법이 우리에게 드러나는 원리를 살펴본다면 성부, 즉 선지자의 역할을 설명합니다. 성부 하나님이, '내가 하나님이니라. 진리니라.' 말씀하십니다. 이때에 하나님이 여기에만 이러고 계셨더라면 정말로 이 땅에는 소크라테스의 진리관 플라톤의 진리관 아리스토텔레스의 진리관 마호메트의 진리관 공자의 진리관 힌두 부라만의 진리관 고오타마의 진리관들끼리 어떤 것이 진짜 진리냐고 싸울 뻔 했습니다. 그런데 성자 하나님이 이 땅에 오셨고, 오셔서 제사장 역할을 해주시므로 우리 인간으로 하여금 하나님의 실체를 보여주시므로 우리 기독교는 이론으로 끝이 나는 종교가 아니라 모든 이론의 개념의 실체를 실존으로 보여주는 참종교, 확실한 종교가 된 것입니다. 그리고 성령의 하나님으로 우리에게 나타나시어 왕직(職)의 역할을 보여주시므로 삶의 실체, 우리가 구체적으로 사는 방법마저도 우리에게 가르쳐 주시므로 우리는 그대로 살기만 하면 삶의 맛을 알게 되는 정말로 감사가 넘치는 우리가 된 것입니다.

　실제로 성경을 찾아 예수님이 어떻게 보여주셨지를 설명하여 보겠습니다. 먼저 예수 그리스도의 선지자직(職)입니다. 예수님은 인간의 길의 목표인 완성을 보여주셨습니다. 예수님은 바다를 잠잠케 하시므로 인간이 할 수 없는 것을 인간이 누리게 하시므로 완성을 보여주셨습니다. 예수님은 인간이 고칠 수 없는 불치의 병을 완전케 고쳐주시므로 인간이 할 수 없는 것을 누리도록 보여주셨습니다. 예수님은 인간이 스스로 할 수 없는 마음의 상처, 즉 수가성 여인, 간음한 여인, 세리 마태 등 마음의 문제를 해결하여 주시므로 인간의 완성의 길을 보여주셨습니다. 예수님은 죽은 나사로를 살리시므로, 인간이 할 수 없는 영원과 부활을 실존으로 보여주시므로 인간의 완성의 길을 보여주셨습니다. 예수님은 산상수훈과 십계명을 통하여 인간을 알게 하므로 인간의 완성의 길을 보여주셨습니다. 예수님은 이렇게 선지자직을 통하여 인간의 길 진리 생명문제를 보여 알게 하셨습니다.

　또한 예수님은 이렇게 제사장직(職)을 실천하시므로 인간의 완성을 보여 알게 하셨습니다. 예수님이 제사장직을 어떻게 수행하셨습니까? 이 땅에 오심 자체가 제사장 역할입니다. 나는 내가 한 말이 내 말이 아니라 나를 보내신 이의 말이기 때문에 진리라고 말씀하시므로 이 땅에 사시는 동안 예수님은 죽어 없어지고, 한마디도 당신 자신의 말씀을 안 하시고 하나님 말씀만 하시므로 인간의 삶을 가르쳐 주셨습니다. 성도님들, 우리도 예수님처럼 내 말하지 않고 하나님 말씀만 해 보십시오. 정말로 희한한 일이 생길 것입니다. '엘리 엘리 라마 사박다니—나의 하나님 나의 하나님 어찌하여 나를 버리셨나이까'라고 인간의 마지막 항변이며 질문을, 하나님께 인류를 대표한 질문을 던지심으로 우리와 똑같이 살아주신 하나님의 인간에 대한 체휼하심으로 모범을 보여주셨습니다. 성도님들 우리도 사건이 생겼을 때 이 문제를 왜 주셨습니까? 하면서 내가 해결하지 않고 하나님께 묻는다면 하나님은 우리에게 응답하여 주실 것입니다. 예수님은 우리의 죄를 담당하시기 위하여 십자가에 달리시므로 우리의 모든 문제를 해결하여 주셨습니다. 성도님들, 우리도 예수님이 본보기를 보여주신 대로 죽어 봅시다. 또한 역시 성경에서 말한 대로 죽고자 하는 자는 살고, 살고자 하는 자는 죽는다고 하셨으니 실지로 죽어봅시다. 희한한 게도 오히려 성경대로 우리가 사는 것을 보게 될 것입니다. 이렇게 예수님은 제사장직을 모범으로 실천하여 주시므로 우리도 이렇게 살면 되겠구나, 하면서 살 수 있으니 제사장직을 솔선하여 보여주셨습니다.

예수 그리스도의 왕직(職)입니다. 예수님 계신 곳에 영원히 변치 않은 자유가 있었습니다. 예수님 계신 곳에 천국에서나 이 땅에서나 똑같이 누릴 거룩 사랑 의 진리가 있었습니다. 예수님이 오늘 오셨습니다. 천국으로 이 땅이 변했습니다. 그때에도 안 변한 것이 있습니다. 하나님의 속성입니다. 이 속성이 지금 드러나면 천국에서나 여기에서나 똑같습니다. 우리도 성령을 좇아 살면 왕직인 자유, 천국에서 누릴 거룩 사랑 의 진리를 지금 맛보고 이 땅에서 살 수 있습니다. 이 삶은 예수님만이 오셔서 보여주신 것이 아닙니다. 이미 구약에서부터 있었던 하나님의 통치 방법이었습니다. 아담 하와 때부터 하나님의 통치 방법으로써 왕 제사장 선지자를 통해서 일하셨습니다. 위의 사실이 구약에서 신약에서 어떻게 나타났는가를 살피면서 예수님의 삼중직, 선지자 제사장 왕직이 어떻게 드러나는가를 살펴보기를 원합니다.
 먼저 구약의 상징인 아브라함입니다. 「창 20 : 7」 그랄왕 아비멜렉이 '그는 선지자이다'라고 부릅니다. 「창 13 : 4」 아브라함이 벧엘과 아이 사이에 제단을 쌓고 제사를 드립니다. 곧 제사장 역할을 하는 장면입니다. 「창 14 : 1, 2」 조카 롯이 잡혀가자 318명을 데리고 가서 시날 왕 엘라살을 중심으로 한 다섯왕을 물리치고 승리하고 돌아옴으로 그 지역에서 가장 세고, 힘이 있는 왕으로 드러납니다. 역사가 흘러 나중에 이스라엘 백성들이 민족으로 구성되도록 인구가 많아지자 하나님은 선지자 제사장 왕직을 한 사람에서 각 사람으로 구분하여 맡겨 그 일을 수행케 함을 봅니다. 선지자입니다. 모세를 세워 특별 선지자로 일하게 하시고, 예수님이 오실 때까지 계속 선지자들을 세워 일하셨음을 알게 합니다. 제사장입니다. 레위지파 중에서 아론의 지파에서만 제사장을 세워 일하시도록 하나님은 명령하여 예수님 오실 때까지 지속됩니다. 왕직입니다. 다윗을 세워 왕을 세우심으로 그 후손이 왕위가 끊어지지 아니하고 계속하여 왕이 되게 하시므로 예수님이 오실 때까지 일하심을 보게 합니다. 바로 이것이 구약의 특징입니다.
 이 일을 예수님이 선지자 제사장 왕직을 완성시키셨습니다. 선지자직입니다. 예수님의 행적에서 그 분 자신이 진리였으며, 하나님 말씀이 완성되고 있었습니다. 제사장직입니다. 진리와 말씀을 실천하여 주심으로 우리가 이렇게 살면 되겠구나, 하는 것을 알게 하신 삶이 십자가에 달리심입니다. 우리가 행하여야 할 삶을 주체적으로 보여주심을 감사해야 할 것입니다. 예수님의 왕직입니다. 세상 사람들에게는 심판자로 우리 성도들에게는 사랑으로 드러나게 하심으로 모든 인간을 다스리십니다. 이것이 예수님 당시 있었던 성부 성자 성령의 역할이었습니다.

　물론 지금도 하나님은 성경을 통하여 선지자 제사장 왕직을 드러나게 하시므로 이 땅을 통치하고 계십니다. 선자자직-하나님 말씀인 성경 말씀만이 진리 인 것을 알게 합니다. 제사장직-예수 그리스도의 피를 기념하여 성찬예식을 거행하므로 하나님 말씀에 순종하므로 살게 하고 있습니다. 왕직-예수 그리스도를 영접하므로 이 땅이 하나님이 나와 함께 하심을 만민이 알게 하시므로 우리를 살게 하십니다. 그러기 위해서는 하나님 말씀만이 참지식임을 알고 우리도 이 땅의 다른 사람들에게 선지자 역할을 해야 할 것입니다. 예수님의 피로 자신을 정결케 하며 모범적인 삶을 살아, 다른 사람들에게 모범을 보여 드리므로 제사장 역할을 해야 할 것입니다. 하나님이 나와 함께 함을 만민이 알게 하도록 노력하고 또 노력하여 왕 역할을 이웃에게 보여주며 이 땅을 살아야 할 것입니다. 이 삶 늘 우리에게 있기를 주님의 이름으로 축원합니다.

15. 하나님

> ※ 모세가 하나님께 아뢰되 내가 이스라엘 자손에게 가서 이르기를 너희의 조상의 하나님이 나를 너희에게 보내셨다 하면 그들이 내게 묻기를 그의 이름이 무엇이냐 하리니 내가 무엇이라고 그들에게 말하리이까
> 하나님이 모세에게 이르시되 나는 스스로 있는 자이니라 또 이르시되 너는 이스라엘 자손에게 이같이 이르기를 스스로 있는 자가 나를 너희에게 보내셨다 하라
>
> 출 3 : 13-14

본문을 중심으로 해서 말씀드릴 제목은 지난 시간 예수님에 이어 '하나님'이 되겠습니다. 하나님과 인간의 접촉점은 어디에서 시작하여야 할까요? 인간은 어느 누구도 하나님에 대하여 말할 수가 없습니다. 만일 말할 수 있다면 개념에서의 싸움이지 알 도리가 없습니다. 그런데 믿거나 말거나 나는 하나님이라고 말하며 나타나신 분이 있습니다. 바로 이분이 성경에서 말하는 하나님입니다. 이 우주에 기독교 힌두교 이슬람교 불교 사대 종교가 있습니다만 힌두, 불교 쪽에서는 신에 대한 막연한 인식론이 전부입니다. 이슬람교가 기독교처럼 하나님에 대하여 말합니다만 이미 정통 역사가들은 말합니다. 기독교의 모세오경을 가져다가 만든 종교라고 말입니다. 그리고 이슬람의 역사 AD 650년경에 생겨진 하나의 종교형태일 뿐이지 모세오경인 창세기 출애굽기 레위기 민수기 신명기 빼면 설명할 방법이 없는 곳이라고 보면 됩니다.

인간 어느 누구도 하나님을 설명할 수 없었을 때 믿거나 말거나 당

신이 하나님이라고 말씀하신 그분, 그분 말씀대로 살기만 하면 이상하게도 진리가 드러나고 모든 것이 옳기 때문에 안 믿을 수가 없고 믿을 수밖에 없는데 지금도 여전히 그 하나님은 하나님으로 계시면서 역사를 운영하고 계신다는 것입니다. 바로 이것이 하나님과 인간의 접촉점 첫 번째 일입니다.

그 하나님은 우리에게 말씀합니다. 「전 3 : 11」 하나님이 모든 것을 지으시되 때를 따라 아름답게 하셨고 또 사람에게 영원을 사모하는 마음을 주셨느니라. 하나님이 우리를 지으실 때 하나님을 섬기는 마음을 우리에게 주셨다는 것입니다. 얼마나 자연스러운 일인지 모릅니다. 문화사 책에서는 토테미즘, 샤머니즘하면서 불안하니까 공포 때문에 죽음 때문에 찾게 되는 현상이라고 정의합니다만 성경의 하나님 찾는 정의는 인간으로 하여금 하나님을 찾도록 지으셨다는 것이 두 번째 접촉점입니다.

하나님과 인간의 접촉점 세 번째는 인간이 하나님을 알므로 인간의 시작, 우주의 시작, 역사의 시작을 알게 되었다는 것입니다. 인간이 하나님을 알므로 인간의 끝 우주의 끝 역사의 끝을 알게 되었다는 것입니다. 시작과 끝, 곧 알파와 오메가를 앎으로 일직선을 알 수 있으며 그 일직선은 영원이라는 말로서 드러납니다. 우리에게 나타나신 하나님 말고는 시작과 끝, 영원의 일직선을 설명하는 데는 아직 한 군데도 없습니다. 수억 만개의 선은 있을 찌라도 아직 일직선을 만드는 영원한 선은 없습니다. 이것이 세 번째 접촉점입니다.

또 하나 하나님과 인간의 접촉점은 우리 인간이 먼저 하나님을 불러서 안 사람은 한 사람도 없다는 것입니다. 성경 66권 인물 모두가 아담 하와 노아 아브라함 모세 다윗 선지자들 베드로 바울 요한 칼빈 루터 등 우리 모두가 하나님이 불러서 하나님을 믿게 되었지 인간들이 하나님을 불러서 발견하거나 찾은 것이 아니라는 것입니다. 분명 성경에서 믿는 자가 구원을 얻는다고 했습니다. 또 다른 곳에서는 그 것을 믿는 것은 우리 인간이 믿은 것이 아니라 하나님이 믿게 했다고 「요 1장」「롬 8장」「갈 4장」「고전 12장」「엡 2장」에서 분명히 말씀하고 있습니다. 바로 이것이 네 번째 접촉점이었습니다.

이제 우리 인간에게 나타나신 하나님은 누구이신가를 알아보겠습니다. 하나님은 우리에게 말씀하십니다. 첫째, 하나님은 온 우주에 단 한 분이신 유일신이십니다. 하나님은 오로지 당신 자신 한 분뿐이지 다른 것들은 아무것도 아니라고 말씀하십니다. 「사 44 : 6」 이스라엘의 왕인 여호와 이스라엘 구속자이신 만군의 여호와가 말하노라 나는 처음이요 나는 마지막이라 나 외에 다른 신이 없느니라. 이외에도 직접적인 말씀과 간접적인 말씀을 보면 성경 66권 전체가 하나님은 오로지 유일신 하나님만을 설명하여 주고 있습니다. 아주 권위 있는 IVF 사전에 유일신을 이렇게 설명하여 주고 있습니다.

하나님의 존재를 설명하여 주고 있으니 무신론을 배격한다.
영원하신 창조주 한 분만을 인정하고 있으니 다신론을 배격한다.
하나님이 우주 만물과 구분되고 있으니 범신론을 배격한다.
하나님의 인격과 인간의 인격 자유의지와 동일한 관계를 가지고 있으니 숙명론, 운명론을 반대한다.
모든 사실을 믿음으로 받아들여지니 합리주의를 반대한다.

보십시오. 무신론 다신론 범신론 운명론 합리론은 반대하고 있으니 인간으로부터 생각하여 만들 수 있는 모든 종교적 관계들은 아무것도 아님을 선언하여 주고 있습니다. 오로지 하나님만이 유일신임을 분명히 선언하여 주고 있습니다. 여기서 우리가 감사해야 할 일이 있다면 우리는 사탄으로부터 완전히 해방 받을 수 있는 확실한 근거를 가지고 믿으며 완전 자유자로 살 수 있게 되었다는 것입니다.

하나님은 누구이신가? 둘째는 하나님은 '나는 스스로 있는 자'라고 소개하고 있습니다. 오늘 본문에 보면 하나님이, "모세야." 하고 부르셨습니다. 이때 모세는, "하나님, 이스라엘 백성들이 하나님이 누구시며 어떻게 생겼더냐고 묻는다면 저는 그들에게 무엇이라고 대답을 할까요?" 이때에 하나님은 모세에게 "나는 스스로 있는 자니라"라고 대답하라는 것입니다. 만일 하나님이 우리에게 전지전능 무소부재 진리 거룩 사랑 등등으로 소개를 했더라면 어떻게 되었을까요? 물론 성경 다른 곳에서 하나님의 속성으로 그런 것들이 드러나고 있기는 하지만 이런 식으로 소개하셨다면 하나님과 인간은 영원한 종속관계로 있을 뿐이지 하나님과 우리 인간의 영원한 동등관계는 사라져 버렸다는 것입니다. '나는 스스로 있는 자'라고 소개하셨습니다. 하나님이 아니시고는 이 소리를 할 수 없는 소리, 정말로 감사하신 하나님을 우리는 알게 되는 것입니다.

짚고 넘어갈 일이 있다면 인간이 하나님과 똑같은 의미로 말씀하신 분이 계십니다. '천상천하지 유아독존—하늘과 땅 사이에 나 홀로 존재한다.' 분명 똑같은 의미를 말씀했지만 하나님과 이 분과의 차이는 무엇이 있을까요? 하나님은 자족 자유가 있습니다. 그런데 이 분은 자족 자유가 없습니다. 그러기에 이 분은 한 선은 있었으나 일직선을 못 만들었습니다. 그래서 영원이라는 것이 없고 실패한 또 하나의 인간이었을 뿐입니다. 또 하나 짚어 드릴 것이 있습니다. 만일 이때에 하나님이 당신의 이름을 가르쳐 주었더라면 어떻게 되었을까요. 성도님들, 이름은 삼인칭입니다. "Who are you?—당신은 누구입니까?"

15. 하나님 145

"저는 배광영입니다"라고 하면 대답을 잘못한 것입니다. "What is your name?—당신의 이름은 무엇입니까?"라고 물을 때, "저는 배광영입니다"라고 대답하여야 합니다. 그렇다면, "Who are you?—당신은 누구입니까?"라고 물으면 정답은, "저는 인간입니다"가 정답입니다. 그리고, "남자입니까, 여자입니까?" 물으면, "나는 남자입니다"라고 대답하고, "어느 나라 사람입니까?"라고 물으면, "한국사람입니다"라고 대답해야 합니다. 이렇게 될 때 우리의 관계 속에서 사람과 사람의 인격들이 드러나며 생명과 생명들이 관계하며 살게 되는 것을 알 수 있습니다. 이름은 인격과 생명을 상징하는 표식이지 이름 자체가 인격 생명은 아니라는 것입니다. 그러니 하나님께서 '나는 스스로 있는 자'라고 소개하여 주신 하나님이 얼마나 감사하며 곧 하나님은 우리에게 원하시는 것은 우리의 이름이 아니라 나 자신, 나의 생명을 원하고 계신다는 것입니다. 여기서도 한 가지 짚어 드린다면 우리가 하나님 이름을 알았다면 우리는 하나님 자신을 알도록 노력하는 것 보다는 하나님 이름만 찾아가서 기도하며 그러다가 완전히 종교로 끝나버리는 그야말로 큰일 날 뻔했다는 것입니다. 정말로 우리는 하나님의 배려에 그리고 하나님이 나 자신을 원하심에 대하여 감사 감격해야 할 것입니다.

하나님이 누구신가? 셋째는 성부 성자 성령 하나님, 삼위일체 하나님으로 나타나셨습니다. 하나님은 우리 인류들에게 하나님을 알게 하기 위하여 스스로 성부 성자 성령 하나님으로 나타나시기로 작정하셨고 그렇게 나타나셨습니다. 여기에서 중요한 것은 타종교가 도저히 이것만은 흉내 낼 수 없는 기독교의 유일한 방법입니다. 타종교는 교조들의 교훈 사상 삶의 방법 등이 중요합니다. 우리 기독교는 성자 하나님의 십자가의 죽으심 그리고 부활하심 그래서 빈 무덤이 중요합니다. 그리고 이것을 복음이라고 부릅니다. 산상수훈과 십계명은 복음에 포함되는 중요한 부분일 뿐입니다. 성부 하나님-진리를 선포하십니다. 모든 일을 계획 결정 인도하십니다. 하나님이 말씀으로만 하셨기에 아직 우리 인간들이 실체를 알 수가 없습니다. 성자 하나님-하나님이 개념으로 말씀하신 모든 것들을 실체로 보여주십니다. 성부 하나님이 사랑이라고 말씀하셨는데 성자 하나님 예수님은 십자가에 죽어주심으로 직접 사랑을 보여주셨습니다. 성령 하나님-위의 사실들을 우리 인간들에게 알게 하시고, 믿게 하시고, 우리가 하나님의 자녀들로 살게 하시기 위하여 지금도 역사하시면서 우리와 함께 하시는 하나님이십니다. 성도님들, 성부 성자 성령 삼위 하나님은 타종교 어느 곳도 흉내 낼 수 없습니다. 그래서 타종교는 글자 그대로 종교에서 끝이 납니다. 그러나 기독교는 인격체가 살아나는, 생명이 움직이는 그야말로 하나님과 나 사이의 아름다운 관계가 드러나는 삶의 모습이 우리 기독교가 보여주는 진수입니다.

하나님은 누구입니까? 넷째는 하나님은 영이시며, 전지전능 하시며, 무소부재하시며, 자유 거룩 사랑공의의 본체가 하나님이십니다. 그래서 히브리말에 이런 근원적이 말은 명사로서는 존재하지 않습니다. 왜냐고요? 하나님 본체가 바로 자유 거룩 사랑 공의의 본체이시기 때문입니다.

하나님은 무엇을 하시는 분이십니까?-우리를 통하여 영광 받으시기를 기다리시는 분입니다. 교리문답 1번에 보면 답이 나와 있습니다. '사람의 제일 되는 목적이 무엇인가?'라고 질문합니다. '하나님을 영화롭게 하는 것과 영원토록 그를 즐거워하는 것이다'라고 나옵니다. 「고전 10 : 31」 그런즉 너희가 먹든지 마시든지 무엇을 하든지 다 하나님의 영광을 위하여 하라. 분명한 것은 우리로 하여금 하나님 안에 있을 때에 웃을 수 있도록 지으셨다는 것을 아신다면, 그리고 우리가 하나님을 떠날 때 떠난 만큼 시간 낭비인 것을 안다면 하나님이 우리를 통하여 영광 받으시는 것이 당연한 것을 알게 되는 것입니다.

하나님은 무엇을 하시는 분이십니까?―하나님은 지금도 우리를 사랑하시며 임마누엘 동행하여 주시면서 우리로 하여금 하나님처럼 살도록, 다른 말로 하면 예수님만큼 성장하도록 기다리시는 분입니다. 「빌 1 : 6」 너희 속에 착한 일을 시작하신 이가 그리스도 예수의 날까지 이루실 줄을 우리가 확신하노라.

하나님은 무엇을 하시는 분이십니까?―하나님은 인류를 심판하시는 분이십니다. 이 말씀은 인류를 하나님이 심판하신다는 말이 아니라 인간이 심판을 자처하고 있음을 명심하여 알아야 할 것입니다. 만일에 이 심판이 없다면 인간은 자유의지가 없게 되는 것입니다. 곧 자유의지가 있음으로 하나님의 심판은 있어야 되는 것입니다. 여기에서 중요한 것은 하나님은 우리 인류들에게 하실 일을 다 하셨지만 우리 인간들이 하나님 말씀을 듣지 아니하므로 심판을 자처하는 것을 알아야 한다는 것입니다.

말씀을 정리하여 보겠습니다.

하나님과 인간의 접촉점 네 가지는 무엇입니까?

하나님 말씀대로 살면 진리가 드러나며 옳은 것이 나타난다는 것입니다. 하나님은 우리 인간들에게 하나님을 찾도록 지으셨다는 것입니다. 하나님을 우리 인간들이 앎으로 시작과 끝 영원한 일직선을 알게 된 것입니다. 우리 인류가 하나님을 믿게 된 것이 우리가 믿은 것이 아니라 하나님이 먼저 믿게 했다는 것입니다.

하나님은 누구셨습니까?

하나님은 유일신이었습니다. 무신론 다신론 범신론 운명론 합리론이 아니었습니다. 하나님은 스스로 계신 자로 보여주시므로 우리에게 생명을 원하시는 하나님 인격 대 인격, 생명 대 생명을 중요시 여김을 보여주셨습니다. 하나님은 성부 성자 성령 하나님으로 나타나시어 우리 인류들에게 하나님을 알리셨습니다. 하나님은 영이시며, 전지전능 무소부재 영원불변 자유 거룩 사랑 공의 의 등의 본체였습니다.

하나님은 무엇 하시는 분이십니까?

하나님은 우리를 통하여 영광 받으시기를 기다리시는 분이십니다. 하나님은 우리를 사랑하시어 임마누엘 동행하여 주시므로 우리로 하여금 하나님과 똑같은 삶을 누리며 살길 원하시는 분, 다른 말로는 예수님처럼 닮아가 승리의 삶을 기다리시는 하나님이셨습니다.

하나님은 우리를 심판하시는 분이십니다. 여기에서 중요한 것은 인간이 하나님의 심판을 자처하고 있는 것이지 하나님이 인간을 심판을 하시는 분이 아니라는 것을 명심하여 알아야 하겠습니다.

16. 성령님

> ※ 내가 아직 너희와 함께 있어서 이 말을 너희에게 하였거니와 보혜사 곧 아버지께서 내 이름으로 보내실 성령 그가 너희에게 모든 것을 가르치고 내가 너희에게 말한 모든 것을 생각나게 하리라
> 평안을 너희에게 끼치노니 곧 나의 평안을 너희에게 주노라 내가 너희에게 주는 것은 세상이 주는 것과 같지 아니하니라 너희는 마음에 근심하지도 말고 두려워하지도 말라
> 내가 갔다가 너희에게로 온다 하는 말을 너희가 들었나니 나를 사랑하였더라면 내가 아버지께로 감을 기뻐하였으리라 아버지는 나보다 크심이라
> 이제 일이 일어나기 전에 너희에게 말한 것은 일이 일어날 때에 너희로 믿게 하려 함이라
> 이 후에는 내가 너희와 말을 많이 하지 아니하리니 이 세상의 임금이 오겠음이라 그러나 그는 내게 관계할 것이 없으니 오직 내가 아버지를 사랑하는 것과 아버지께서 명하신 대로 행하는 것을 세상이 알게 하려 함이로라 일어나라 여기를 떠나자 하시니라
>
> 요 14 : 25-31

하나님은 성부 성자 성령 삼위일체 하나님이십니다. 성부 하나님, 진리를 선포하시고 모든 일들을 계획 결정하십니다. 하나님이 말씀으로만 하셨기에 아직 개념만 있고 실체를 모릅니다. 성자 하나님, 하나님이 개념으로 말씀하신 것의 실체를 보여주셨습니다. 성령 하나님, 위의 사실들을 우리 인간들에게 알게 하시고 믿게 하시고 우리에게 찾아오셔서 동행하시며 우리를 이끌어 주십니다. 위의 사실은 하나님

이 성경을 통하여 우리에게 가르쳐 주신 것입니다. 그런데 중요한 것은 이 사실을 우리 인간들이 어떻게 믿을 수 있느냐는 것입니다. 물론 하나님이 하실 일입니다만 그래도 우리가 최대한 접근하여 믿을 수 있는 답을 찾을 수 있다면 그건 이렇습니다. 이 우주는 하나님이 지으신 것입니다. 그러니 이 우주의 법칙은 하나님이 만드신 법칙이며, 동시에 그 법칙은 우리에게는 하나님의 음성으로 보아도 틀림없을 것입니다.

그 법칙 중 인간들에게 있어서 가장 중요한 것들은 귀납법으로 증명되어서 아는 것이 아니라 그냥 알게 되는 것들입니다. 우리가 인간으로 태어나서 인간이라 부르는 것이 당연합니다. 내가 남자로 혹은 여자로 태어났기에 남자라 부르고 여자라 부르는 것이지 배워서 아는 것이 아니라 당연히 압니다. 태양을 배워서 알까요? 바람을 배워서 알까요? 배부르고 배고픈 것을 계산해서 알게 되는 것일까요? 우리가 당연히 알게 되는 것들입니다. 그런데 지금 설명해드린 것들은 우리 인간으로서 가장 중요한 것들입니다. 이와 같이 하나님은 우리에게 가장 중요한 것들은 배우거나 노력해서 아는 것이 아니라 그냥 알게 하였듯이 하나님이 성부 성자 성령 삼위일체 하나님이신 것을 당연히 알게 되는 것입니다.

하나님은 우리가 비록 모른다 할지라도 삼위일체 하나님으로 계실 것입니다. 하나님이 말씀하셨으니 그렇구나, 하고 믿어야 할 일이지 우리 이성으로 따질 일은 아니라는 것입니다. 그리고 인간을 분석하고 아무리 연구할지라도 인간이듯이, 하나님을 생각하고 연구하고 아무리 해보더라도 하나님은 삼위일체 하나님이실 뿐입니다. 그래서 성령 하나님이 우리에게 오셔서 생각나게 하시고 가르쳐 주시는 하나님이시니 오늘 우리가 교회 나와서 예배하는 것도, '하나님이 나오게 하여 주셨구나.' 하면 된다는 말씀입니다.

성부 성자 성령의 일하심을 이렇게 생각할 수도 있을 것입니다. '마치 우리 인간들이 먹는 문제를 보면 식욕이 일어나듯이 아름다운 이성을 보면 정욕이 일어나듯이 하나님이 천지를 창조하셨다면 행동하시는 하나님은 성령이시니 이미 그 태초에도 성령 하나님이 역사하셨구나'라고 하면 된다는 것입니다. 임마누엘—하나님이 나와 동행하여 주신다는 뜻입니다. 여호와 이레—하나님이 미리 준비해 주셨다는 뜻입니다. 여호와 닛시—하나님이 승리하게 하셨다는 뜻입니다. 해석은 이렇게 할 수 있겠습니다만 이렇게 행동하여 움직이시는 분은 성령 하나님이시라는 것입니다. 그러니 우리는 구약에도 성령의 역사를 처음부터 볼 수 있어야 할 것입니다.

성령의 역사가 우리 인간관계 속에서 얼마나 중요한 가를 말씀드려 보겠습니다. 성경에 보면 성부 하나님과 성자 하나님만 보아서도 안 되는 경우를 찾아 볼 수 있습니다. 그 실존 문제가 예수님의 동생들인 사도 야고보와 유다가 있습니다. 이들은 예수님이 부활 전에도 물론 예수님이 하나님이신 것에 확신을 가지지 못 했습니다. 왜냐고요? 예수님이 십자가에 죽으시니 다 도망갔습니다. 분명히 못 믿었습니다. 그런데 부활하신 예수님을 보고도 아니 직접 만져보고 음식을 같이 먹었음에도 이들은 멍했지, '예수님이 진짜 하나님입니다.' 하면서 펄펄 뛰지 않았습니다. 지금 예수님이 부활하신 모습을 본 후의 제자들의 모습을 「마 28:16, 17」에 이렇게 표현합니다. 열한 제자가 갈릴리에 가서 예수의 명하시던 산에 이르러 예수를 뵈옵고 경배하나 오히려 의심하는 자도 있더라. 부활하신 주님을 보고도 의심했다면 이것이 인간들의 속성이며 그리고 인간들의 속성을 움직이시며 생각나게 하시며 가르쳐 주시는 분이 성령 하나님이라는 것입니다. 이 말씀은 성부 성자 성령님의 역할이 얼마나 뚜렷하게 나타나는 가를 보여주는 장면입니다.

성령 하나님의 특성을 몇 가지로 알아보겠습니다. 성령은 영이십니다. 곧 우리 눈에는 안 보이십니다. 우리 인간도 인격이라는 것은 눈에 안보입니다. 그러나 인격은 존재합니다. 인격은 우리 인간의 육체에 의하여 결정되지 않습니다. 육체는 죽으나 인격은 죽지 않습니다. 그를 인격으로 만드는 부분인 영은 계속 살아있기 때문입니다. 인격을 결정하는 영을 우리는 지정의라고 부르기도 합니다. 곧 성령 하나님도 이와 같이 육체가 필요 없다는 것입니다. 성령 하나님은 영으로서 인격적으로 우리에게 나타나시어 우리의 인격과 대화하시는 분입니다. 성도님들, 내 머리칼을 세시는 인격의 하나님과 대화하여 보시기 바랍니다. 지금까지 성령 하나님과 대화하신 분들 성공 안 하신 분이 없습니다.

이 성령의 소욕과 인간의 소욕은 서로 달라서 서로 거스른다고 말씀합니다. 「갈 5:17」 육체의 소욕은 성령의 소욕을 거스르고 성령의 소욕은 육체를 거스르나니 이 둘이 서로 대적함으로 너희의 원하는 것을 하지 못하게 하려 함이라. 이 말씀은 육체에 있는 모든 욕망들이 나쁘다는 말이 아닙니다. 곧 육체의 소욕, '너 인간 중심하여 살지 말고, 하나님 성령 중심하여 살아라'라는 것입니다. 우리에게 있는 모든 욕망들은 하나님이 우리에게 주신 선물들입니다. 아름다운 것들입니다. 그런데 그 욕망의 사용방법은 하나님 중심하여 사용해야지 그렇지 않으면 욕망이 그 인간을 죽인다는 것입니다.

성도님들, 하나님이 우리에게 주신 욕망들 어떻게 사용할 것인가 이것은 우리의 자유문제입니다. 비로소 이 자유는 하나님과 똑같이 누리는 진정한 자유인 것을 알게 됩니다. 이 자유를 가지고 욕망을 사용할 때 한 가지 짚어 드린다면 하나님이 우리에게 아무리 일을 하시고 싶어도 내가 아니야, 하면 일을 안 하십니다. 아니 일을 못 하십니다. 왜냐고요? 바로 그것이 하나님이 우리에게 그렇게 살도록 약속하신 것이며 이렇게 될 때에 비로소 우리가 누리는 자유가 하나님과 똑같이 누리는 자유가 되는 것입니다.

성도님들, 이 자유를 누리시면서 감사해보신 적 있습니까? 기뻐해 보신 적 있습니까? 우리 인간들이 하늘을 찌르는 자존심을 가질 때 바로 여기서 나와야 하는 것이 아니겠습니까? 저는 인간의 품위유지를 여기서 마음껏 만끽하여 봅니다. 성령의 특성은 또 어떤 것이 있을까요? 「요 3장」에 보면 예수님이 니고데모 앞에서 성령을 이렇게 설명합니다. 성령은 바람이 임으로 불매 어디서 왔다가 어디로 가는지 모르나 바람이 부는 것을 누구 알 수 있듯이 성령도 언제 어디서 어떻게 들어오는지는 알 수 없지만 성령이 임한 사람은 반드시 성령이 임한 것을 알 수 있다는 것입니다.

성도님들, 우리 인간은 사건을 먹고 삽니다. 먹는 것도 입는 것도 마시는 것도 만남도 헤어짐도 모두가 사건입니다. 사건이 없는 자는 죽은 자입니다. 그런데 그 사건을 하나님 중심하여 사용하여 본 사람은 성령의 역사를 알 수 있습니다. 그리고 나중에 가보면 내가 하나님 중심하여 산 것이 아니라 성령 하나님이 이렇게 인도하셨다는 것을 알 수가 있습니다. 그리고 좋은 나무 좋은 열매, 나쁜 나무 나쁜 열매라고 말씀한 까닭에 성령의 열매를 맺은 사람들은 누구나 다 똑같은 대답을 가지고 있습니다.

「갈 5 : 22, 23」 오직 성령의 열매는 사랑과 희락과 화평과 오래 참음과 자비와 양선과 충성과 온유와 절제이니 이 같은 것을 금지할 법이 없다고 했으니 성령이 임한 사람은, '이것이 옳습니다'라고 대답합니다. 「요 1」 「고전 12」 「갈 4」 「엡 2장」 등에서 하나님을 믿은 것이 내가 믿은 것이 아니라 하나님이 믿게 했다고 하셨으니 우리 모두는 하나님이 믿게 했다라고 대답하게 되어있습니다. 아직 이 고백이 없다 하실지라도 염려하지 마실 것은 그 날이 올 것이며 내가 모를 지라도 하나님이 하게 하신 일이지 여전히 나의 것으로 있는 것이며 때가 차면 고백하게 된다는 것입니다.

때에 따라서 성령이 임하신 분들 누구나 다 그러는 것은 아닙니다만 방언, 환상, 병 고치는 은사, 뜨거움, 꿈 등으로 성령이 임한 것을 알 수 있습니다. 그러나 성경은 말합니다. 「요 20 : 29」 예수께서 가라사대 너는 나를 본 고로 믿느냐 보지 못하고 믿는 자들은 복되도다. 이러한 외적으로 나타나는 것을 체험하고 믿는 자보다는 성령의 인격과 우리의 인격 가운데 믿는 것이 더 큰 믿음인 것을 알아야 할 것입니다.

성령님의 특성, 하시는 일은 무엇일까요? 우리 성도들로 하여금 하나님을 믿게 하고, 예수님만큼 성장하도록 도와주고 가르쳐 주고 인도하시면서 우리와 동행하여 주시는 분입니다. 먼저 믿게 하시는 성령님, 「요 1 : 12, 13」 영접하는 자 곧 이름을 믿는 자들에게는 하나님의 자녀가 되는 권세를 주셨으니 이는 혈통으로나 육정으로나 사람의 뜻으로 나지 아니하고 오직 하나님께로 난 자들이니라. 「고전 12 : 3」 성령으로 아니 하고는 예수를 주시라 할 수 없느니라. 「갈 4 : 6」 너희가 아들인 고로 하나님이 그 아들의 영을 우리 마음 가운데 보내사 아바 아버지라 부르게 하셨느니라. 「엡 2 : 8」 너희가 그 은혜를 인하여 믿음으로 말미암아 구원을 얻었나니 이것이 너희에게서 난 것이 아니요 하나님의 선물이라. 우리를 예수님만큼 성장시키시는 성령님, 「엡 2 : 22」 너희도 성령 안에서 하나님의 거하실 처소가 되기 위하여 예수 안에서 지어져 가느니라. 「엡 4 : 13」 우리가 다 하나님의 아들을 믿는 것과 아는 일에 하나가 되어 온전한 사람을 이루어 그리스도의 장성한 분량이 충만한 데까지 이르리니. 「빌 1:6」 너희 속에 착한 일을 시작하신 이가 그리스도 예수의 날까지 이루실 줄을 우리가 확신하노라. 「요 17:21」 아버지께서 내 안에 내가 아버지 안에 있는 것같이 저희도 다 하나가 되어 우리 안에 있게 하사. 우리는 스스로 설 수가 없습니다. 우리가 성령을 거슬러 인간 중심하여 자유의지를 사용하게 되면 죽음으로 갈 수밖에 없습니다. 성령 중심하여 살면 구원받은 것을 알 수 있고 우리도 예수님만큼 성장하는 것을 알게 됩니다.

말씀을 정리하여 보겠습니다.

하나님이 성부 성자 성령 삼위일체 하나님으로 나타나신 것 내가 부모를 배워서 안 것이 아니라 생득적으로 알게 되었듯이 내가 믿으면 됩니다. 성령님은 영으로서 인격체를 가지고 우리의 인격과 만나주시며 생각나게 하시고 가르쳐주십니다. 성령님은 바람이 임으로 불어 어디서 왔다가 어디로 가는지를 모르나 바람이 부는 것을 알듯이 성령이 임한 사람은 반드시 성령이 임한 것을 알게 합니다. 성령의 소욕은 육체의 소욕을 거스르고 육체의 소욕은 성령의 소욕을 거스르는 존재적 속성이 있습니다. 여기에서 우리는 자유의지를 가지고 성령의 소욕대로 하나님 중심하여 살아야 할 것입니다. 성령님은 우리로 하여금 하나님을 믿게 하시고 예수님만큼 성장하도록 도와주시고 인도하시는 분이십니다. 성도님들, 성 삼위일체 되신 성부 하나님 성자 하나님 성령 하나님을 모시고 늘 승리의 삶이 있기를 축원합니다.

17. 말씀만이

> ※ 그러므로 우리가 저 안식에 들어가기를 힘쓸지니 이는 누구든지 저 순종하지 아니하는 본에 빠지지 않게 하려 함이라
> 하나님의 말씀은 살아 있고 활력이 있어 좌우에 날선 어떤 검보다도 예리하여 혼과 영과 및 관절과 골수를 찔러 쪼개기까지 하며 또 마음의 생각과 뜻을 판단하나니
> 지으신 것이 하나도 그 앞에 나타나지 않음이 없고 우리의 결산을 받으실 이의 눈 앞에 만물이 벌거벗은 것 같이 드러나느니라
> 그러므로 우리에게 큰 대제사장이 계시니 승천하신 이 곧 하나님의 아들 예수시라 우리가 믿는 도리를 굳게 잡을지어다
>
> 히 4 : 11-14

오늘은 말씀의 존재론적 입장에서 우리가 살펴보면서 말씀드리기를 원합니다. 말씀은 하나님입니다. 「요 1 : 1」 태초에 말씀이 계시니라. 이 말씀이 하나님과 함께 계셨으니 이 말씀은 곧 하나님이시니라. 1600여 년 동안에 36+@인이 신·구약성경을 기록하였습니다. 이 책을 21세기의 문명인 컴퓨터에 집어넣고, "이 책이 몇 사람이 쓴 책입니까?"라고 물어보면 저자는 한 사람이라고 대답합니다. 말씀이 하나님이라는 말은 하나님은 우리 인간과 인격 대 인격으로 나타나신 증거입니다. 갑자기 있다가 무슨 책 한 권 던져주시며, '이것이 내 말이야'하시는 것이 아니라 하나님과 나 사이는 일 대 일이며 서로 대화하시는 하나님인 것을 선언하고 있습니다. 나는 나를 모르고 있었을 때 하나님은 나의 머리털을 세신다, 나의 앉고 일어섬을 아신다, 말씀하시니 우리는 하나님과만 대화함으로써 나를 알 수 있고, 우리의 관계를 알

수 있는 유일한 길임을 알게 되는 것입니다. 그 하나님의 말씀이 곧 성경책입니다. 성경이 말씀이라 할 때 그 성경의 저자는 하나님입니다. 「딤후 3 : 16」 모든 성경은 하나님의 감동으로 된 것으로 교훈과 책망과 바르게 함과 의로 교육하기에 유익하니. 「벧후 1 : 21」 예언은 언제든지 사람의 뜻으로 낸 것이 아니요 오직 성령의 감동하심을 입은 사람들이 하나님께 받아 말 한 것임이니라. 「신 8 : 18」 내가 그들의 형제 중에 너와 같은 선지자 하나를 그들을 위하여 일으키고 내 말을 그 입에 두리니 내가 그에게 명하는 것을 그가 무리에게 다 고하리라.

이제는 이 성경책을 읽을 때 국어책을 읽으며 내용을 알듯이, 수학책 읽으며 공식을 외우듯이 이 책을 읽으면 안 될 것입니다. '내가 말하였느니라.' '누구에게?' '나에게.' '이 책을 읽으실 때마다 하나님은 나에게 뭐라고 말씀하시는가?' 이런 마음을 가지시고 읽는 것이 우리의 참뜻이고 하나님의 뜻인지 알고 있습니다.

두 가지 짚어 드립니다. 성경은 하나님의 말씀을 다 기록하였나요? 아닙니다. 우리 인류의 구원에 필요한 말씀만 기록했습니다. 「요 21 : 25」 예수의 행하신 일이 이외에도 많으니 만일 낱낱이 기록된다면 이 세상이라도 이 기록된 책을 두기에 부족한 줄 아노라. 「요 20 : 30, 31」 예수께서 제자들 앞에서 이 책에 기록되지 아니한 다른 표적도 많이 행하셨으나 오직 이것을 기록함은 너희로 예수께서 하나님의 아들 그리스도이심을 믿게 하려 함이요 또 너희로 믿고 그 이름을 힘입어 생명을 얻게 하려 함이니라. 성경은 우리 인류가 구원에 필요한 것을 기록했습니다. 성경에 보면 아브라함의 실수는 성경기록 말고도 더 많이 있습니다. 그러나 아브라함 실수와 거짓말을 5~6가지만 기록함으로 우리에게 필요한 하나님의 구원사를 충분히 알게 하셨다는 말인 것입니다. 때문에 성경은 내가 구원받기에 족하리만큼 필요한 것을 말하고 있습니다. 성경은 더 기록되어져야 합니까? 물론 하나님의 말씀으로 기록된 계시는 다 끝이 났습니다. 「엡 3 : 5」 이제 그의 거룩한 사도들과 선지자들에게 성령으로 나타내신 것 같이 다른 세대에서는 사람의 아들들에게 알게 하지 아니하셨으니라고 기록되어 있습니다.

맞습니다. 하나님의 계시는 아담부터 예수님이 재림하실 때까지 계속 임하고 있고, 똑같이 이야기하고 계십니다. 하지만 기록된 계시는 성경 66권으로 끝이 났습니다. 지금도 성령이 임했을 때 이것도 하나님 말씀인가? 아니요. 기록으로는 끝났기 때문에 이 나타난 계시를 성경에 비추어서, '어떻게 찾아야 할까?' 해야 합니다. 고고학자들이 상형문자시대의 역사를 거론해서 이때는 어떻게 해야 합니까? 그때도 역시 말씀에 비추어 드러내면 합당한 것을 우리가 알고 있습니다. 그렇습니다. 기록된 말씀은 성경 66권으로 충분합니다. 지금 하나님 말씀이 진리로 드러나는 일로서 하나님의 역사는 성경과 똑같은 역사가 반복적으로 성령을 통하여 나타나고 있을 뿐입니다.

말씀만이 우리 인간을 알게 하고 해결하여 줍니다. 「본문 12, 13절」 하나님의 말씀은 살았고 운동력이 있어 좌우에 날선 어떤 검보다 예리하여 혼과 영과 및 관절과 골수를 찔러 쪼개기까지 하며 또 마음의 생각과 뜻을 감찰하나니 지으신 것이 하나라도 그 앞에 나타나지 않음이 없고 오직 만물이 우리를 상관하시는 자의 눈앞에 발거 벗은 것 같이 드러나느니라. 「렘 23 : 29」 나 여호와가 말하노라 내 말이 불같지 아니하냐. 반석을 쳐서 부스러뜨리는 방망이 같지 아니하냐. 「시 139편」 하나님은 우리의 앉고 일어섬을 아시고 우리의 속마음까지 아신다. 「마 10장」 하나님은 우리의 머리털까지 다 세신다.

그렇습니다. 이 말씀 앞에서 진짜냐 가짜냐이지 중간은 없습니다.

이 말씀을 놓고 다른 데 가서 아무리 찾아봐도 내 이성을 열어주고 눈빛을 열어주고 그렇게 하지 못합니다. 말씀은 나의 거울입니다. 우리 관계의 거울입니다. 거울 앞에서 멀리 있으면 내가 깨끗하게 보이고 아무 흠이 없는 것처럼 보입니다만 거울 가까이 가면 흠이 보이고, '이것 다른 사람이 안 봤으면 좋겠는데' 하는 것까지 나의 눈빛 속에서 내 마음까지 볼 수 있습니다.

우리가 말씀을 멀리하면 나 이상 더 법일 수가 없고 이상적일 수가 없습니다. 그러나 말씀에 가까이 가면 갈수록 나의 적나라한 모습이 보입니다. 아니 모두의 공통점은 나는 어머니 뱃속에서부터 죄악 중에 출생했다고 고백하며 인생의 참모습을 발견 합니다. 말씀이야 말로 우리 인생의 지정의(知情意)의 거울입니다. 우리 인생을 알 수 있는 거울은 다른 데는 없습니다. 부분적으로는 알 수 있으나 우리를 부수고 찔러 쪼개며 알게 하는 것은 성경밖에 없습니다. 말씀이 아닌 공수래공수거 가지고는 운명만 정답일 수밖에 없습니다. 운명 가지고는 분석만 있을 뿐이지 인간을 알 수 없습니다. 말씀 앞에 서야만 나, 우리를 알 수 있습니다.

짚어 드립니다. 성경은 스스로 독자적일 뿐입니다. 성경의 말씀은 과학과 역사로 증명돼야만 합니까? 아닙니다. 지금까지 성경 말씀이 과학과 역사로 볼 때 오류가 드러난 적이 있습니까? 아직 없습니다. 앞으로도 없을 것입니다. 하나님이 지으신 만물 모든 법칙들은 또 하나의 하나님의 음성인 것을 우리는 알 뿐인 것입니다. 의사들이나 시인들 학자들이 밝혀내는 모든 것들은 바로 또 하나의 하나님의 음성인 침묵의 계시인 것임을 우리는 알아야 될 것입니다.

말씀은 우리의 시작입니다. 「창 1 : 1」 태초에 하나님이 천지를 창조하시니라. 말씀 없이는 우리의 시작을 모릅니다. 인간의 시작 우주의 시작 역사의 시작을 모릅니다. '이 우주는 자연히 있었느니라'가지고는 이론과 행동이 똑같은 실존은 이 땅에서는 찾아낼 수가 없습니다. 이론과 행동이 똑같지 않다는 것은 일반계시에서도 철학자들의 마지막 결론인 것을 압니다. 우리는 시작을 앎으로 '하나님은 창조주요 인간은 피조물'이라는 전제 속에서 살고 있음을 알게 됩니다. 아주 가장 기본적인 곳에서 이 말씀을 알 수 있습니다. 우리는 아무것도 구애받지 않고 정말 순수한 자유를 누리기를 원합니다. 그런데 우리는 이 자유가 없습니다. 남자로 태어난 까닭에 남자라고 말하며 내가 한국사람으로 태어났기 때문에 미국사람과는 경험과 이성과 살아온 환경이 다르기 때문에 다를 수밖에 없습니다. 질서의 중요성을 압니다. 틀림없는 것은 우리 인간으로부터 스스로 자유는 이 땅에 있을 수 없습니다. 된 그대로 말할 수밖에 없습니다. 그러니 우리는, '하나님은 창조주시요 인간은 피조물'이라는 이 전제 속에서 사건을 풀고 만나고 해결하면 문제는 풀어지고 아름다운 삶이 이루어지게 되는 것을 알게 되는 것입니다. 그러므로 말씀은 우리의 시작이다, 얼마나 감사한지 모르겠습니다.

말씀은 우리 인생의 나침반입니다. 다른 말로 하면 우리의 예언서입니다. 「시 119 : 105」 주의 말씀은 내 발에 등이요 내 길에 빛이니이다. 우리는 우리 인생의 나침반이 있기에 이 땅을 아름답게 살 수 있습니다. 사건이 생깁니다. 우리는 사건 속에서 피하지 않고 하나님이 뭐라 말하시나 나침반이 있기 때문에 피하지 않고 아름답게 살 수 있습니다. 현실을 도피하지 아니하고 세상의 소금, 세상의 빛으로 살 수 있습니다. 말씀이 있으면 홍해가 갈라지고 요단강이 갈라집니다. 말씀이 있으면 여리고 성이 무너지고 감옥 사자굴이 문제가 아닙니다. 왜? 말씀이 나침반이기 때문입니다.

말씀은 우리 인생의 지혜 지식 명철입니다. 「잠 1 : 7」 여호와를 경외하는 것이 지혜의 근본이니라. 지혜는 모든 개념을 알게 합니다. 지식은 개념의 실체를 보게 하며 알게 합니다. 명철은 개념의 실체를 우리로 하여금 사용하게 합니다. 이것을 의미적으로 다른 말로는 성부 성자 성령의 역할이라 부를 수 있습니다. 또 다른 의미적으로 선지자 제사장 왕이라 부를 수 있습니다. 성부나 선지자는 말씀으로 모든 개념을 우리에게 알게 하시고 하나님 말씀만이 진리임을 선포합니다. 하나님은 이렇게 말씀만 하지 아니하시고 성자와 제사장으로 보여주시므로 개념의 실체를 우리에게 보여주셨습니다. 바로 하나님의 사랑의 개념의 실체는 예수 그리스도입니다. 그리고 성령의 역할과 왕의 역할이 실생활에서 삶의 실존을 우리에게 보여주게 함으로써 실질적 성령의 역사와 왕의 역할을 역사적 사실로서 우리에게 보여주신 것입니다. 말씀만이 지혜 지식 명철입니다.

말씀은 우리 인생의 길이요 진리요 생명입니다. 「요 14 : 6」 내가 곧 길이요 진리요 생명이니 나로 말미암지 않고는 아버지께로 올 자가 없느니라. 「왕하 10 : 10」 말씀은 하나도 땅에 떨어지지 아니하고 다 이루어진다. 그 증거로서 외적증거와 내적증거가 있습니다. 외적증거로 이적, 예언 성취, 역사적 증명이 있습니다. 내적증거로서는 통일성 적응성 절대성이 있습니다. 외적증거로서 출애굽사건을 보시기 바랍니다. 이스라엘 백성들이 400년 동안 이집트 땅에 있었습니다. 민족이 없습니다. 자기 주체성이 없습니다. 이제는 혼란을 당합니다. 아픔이 있습니다. 그런데 여기에서 해방을 받아서 민족을 찾아 내 땅을 찾아간다니 그런 자유가 얼마나 행복하겠습니까. 여기에서 출발한 사람으로 해방신학이 나옵니다. 성경에서는 여기에서 이 출애굽도 중요한 것으로 알고 있습니다만 이것만큼 또 더 중요한 것은 이전에 아브라함을 통해서 너희 후손이 이방인의 객이 되어 400년 동안 유리하리라. 400년 동안의 기간을 마치고 나니 하나님 말씀대로 출애굽 되었더라. 역사적 사실 이런 성취가 또한 더 여전히 중요하다는 것입니다. 외적증거로 역사적 사실, 예언, 이적으로서 하나님 말씀이 말씀으로 드러난 것을 알게 됩니다.

내적증거로는 1600년 동안 36+@인이 기록한 책이 한 사람 저서로 나왔습니다. 이게 내적증거입니다. 「사 34 : 16」 너희는 여호와의 책을 자세히 읽어보라 이것들이 하나도 빠진 것이 없고 하나도 그 짝이 없는 것이 없으리니 이는 여호와의 입이 이를 명하셨고 그의 신이 이것들을 모으셨음이라. 분명히 내적증거로서의 통일성 절대성 권위성이 있습니다. 이렇게 하나님의 말씀이 인격으로 나에게 닿아서 우리의 삶이 길이요 진리요 생명임을 알게 합니다.

말씀은 변하지 않고 영원히 있습니다. 「시 119 : 89」 여호와여 주의 말씀이 영원히 하늘에 굳게 섰사오니. 「마 24 : 35」 천지는 없어져도 말씀은 없어지지 아니합니다. 「벧전 1 : 25」 오직 주의 말씀은 세세토록 있도다. 하였으니 너희에게 전한 복음이 곧 이 말씀이니라. 「사 40 : 8」 풀은 마르고 꽃은 시드나 우리 하나님의 말씀은 영영히 서리라 하라.

그렇습니다. 이젠 적어도 하나님의 말씀대로 산다는 사람들은 무엇을 먹을까 입을까 걱정하지 않습니다. 오직 살면서 느끼고 깨닫는 것은 하나님이 변하지 아니하고 영원히 함께 하신다는 것입니다. 제가 이 교회 담임목사로 있으면서 이분들처럼 대단하신 분들이 나를 섬길 분들이 아닌데 얼마나 감사한지 모릅니다. 30년 가까이 담임목사인 것에 문득 홀로 감격을 느끼기도 하지만 그럴지라도 이것 또한 그림자에 불과합니다. 한 순간의 감격입니다. 하나님께서는 태초부터 지금까지 한 번도 변하지 않고 나를 사랑하신다. 하나님 말씀은 변하지 않고 영원합니다.

말씀은 내가 너(인간)를 사랑한다는 연애편지입니다. 「요 3 : 16」 하나님이 세상을 이처럼 사랑하사 독생자를 주셨으니 이는 저를 믿는 자마다 멸망치 아니하고 영생을 얻게 하려 함이니라. 「창 1 : 1」 태초에 하나님이 천지를 창조하시니라. 하나님이 내가 너(인간)를 사랑한다는 연애편지라고 할 때 태초에 부사구가 먼저 나오므로 부사는 동사를 수식하고 있으니 창조하시니라를 강조합니다. 하나님이 우리 인간에게 보내는 첫 번째 글자가 하나님이 아니라 태초라는 단어를 사용하시므로 이 책은 하나님이 우리에게 보내는 사랑의 연애편지임에 틀림없습니다.

말씀은 우리 인간과의 언약서입니다. 「출 34 : 28」 모세가 여호와와 함께 사십 일 사십 야를 거기 있으면서 떡도 먹지 아니 하였고 물도 마시지 아니 하였으며 여호와께서는 언약의 말씀 곧 십계를 그 판들에 기록하셨더라. 하나님의 언약서는 1장과 2장 두 가지가 있습니다. 하나, 「창 1 : 28」 정복하라 다스리라 생육 번성하라 입니다. 둘, 「창 2장」의 선악과 사건입니다. 이 선악과 사건은 순종 불순종도 중요합니다만 우리 인간이 하나님과 똑같이 우리 인생들에게 자유를 누리게 하기 위한 자유사용에 대한 확인으로서, 하나님이 우리를 사랑하시므로 하나님의 전지전능하심을 우리 인간들을 위하여 포기하시는 언약 사건입니다. 우리 인간은 자유의지를 잘못 사용하였습니다. 언약을 어기고 죽어버렸습니다. 이에 따라 다른 언약이 나타났습니다. 하나님이 언약을 지키시기 위하여 인간으로 십자가에 죽으셨으니 우리도 하나님과 인간의 언약이므로 나도 그 언약을 지키기 위해서는 우리도 십자가에 죽어야 한다는 것입니다. 제발 부탁합니다. 예수님과 똑같이 살아야 합니다. 성자이시니 하면서 합리화시키지 마시기 바랍니다.

말씀은 아무것에도 매이지 아니합니다. 「**딤후** 2 : 9」 하나님의 말씀은 매이지 아니하니라. 「요 1 : 1」 말씀은 하나님이라. 스스로 계신 하나님이 말씀하셨듯이 하나님 말씀이 매이지 않기 때문에 우리의 삶이 말씀대로만 산다면 사탄도 율법도 윤리도 이 세상 어느 것도 우리를 막을 길이 없다는 것입니다. 그러기에 우리가 주님을 닮기 위하여 노력한다면 우리 인생이 하나님 형상대로 지음 받은 까닭에, '나는 예수님처럼 닮아갈 거야' 결심했다면 하나님처럼 이것을 막을 길은 어느 것도 없다는 것입니다.

저는 오늘 말씀을 TO BE 성경말씀을 존재론적 입장에서 살펴보았습니다. 말씀이 인격이기에 나에게 있어서 너로서 우리를 이렇게도 적나라하게 드러내며 우리를 시원하게 하는 것을 감격할 수밖에 없음을 압니다. 그런데 이 말씀을 이렇게 설명해서 알아야 만이 되는가? 아닙니다. 국어책 이해하듯이 수학공식 풀듯이 읽지 마시지 바랍니다. 내게 무엇을 말하십니까? 내가 말하였느니라. 나에게 말씀으로 다가오시는 하나님을 말씀대로 살아드림으로써 하나님을 뵙는 것이 더 더욱 중요하다는 것입니다. 무조건 성경을 읽어야 합니다. 읽으면 수지맞게 되어 있습니다. 이유없이 읽읍시다.

18. 교회와 국가

> ※ 각 사람은 위에 있는 권세들에게 복종하라 권세는 하나님으로부터 나지 않음이 없나니 모든 권세는 다 하나님께서 정하신 바라 그러므로 권세를 거스르는 자는 하나님의 명을 거스름이니 거스르는 자들은 심판을 자취하리라
> 다스리는 자들은 선한 일에 대하여 두려움이 되지 않고 악한 일에 대하여 되나니 네가 권세를 두려워하지 아니하려느냐 선을 행하라 그리하면 그에게 칭찬을 받으리라
> 그는 하나님의 사역자가 되어 네게 선을 베푸는 자니라 그러나 네가 악을 행하거든 두려워하라 그가 공연히 칼을 가지지 아니하였으니 곧 하나님의 사역자가 되어 악을 행하는 자에게 진노하심을 따라 보응하는 자니라
> 그러므로 복종하지 아니할 수 없으니 진노 때문에 할 것이 아니라 양심을 따라 할 것이라
> 너희가 조세를 바치는 것도 이로 말미암음이라 그들이 하나님의 일꾼이 되어 바로 이 일에 항상 힘쓰느니라
> 모든 자에게 줄 것을 주되 조세를 받을 자에게 조세를 바치고 관세를 받을 자에게 관세를 바치고 두려워할 자를 두려워하며 존경할 자를 존경하라
>
> 롬 13 : 1-7

보훈의 달 6월을 맞이하여 교회와 국가에 대해 교회와 국가 사이의 원리론적 입장에서 살펴보기를 원합니다. 하나님은 교회와 국가를 세워서 일하십니다. 교회와 국가는 둘 다 하나님이 창조하신 가장 기본 되는 하나치의 존재 중의 하나입니다. 국가는 그 나라의 백성들을 보호하기 위하여 세워진 집합 단체이고 교회는 인류를 구원시키고 영생을 얻게 하기 위하여 세워진 집합 단체입니다. 교회와 국가의 관계는

논리적으로는 다르나 실지로는 하나입니다. 지금까지 우리 개신교는 정종분리론 속에서 교회와 국가가 논리적으로 다른 것만을 주장하여 국가는 교회를 간섭하지 않아야 하고 교회도 국가에 대하여 간섭해서는 안 된다고 주장하여 왔습니다. 그렇습니다. 교회와 국가는 각각 하나의 존재하는 근본적인 하나치로서 본질이 다른 개체일 뿐입니다. 그러기에 서로 간섭해야 할 이유가 없습니다.

그러나 우리는 이 문제를 여기에서 끝날 일이 아닌 것을 알고 있습니다. 우리는 엄연히 성도이자 동시에 대한민국 국민의 한 사람입니다. 바로 이 문제를 간과한다면 우리는 현실도피자가 되고 맙니다. 우리 각자가 성도이자 국민의 한 사람이라면 이것은 바로 교회와 국가 하나인 것을 설명하여 주고 있습니다. 이 웨스트민스터(Westminster) 신앙고백 20장 4항에 보면 하나님께서 세우신 정권들과 그리스도께서 속량해 주신 자유는 서로 파괴할 것이 아니라 오히려 서로 붙들어 주며 보호해야 함이 하나님의 뜻이라고 했습니다.

「**본문 1절**」입니다. 각 사람은 위에 있는 권세들에게 굴복하라 권세는 하나님께로 나지 않음이 없나니 모든 권세는 다 하나님의 정하신 바라.「**딤전 2 : 1, 2**」그러므로 내가 첫째로 권하노니 모든 사람을 위하여 간구와 도고와 감사를 하되 임금들과 높은 지위에 있는 모든 사람을 위하여 하라. 교회와 국가, 국가와 교회는 논리적으로만 다를 뿐 하나입니다. 월남전에서의 체험담입니다. 전쟁터에서 물이 귀할까요? 피가 귀할까요? 실제로 전쟁중에 있을 때의 경험담에서 피는 남에게 줄 수 있는데 물은 못 준답니다. 수통속의 물 한 방울은 마지막 남은 호흡과 같은 것이기에 못 준답니다. 이 사실이 전쟁터에서 군인 성도라고 달라질까요? 성도가 국민의 한 사람이라고 달라질까요? 똑같은 심정일 것입니다.

교회와 국가가 하나인 것을 알게 될 때 우리는 비로소 우리의 할 일을 알게 됩니다. 그것은 교회는 우리 사회의 책임이라는 것입니다. 교회는 양심 생각 생명 행복 등을 책임져야 합니다. 국가는 집 땅 환경 교육 등 복지에 대하여 책임져야 합니다. 이렇게 책임져야 할 분야를 생각할 때 교회의 책임이 국가의 책임보다 보다 더 근원적이며 인간의 본질 문제인 것을 알게 되며 따라서 교회의 책임이 더 크다 할 것입니다. 우리는 여기서 한 가지 확인할 필요가 있습니다. 그것은 교회와 국가 사이는 서로 본질이 다른 개체이기 때문에 서로의 관계 속에서 우리 성도 한 사람 한 사람이 국민으로서 국가에 대하여 어떻게 책임져야 하느냐, 권리와 의무를 다하느냐가 중요하다는 것입니다. 이때 우리가 알아야 할 것은 한 나라의 잘되고 못되는 것은 그 나라의 국민들의 수준에 따라 달라지는 것이지 그 나라의 제도나 형태에 따라서 달리지는 것이 아니라는 것입니다. 바로 이 국민들의 수준은 양심이야기입니다. 무엇을 생각하고 있느냐? 이성이야기입니다. 양심과 이성문제는 교회가 다룰 문제입니다. 국가가 못합니다. 칼빈도 말합니다. 하나님의 역사는 민주주의라고 공산주의라고 군주주의라고 다를 것이 없다. 하나님은 어디까지나 하나님 말씀대로만 통치하고 계신다. 이제 우리의 문제는 우리 대한민국 국민들의 도덕적 윤리적 수준을 얼마만큼 높여 놓느냐가 우리의 과제입니다. 그렇다면 우리 교회의 책임이 얼마나 큰가 하는 것은 말할 필요조차 없이 중요한 것을 알게 됩니다.

교회는 국가의 양심입니다. 이 말은 교회가 국가에게 국민들에게 본을 보여주어야 한다는 말입니다. 어떻게 본을 보여야 할까요? 우리는 이 땅을 우리가 영원히 사는 곳이 아니라 저 천국을 향하여 여행하는 여행자인 것을 인식하고 살아야 합니다. 우리가 여행자라면 관리권 사용권 소유권 중에서 소유권은 하나님 아버지에게 속합니다. 관리권 사용권은 인간에게 속한 우리가 할 일입니다. 정말로 우리에게 중요한 것은 관리권과 사용권을 어떻게 사용했느냐가 중요합니다. 이 관리권 사용권은 성도 각 개인이 국민으로서 국가에 대한 책임을 어떻게 지느냐를 말해 줍니다. 우리 모든 인생은 개인으로 여행하는 것이 답입니다. 세상에서는 하나님을 모르기 때문에 '공수래공수거'라고 부르며 이 땅위의 삶을 말합니다. 그러나 우리는 하나님을 알기 때문에 주께로 나오고 주께로 말미암고 주께로 돌아감이라, 답을 알고 삽니다. 국가는 우리가 이 땅에 사는 동안에 거하는 곳이며 머무는 곳입니다. 국가는 소유권에 속하는 것이지 관리권 사용권에 속하는 문제는 아닙니다. 이 말은 교회가 국가의 권위를 인정하되 최종적으로 인정하지는 않습니다. 국가의 최종적인 것은 하나님 것이기 때문입니다. 만일에 우리 사람들이 죽어서도 땅을 통장을 하늘나라에 가져간다면 문제는 달라질 것입니다. 아마 생명을 내놓고 땅 문제 때문에 재산 문제 때문에 싸워야 할 것입니다. 그러니 국가는 우리 인류의 최종적인 것이 아니라 하나님이 인간의 공동체 생활을 영위하기 위하여 제정하여 주신 제도이며 인간은 이 국가 안에서 하나님의 뜻을 이루기 위하여 행복을 누리게 되는 곳, 장소임을 알게 됩니다.

그러기에 관리권과 사용권은 여전히 중요합니다. 관리권과 사용권이 중요하다면 하나님이 말씀하신대로 너희는 먼저 그 나라와 그 의를 구하라 말씀하신 그 나라와 그 의의 개념이 중요합니다. 먼저 그 나라와 그 의를 구하는 것은 모든 존재하는 것들을 나 중심, 세상 중심하지 않고 하나님 중심하여 사용하는 것을 말합니다. 하나님 중심한 사람은 그 말씀이 그러한가, 아니한가 때문에 확인하며 사는 사람들입니다. 하나님은 베뢰아 성도들에게 신사라고 부르셨습니다. 하나님 말씀대로 산 사람은 다 승리자였습니다. 하나님 말씀대로 살면서 우리가 해야 하는 관리권 사용권 중에서 가장 중요하게 생각하는 개념은 무엇일까요? 관리권 사용권은 우리의 행함을 말합니다. 우리의 행함이라면 성경에 보면 너희가 만일 나의 자녀라면, 성도라면 이렇게 살라고 지침을 주신 내용이 바로 구약의 십계명이요 신약의 산상수훈입니다. 역시 십계명과 산상수훈을 보더라도 가장 중요한 핵심은 제도 이야기가 아닙니다. 곧 생명이야기입니다. 산상수훈의 첫 골자, '심령이 가난한 자는 복이 있나니'에서 심령가난은, '나는 하나님 없이 살 수 없다고 고백하는 자'를 가리킵니다. 십계명에서는 눈에 보이는 세계와 보이지 않는 세계에서 가장 중요한 분은 하나님이시고 눈에 보이는 분 중에 가장 중요한 분은 부모라고 가르쳐 주고 있으니 우리의 행함 중의 중요한 것은 부모공경이 곧 하나님 섬김에 있어서 가장 중요함을 말합니다. 우리 성도들이 수준을 높여 국가를 섬기려면, 관리권 사용권을 잘 사용하려면 '나는 하나님 없이는 살 수 없습니다'라 고백하고 그리고 눈에 보이는 부모님부터 잘 섬겨야만 우리 한국을 수준 높은 나라로 만들 수 있다는 것입니다. 관리권 사용권을 멋지게 사용하여서 이 땅을 좋은 나라로 아름다운 나라로 만들기를 바랍니다.

우리가 이 땅을 지키고 수준 높은 나라로 만들기 위해서는 우리는 국민으로서 권리와 의무를 올바로 행하여야 합니다. 여기서 의무라 하면 입법 사법 행정부의 정한 모든 규례를 지켜야 할 것입니다. 권리라 함은 인간이 인간으로서의 역할을 하여야 하는 정직을 지키고 공의를 행하고 사랑해야 하는 권리를 충실히 지켜야 합니다. 하나님이 자연의 질서를 만드셨습니다. 하나님이 인간의 질서도 제정하셨습니다. 전지전능하신 하나님이 당신이 만드신 자연의 질서를, 당신이 제정하신 인간과 인간의 관계를 스스로 허물어트리고 없애실 이유가 없습니다. 오히려 우리는 그 법칙을 잘 지켜야 합니다. 이것이 하나님 뜻입니다.

그렇다면 하나님이 만드신 자연의 법칙과 제정하신 육법전서를 어떻게 하면 잘 지킬 수 있을까요? 하나님의 뜻이 순간순간마다 호흡호흡마다 이루어진다면 그것은 곧 성령 충만을 가리킬 것이며 바로 우리의 책임완수일 것이며 곧 자연의 법칙과 육법전서를 잘 지키는 일이 될 것입니다. 성도님들, 우리가 순간순간 호흡하면 무엇이 순간순간이며 호흡일까요? 그것은 늘 있는 생각입니다. 늘 느끼고 있는 양심입니다. 이 생각은 공기 태양 바람과 같습니다. 흔하게 보이지만 공기 태양 바람이 없으면 우리는 죽게 됩니다. 생각도 그렇습니다. 늘 있는 것으로 아무것도 아닌 것처럼 보이지만 생각이 없으면 죽은 인간일 따름입니다.

시카고에 있는 어느 상점이 불에 타 다 사라져 버렸습니다. 지나가는 사람들마다, "이젠 쓰러졌구먼. 끝이 났구먼. 큰일 났네." 하면서 지나갑니다. 그런데 그곳에 한 팻말이 붙어 있습니다. "여러분, 저는 쓰러진 이곳에서 다시 일어날 것입니다. 나를 바라보아 주십시오." 이 한마디의 팻말, 이 글을 읽는 사람들이 그 곳에서 파는 물건들을 더 많이 사주었기 때문에 그분은 다시 일어날 수가 있었습니다. 이분이 다시 일어날 수 있었던 것은 생각입니다. 환경이 아니었고 돈이 아니었습니다. 늘 존재하고 있는 그 생각을 어떻게 했느냐에서 일어난 것입니다. 남에게 동정을 기다리지 아니하고 땀을 흘렸습니다. 성도님들, 생각은 학벌을 요구하지 않습니다. 환경을 요구하지 않습니다. 가문을 요구하지 않습니다. 내가 할 수 있는 것입니다. 아무나 할 수 있는 것입니다.

이 생각을 우리의 권리와 의무에 맞추어서 생각하여 보십시오. 인간의 품위 유지와 나를 지키기 위하여, 정직 거룩 깨끗함을 지키기 위하여 생각하게 될 것입니다. 하나님이 만드신 질서를 지키기 위하여 생각하게 될 것입니다. 세금을 많이 내기 위하여 생각을 합니다. 병역의 의무를 다하기 위하여 생각을 합니다. 의식주 때문에 고민하지 않아도 되는 우리에겐 정말로 아름다운 인생이 될 것입니다. 그리고 늘 느끼고 있는 양심입니다. 양심적이라는 말, 생각하면 할수록 하나님이 지으신 양심임을 알게 합니다. 우리의 행함에 있어서 양심이 개입 안 할 때가 없습니다. 이제는 더 이상 속지 말고 하나님 말씀으로만 가야지 하는 것이 절로 나옵니다. 나의 욕망의 것들은 나를 속이고 있습니다. 나 중심한 것들은 백발백중 시간낭비임을 알게 합니다. 하나님 말씀으로 가면 양심이 웃는 것을 발견합니다. 변하지 않는 곳으로 영원한 곳으로 데리고 감을 느낍니다. 교회는 국가의 양심인 것을 알게 됩니다. 국가는 국민들은 나보고 우리보고 필요하다고 말하기 시작할 것입니다.

   말씀을 맺습니다. 교회와 국가는 본질적으로 다른 하나님이 창조하신 주관적 개체입니다. 교회와 국가는 논리적으로는 다른데 실질적으로는 하나입니다. 교회의 책임이 국가의 책임보다 더 근본적이며 더 중요합니다. 교회는 양심 생명을 다루기 때문입니다. 우리는 이 땅을 영원히 사는 곳이 아니라 저 천국을 향하는 가는 여행자로 살아야 합니다. 여행자라면 소유권 관리권 사용권에 있어서 소유권은 하나님 것이며 관리권 사용권이 우리 인간들이 지켜야 할 것들입니다. 관리권 사용권은 성경 십계명과 산상수훈에서 찾아야 할 것입니다. 국민으로서 권리와 의무를 올바로 행하여야 할 것입니다. 저의 자그마한 소신은 교회는 국가의 양심입니다.

19. 나는 왜 하나님을 믿어야 하는가

> ✽ 또 증거는 이것이니 하나님이 우리에게 영생을 주신 것과 이 생명이 그의 아들 안에 있는 그것이니라
> 아들이 있는 자에게는 생명이 있고 하나님의 아들이 없는 자에게는 생명이 없느니라
> 내가 하나님의 아들의 이름을 믿는 너희에게 이것을 쓰는 것은 너희로 하여금 너희에게 영생이 있음을 알게 하려 함이라
> 요일 5 : 11-13

'나는 왜 하나님을 믿어야 하는가?' 저는 이를 알기 위하여 그에 따른 사고의 방법으로 파스칼을 인용하여 생각하기를 원합니다.

"나는 나의 존엄성을 공간으로 확대시키는데 구하지 않고 생각하는 데서 구합니다. 내가 아무리 많은 땅을 소유한다 하더라도 그것으로 인하여 내 존재가 더 커지는 것은 아닙니다. 곧 우주는 공간에서 나를 포섭하고 하나의 점으로 나를 삼킵니다. 그것에 대하여 나는 생각으로서 우주를 포섭합니다."

그렇습니다. 인간의 육체적인 물리적인 계산 가지고는 나는 하나의 점일 뿐, 그리고 세상은 넓을 뿐입니다. 그러나 영적인 생각을 가지면 우주가 내 손바닥 속에 있음도 볼 수 있습니다. 우리가 인간으로 태어나서 생각이 얼마만큼 중요한 가를 알 수 있습니다. 생각으로 마음으로 하나님을 뵐 수 있다면 그것은 곧 내가 하나님을 뵙는 것입니다.

'나는 왜 하나님을 믿어야 하는가?' 하나님이 나를 불렀기 때문입니다. 하나님은 우주를 창조하셨습니다. 우주를 창조하셨다는 여기에

우리가 짚을 것이 있습니다. 우리 인간들에게 가장 중요한 공기 태양 바람 등 온 우주를 우리에게 그냥 아무 대가 없이 주셨다는 것입니다. 주신 하나님을 인식한다면 지금 우리가 살고 있는 것이 우리가 사는 것이 아니라 하나님이 살게 하고 있음을 인식하게 됩니다. 내가 스스로 태어난 것이 아니라 부모님을 통하여 태어나져 버렸습니다. 부모님이 나를 있게 하신 것을 내가 평생을 잊지 않고 산다 할지라도 타당하기에 그 중요성이 있습니다.

　기독교는 하나님이 스스로 계실 때부터 존재하고 있었기에 기독교 속에 이 세계는 존재하고 있을 뿐입니다. 그 중의 하나가 하나님이 나를 부르셨기에 나는 하나님을 믿게 되었습니다. 곧 내가 스스로 믿은 사람은 한 사람도 없다는 것입니다. 「**엡 1 : 4**」창세전에 그리스도 안에서 우리를 택했다고 말씀합니다. 「**요 1 : 12, 13**」우리가 하나님의 자녀가 된 것은 오직 하나님께로 말미암았다고 했습니다. 「**고전 12 : 3**」성령님이 우리로 하여금 예수님을 주로 부르게 했습니다. 「**엡 2 : 8, 9**」우리의 믿음은 우리가 믿은 것이 아니라 하나님의 선물이라고 했습니다. 「**갈 4 : 6**」하나님을 아버지라 부르는 것은 성령님이 우리로 하여금 부르게 했다는 것입니다. 성경 66권의 인물들 모두가 하나님이 먼저 인간을 부르셨지 인간이 하나님을 먼저 부른 사람을 하나도 없습니다. '나는 왜 하나님을 믿게 되었는가?' 하나님이 나를 부르셨기 때문입니다.

　여기에서 하나 짚어 드릴 것이 있습니다. 하나님이 나를 안 부르셨다면 우리는 지금 어떻게 살고 있을까요? 아니 지금 하나님을 모르고 사시는 분들이 어떻게 살고 있습니까?—와 똑같은 질문이 됩니다. 「**에스겔 37장**」이 뼈들이 능히 살겠느냐? 당신이 행복하시겠습니까? 당신이 내일도 살아있을 것이라고 보장하십니까? 우리는 모른다고 말하는 게 정답입니다. 우리가 모른다고 대답하셨다면 그것은 살아있는 것이 아니라 아직 존재하고 있을 뿐입니다. 곧 일인칭, 이인칭 관계가 아니라 삼인칭으로 머물러 있다는 것입니다. 삼인칭은 물체입니다. 인격이 없습니다. 그러니 우리는 살아있는 자가 아니라 죽은 자입니다. 이 뼈들이 어떻게 살아났습니까? 성령이 임하시매 살아났습니다. 우리가 어떻게 죽은 자에서 산 자로 살아날 수 있습니까? 하나님이 부르셔야만 산 자가 될 수 있습니다. 성도님들 우리가 어떻게 하나님을 믿게 되었습니까? 하나님이 부르셨기 때문입니다.

둘째, 기독교만이 우리의 시작과 우주의 시작과 역사의 시작을 알게 해줍니다. 이 땅과 인간을 시작하는 문헌이 다른 데는 없습니다. 성경만이 유일하게 기록되어 있습니다. 「**창 1 : 1**」 없는 데서 있는 것을 창조했습니다. 「**창 1 : 21**」 없는 데서 동식물의 생명을 창조했습니다. 「**창 1 : 27**」 없는 데서 하나님의 형상인 인간을 창조했습니다. 그리고 이렇게 창조하신 하나님은 우리에게 밝혀주시기를, 「**출 3 : 14**」 '나는 스스로 있는 자니'라고 말씀하시므로 우리 인류들로 하여금 시작을 알리시는 하나님 앞에서 '네'라고 대답할 수밖에 없는 그야말로 하나님이 아니시고는 사용할 수 없는 용어를 사용하시므로 하나님은 하나님이 되신 것입니다.

분석학자들은 세계의 종교를 이렇게 분석하여 말합니다. 힌두교는 운명으로, 불교는 빌 공(空)으로, 유교는 천명사상으로, 이슬람은 모세 오경만을 가지고 만든 종교라고, 기독교는 계시의 종교라고 하여 예수를 믿지 아니한 일반학자들이 분명히 밝혀줍니다. 우리는 시작을 알기에 생각의 표준이 있습니다. 시작을 알기에 끝을 압니다. 시작을 알기에 완성이 무엇인가를 압니다. 시작을 모르는 분들에게 표준이 있을 수가 없습니다. 그래서 사람들은 이것이 행복이라고 생각해 놓고 그것을 이루면 나는 행복한 자라고 자평하면서 삽니다. 시작을 모르는 분들이 완성과 끝을 어떻게 알 수 있을까요? 그래서 막연합니다. 여기서 참 분명한 것이 있는데 그것은 지금도 우리 인류들이 있는 것들을, 즉 존재하는 것들을 연구한다는 것입니다. 온 인류들의 그 연구, 대명제는 무엇입니까? 인생은 어디서 왔다가 어디로 가는 것인가. 바로 이것이 우리의 대명제입니다. 그런데 수 천 년이 지난 오늘 아직 대답을 못 합니다. 이미 성경에서는 대답을 주셨습니다. 하나님 말씀을 듣지 않고는 인간 스스로는 영원토록 답을 찾을 수가 없습니다. 이미 성경에서 답이 나왔는데 다른 데서는 답이 있을 턱이 없다는 것입니다. 우리는 끝과 완성을 알고 삽니다. 그래서 행복합니다. 그러나 중요한 것은 끝과 완성을 알고 사는 것이 행복인 줄 아는 사람들이 너무나도 이 세상에는 적다는 것입니다. 우리가 이것을 알 수 있는 장소가 유일하게 한 군데 있습니다. 그곳은 죽음이 있는 장례식장이나 상가(喪家)댁에 가보면 틀림없이 알 수 있습니다. 삶의 표준은 죽음이로구나하는 것을 우리는 알게 됩니다. 기독교만이 우리의 시작을 알게 하기에 우리는 하나님을 믿습니다.

셋째, 하나님만이 너이기 때문입니다. 우리는 하나님만이 너이기 때문에 하나님을 믿을 수밖에 없습니다. 나에게 있어서 너가 없다면 우리는 이 땅을 어떻게 살 수 있을까요? 인간이 타락하기 전, 아담이 하와를 보자마자 말합니다. '이는 내 뼈 중의 뼈요 살 중의 살이로다.' 아담은 하와를 보고 자신을 발견했다는 것입니다. 그런데 선악과를 따 먹은 이후 아담은 하와 때문이라고 대답하면서 스스로 너를 잊어버렸습니다. 하와도 너를 잊어버렸습니다. 이제 우리에게 있어서 너는 하나님 한 분뿐입니다.

「계 3 : 20」 볼찌어다 내가 문 밖에 서서 두드리노니 누구든지 내 음성을 듣고 문을 열면 내가 그에게로 들어가 그로 더불어 먹고 그는 나로 더불어 먹으리라.「마 10 : 30」너희에게는 머리털까지 다 세신 바 되었나니.「요 1장」'나다나엘의 앞의 예수님, 네가 무화과 나무아래서 고민하는 것을 보았다'라고 말씀합니다. 이미 예수님은 나다나엘이 오기 전에 다 알고 계셨던 것입니다.「시 139 : 2-4」주께서 나의 앉고 일어섬을 아시며 멀리서도 나의 생각을 통촉하시오며 나의 갈고 눕는 것을 감찰 하시며 나의 모든 행위를 익히 아시오니 여호와여 내 혀의 말을 알지 못하시는 것이 하나도 없으시니이다. 이렇게 세미하게 알고 계신 분이 하나님이십니다. 나도 나를 알지 못하는 것이 우리의 솔직한 고백입니다. 5분 후의 일도 알지 못합니다. 아니 내가 무엇을 좋아하는지 알고 산다면 그것이 행복입니다. 그런데 어느 날 생각하여 보니 내가 좋아하는 것이 무엇인지 정말로 모르겠더라고요. 그래서 저는, '하나님이 내게 하도록 하시는 것이 내가 가장 좋아하는 것이겠구나.' 생각하여보니 실제로 그렇다는 것을 많이 체험하게 됩니다. 사람들이 급하면, '아이고 하나님'하는 이유는 무엇일까요? 바로 하나님만이 너라는 것을 증명하고 있다는 것입니다. 하나님과 대화하며 사는 것이 얼마나 중요한 가를 알아야 합니다. 나를 다 아시는 하나님과 대화한다. 그 얼마나 즐거움이 되는가! 그것은 해 본 사람만이 알 수 있는 것입니다.

  이 땅을 살펴보면 넓게는 온 인류가 하나님 앞에서 나름대로 대화를 가지고 있습니다. 김정일씨에게 "당신은 백성들이 굶고 있는데 웬 핵무기를 만들고 있습니까?"라고 묻는다면 "너희들이 만들게 한다"고 대답할 것입니다. 그렇다면 하나님 앞에서 대답을 갖고 있지 않는 사람은 한 사람도 없다는 것입니다 그런데 자기 나름대로 가지고 있으나 실제로 하나님과 대화하는 사람들은 없습니다. 그런데 하나님이 부르신 사람들은 하나님과 대화를 하게 됩니다. 이 사람들은 어디까지 대화를 할 수 있을까요? 하나님이 머리털을 세신다하였으니 나도 머리털을 통하여 하나님을 뵐 수 있을 때까지 대화를 할 수 있다는 것입니다. 엘리야 선지자가 로뎀나무 아래에 쓰러져 있을 때에 하나님은 세미한 음성으로 들려 주셨다고 합니다. 하나님이 모세에게 들려준 음성을 창세기 출애굽기 레위기 민수기 신명기를 통해서 보십시오. 얼마나 구체적이며 확실하며 진지한지 우리로 하여금 모세의 소리를 하나님의 말씀이라고 말하도록 세미하게 분명하게 말씀하여 줌으로 정말「출 33 : 11」말씀대로 하나님은 모세와 친구처럼 말씀하셨다고 하더니 진짜였음을 알게 됩니다. 부모도 자식도 친구도 나에게 있어서 너일 수 없습니다. 나 자신마저도 나에게 너일 수 없습니다. 나에게 있어서 우리에게 있어서 너는 오직 하나님 한 분뿐입니다.

넷째, 인간을 알 수 있는 길이 하나님인 까닭에 하나님을 믿게 됩니다. '인간은 어디서 왔다가 어디로 가는가?' 최희준의 노래보다는 철학의 질문이며 온 인류의 질문으로 보아야 합니다.

"산 너머 저쪽 하늘 저 멀리 행복이 있다고 말들 하네. 친구 따라 갔다가 눈물만 흘리고 돌아왔네."

시인 푸슈킨의 독백입니다. 그러나 성경에서는「롬 11 : 36」이는 만물이 주에게서 나오고 주로 말미암고 주에게로 돌아감이라. 인간이 인간 문제를 해결 못합니다. 그러나 분석은 있습니다. 실제로 철학 문학이 결론 내렸습니다. 헤세입니다. 새는 알을 까고 나와야 한다는 것입니다. 알 안에 있기 전에는 아무것도 할 수 없다는 것입니다. 그런데 헤세는 이 세상을 알 속에 있는 것으로 말한 것입니다. 알베르 까뮈는 그의『시지프의 신화』맨 마지막 장에서 이 세상을 모순으로 본 것입니다. 변증신학자 반틸은 말합니다. 칸트는 양심을 통하여 인간을 말하려고 했지만 실패했습니다. 헤겔은 이성을 통하여 인간을 말하려고 했지만 실패했습니다. 슈라이에 막히는 경험을 통하여 인간을 말하려고 했지만 실패했습니다. 그러나 인간은 하나님의 형상으로 지음 받은 까닭에 하나님을 통하여 말하면 인간을 말할 수 있다고 했습니다. 우리는 여기에서 우리 인간이 하나님의 형상대로 지음 받은 까닭에 하나님을 알면 알수록 인간을 더 깊이 높이 진하게 알 수 있다는 것입니다. 우리는 인간을 알 수 있는 까닭에 하나님을 믿게 된 것입니다.

다섯째, 우리 인간이 사는 방법, 살아가는 방법을 구체적으로 알게 하시니 하나님을 믿게 됩니다. 「요 14 : 6」 내가 곧 길이요 진리요 생명이니 나로 말미암지 않고는 아버지께로 올 자가 없느니라. 우리가 지금 행동하고 있는 것이 옳은 것인가를 알게 하는 것이 우리의 길입니다. 우리가 지금 행동하고 있는 것이 정확한 길인가를 알게 하는 것이 우리의 진리입니다. 우리가 지금 행동하고 있는 것이 확실한 진리인가를 알게 하는 것이 우리의 생명입니다. 우리 기독교는 길 진리 생명을 실존으로 누리게 함으로 즐거움을 알게 하고 삶의 맛을 알게 합니다. 그래서 저는 시작을 알아야 만이 끝을 알고 완성을 안다고 말씀드렸으며 이것을 안자들만이 행복을 안다고 말씀을 드렸습니다. 예수님은 이 땅에 오셔서 실제로 길 진리 생명의 길을 본보기로 살아주셨습니다. 그래서 우리는 살 수 있습니다. 예수님 말씀대로 살면 갈수록 사랑을 알게 됩니다. 나 중심하여 시작도 모르는 채 길을 찾으며 진리를 찾으며 생명을 찾게 되면, 찾고는 있는데 보이진 않고 나를 점점 종교로 향하게 만들고 능력을 찾아 헤매고 결국 자유를 잃어버린 종으로 만듭니다. 우리가 살 때 사는 방법마저도 알며, 길과 진리와 생명을 실존으로 맛을 보며 산다면 이 즐거움은 무엇과도 바꿀 수 없는 것입니다.

나는 왜 하나님을 믿어야 하는가? 하나님이 부르셨기 때문입니다. 나의 시작을 알게 하셨기 때문입니다. 하나님만이 나에게 있어서 너이기 때문입니다. 우리가 인간으로 태어나서 참인간을 알 수 있는 까닭입니다. 우리가 사는 방법을 알며 길 진리 생명을 실존으로 누리며 살 수 있는 까닭에 하나님을 믿는 것입니다. 아무리 생각해도 우리만이 행복자들입니다.

20. 하나님의 역사만이

> ※ 새 노래로 여호와께 찬송하라 그는 기이한 일을 행하사 그의 오른손과 거룩한 팔로 자기를 위하여 구원을 베푸셨음이로다
> 여호와께서 그의 구원을 알게 하시며 그의 공의를 뭇 나라의 목전에서 명백히 나타내셨도다
> 그가 이스라엘의 집에 베푸신 인자와 성실을 기억하셨으므로 땅 끝까지 이르는 모든 것이 우리 하나님의 구원을 보았도다
> 온 땅이여 여호와께 즐거이 소리칠지어다 소리 내어 즐겁게 노래하며 찬송할지어다
> 수금으로 여호와를 노래하라 수금과 음성으로 노래할지어다
> 나팔과 호각 소리로 왕이신 여호와 앞에 즐겁게 소리칠지어다
> 바다와 거기 충만한 것과 세계와 그 중에 거주하는 자는 다 외칠지어다
> 여호와 앞에서 큰 물은 박수할지어다 산악이 함께 즐겁게 노래할지어다
> 그가 땅을 심판하러 임하실 것임이로다 그가 의로 세계를 판단하시며 공평으로 그의 백성을 심판하시리로다
>
> 시 98:1-9

본문 말씀을 중심해서 말씀드릴 제목은 '하나님의 역사만이'가 되겠습니다. 역사에 대해서 말씀을 드리려니 당연히 역사 신학자이야기를 들먹일 수밖에 없겠습니다. 역사 신학자가 역사를 강조하기 위해서는 교의신학에 대해서 말하는 장면이 나타나게 됩니다. 교의신학하면 하나님 인간 죄 성령 이런 것들을 하나하나 정립해서 하나님은 이런 분이라고 하는 것이 교의신학의 정의이겠지만 교의신학자 앤더슨(B.W.Anderson)의 말을 들어보는 것이 좋겠습니다. 앤더슨은 이렇게 말했습니다.

"적어도 성경이 진실한, 그 내용은 근본적으로 하나님의 역사를 말하고 있다. 이 역사는 우리가 살고 있는 시공에 뿌리박은 구체적 역사요, 구체적 목표를 향해 시작하고 끝을 가지고 진전하고 있다. 예컨대 교의신학은 이러한 역사성을 포함하지 않기 때문에 성경의 중요한 성격을 놓치고 있다. 오랫동안 전통신학과 자유신학의 구체적 충돌이 없었던 이유 중 하나는 성경의 역사적 상황을 근거하지 않은 까닭에 처음부터 자유주의 짜깁기 성격을, 그 나름대로 해석을 주관적 입장에서만 비판할 수밖에 없었고 객관성의 결여에서 보수와 자유의 충돌을 피한 채 공존할 수 있었던 부분을 긍정해야만 한다는 것이다"

저는 이러한 면이 있을 수 있다는 말이지, 우리 교단이 어거스틴이나 칼빈 등 자유주의 신학자들과 얼마나 논란이 컸으며, 우리 보수교단의 교의신학은 그야말로 탄탄대로로 든든하게 얼마나 깊이 있게 이어오고 있으며, 따라서 이러한 문제가 없음을 밝혀드립니다. 앤더슨의 말 가운데 있는 역사성 없는 교의신학은 위험할 수밖에 없다는 말로 받아들이면 좋겠습니다. 하나님 말씀의 역사성, 이것만이 역사적 사실이며 진리이며 우리를 인도하는 우리의 길입니다.

오늘 「**본문 2절**」입니다. 여호와께서 그 구원을 알게 하시며 그 의를 열방의 목전에 명백히 나타 내셨도다. 「97 : 1」입니다. 여호와께서 통치하시나니 땅은 즐거워하며 허다한 섬은 기뻐할 찌어다. 「**왕하 17 : 22-23**」은 호세아 임금 때 일인데요. 이스라엘 백성이 여로보암의 행한 죄를 벌하므로 여호와께서 그 종 모든 선지자에게 말씀하신대로 이스라엘은 망하게 되었다고 말씀하고 있습니다. 이것은 이스라엘의 모든 역사가 하나님의 선지자들의 말씀에 근거했고, 또 이 역사적 사실은 하나님 말씀의 실현임을 말하여 주고 있습니다. 그렇습니다. 모든 성경의 역사는 하나님 말씀의 실현입니다. 약속의 형태이든지, 예언의 형태이든지 말씀의 실현은 바로 역사입니다. 그러므로 역사는 하나님 말씀에 의해 창조된 것을 알아야 합니다. 「사 55 : 11」 내 입에서 나가는 말도 헛되이 내게로 돌아오지 아니하고 나의 뜻을 이루며 나의 명하여 보낸 일에 형통하리라. 「신 18 : 18」 내가 그들의 형제 중에 너와 같은 선지자 하나를 그들을 위하여 일으키고 내 말을 그 입에 두리니 내가 그에게 명하는 것을 그가 무리에게 다 고하리라고 말씀하고 있습니다.

이렇게 성경 역사를 하나님말씀의 실현이라 볼 때 구약과 신약의 첫 부분부터 마지막까지를 어떻게 이해해야 할 것인가? 구약도 역시 하나님의 계획의 실현의 역사이며, 의미있고 실제적인 하나님과 그 백성의 역사인 것이며, 신약도 구약과 마찬가지로 하나님의 계획의 실현의 역사이며, 하나님과 그 백성의 역사라고 우리는 분명히 말해야 합니다.

그런데 오늘날 구원사적 사실만 중요시 여기고 다른 구약의 구체적 사실들 그 삶의 역사는 경하게 알면 안됩니다. 그 삶이 곧 하나님 말씀인 것입니다. 그 삶들이 하나님의 역사임을 말하는데 경하게 여기는 경향을 조심스럽게 생각하여야 할 것입니다. 분명한 것은 성경의 중심 주제가 예수 그리스도이기 때문에 구약은 오실 예수 그리스도에 대하여 예언했고 신약은 오신 예수 그리스도의 오심에 대하여 성취되었다고만 말하며 구원사 강조로만 끝이라고 하면 안된다는 것입니다. 만의 하나 이런 식으로 다른 부분을 가볍게 여긴다면 칼 발트의 오류를 우리도 범할 수밖에 없다는 것입니다. 발트의 오류는 무엇입니까? 모든 것은 믿음으로만 해석해야 한다는 것입니다. 예수님이 어떻게 동정녀에게서 탄생할 수 있단 말인가? 홍해가 어떻게 갈라질 수 있단 말인가? 그러니 믿음으로 해석해야 한다는 것입니다. 믿음을 강조한

듯이 보이지만 이것은 오류입니다. 이것은 역사적 사실에 기초하지 않고 의미적 사실만 강조한 나머지 특별 계시만 인정하고 일반적 계시의 역사성을 부인하는 것으로서 성경을 하나님 말씀으로, 성경을 역사적 사실로 보지 않고 있다는 것입니다. 우리가 예수님이 동정녀에게서 태어난 것이, 홍해가 갈라지고 요단강이 갈라진 것이, 죽었다가 사흘 만에 다시 사신 것이 역사적인 사실이기 때문에 믿는 것이지 믿어지지 않아서 믿음으로 해석하라고 의미적 사실로 말하지 않는 것입니다. 그런데 칼 발트는 역사적 사실에 근거하지 아니하고 의미에만 강조하는 초월신학 공중에 뜬 신학을 말하고 있음을 알아야 합니다.

하나님 말씀의 신실성은, '하나님 말씀은 곧 역사적 사실이다.' 여기에 있는 것입니다. 기독교의 역사는 언제부터입니까? 태초에 하나님이 계실 때 이미 기독교는 있었던 것입니다. 이 말은 기독교의 역사가 이 세상 역사를 포함하고 있다는 것입니다. 곧 기독교는 불교 힌두교 이슬람교를 포함하고 있다는 말이며 불교 힌두교 이슬람교 기독교 중에 하나라는 말이 아닙니다. 역사를 살펴보니 역사는 왕사 경제사 민중사 하나님의 역사로 구분 지을 수 있습니다. 왕사 경제사 민중사는 역사를 기록하고 있는 역사가들이 말하고 있습니다. 우리가 기록한 역사는 불완전하다고 증명합니다. 그런데 하나님의 역사는 따라서 하나님의 역사만이 역사적 사실로 우리에게 드러나고 있음을 알아야 합니다.

또 하나 의미적으로 볼 때 역사는 살아있는 역사가 있는가 하면 죽어있는 역사가 있습니다. 물론 사는 역사는 하나님 안에 있는 것이고 죽은 역사는 하나님 밖에 있는 역사입니다. 먼저 하나님 밖에서 죽은 역사의 상징을 살펴보겠습니다. 가인이 있습니다. 가인은 동생 아벨을 죽인 자입니다. 가인은 7대손으로 역사가 끝이 납니다. 그래서 가인에서부터 7대손까지 가문의 생활상을 보면 더 혹독한 살인이 행해집니다. 일부다처가 시작되어 혼돈이 왔습니다. 가인을 죽인 자는 그 벌이 7배라면 라멕을 죽인 자는 그 벌이 70배라고 말한 것으로 보아 인간이 얼마나 타락했는가, 힘들었는가를 알 수 있습니다. 하나님은 바로 이런 가인의 가족을 없앰으로 인간 중심한 역사, 즉 하나님 없으면 죽음으로 끝나는 이 세상의 멸망을 암시하여 주고 있습니다. 바벨탑 사건이 나옵니다. 자기이름을 높이기 위해 탑을 높이 쌓습니다. 우리끼리 헤어지지 말고 영원히 튼튼히 살자고 말합니다. 이들도 무너져 버렸습니다. 영원한 팍스이집트는 없었습니다. 그렇게도 소원했던 부귀권세를 영원토록 떨치고 싶었지만 로마도 망했습니다. 그래서 부귀영화의 상징이었던 솔로몬 임금은 우리를 대신하여 고백하여 주었습니다. '헛되고 헛되니 모든 것이 헛되다'고 고백함으로 분명한 것은 하나님 밖의 세상은 죽음으로 끝남을 말해주고 있습니다.

　이젠 하나님 안에 상징인 산 역사를 봅시다. 하나님은 아담 하와 그 다음에 가인과 아벨입니다. 그런데 가인이 아벨을 죽입니다. 이때 하나님은 가인의 후손 중에서 하나님의 역사를 이어주지 아니하십니다. 가인의 후손을 7대손에서 그치게 합니다. 그리고 「창 5 : 25」에 보면 아담이 다시 아내와 동침하여 아들을 주셨는데 가인이 죽인 아벨 대신에 셋을 주셨다고 기록하고 있습니다. 가인의 후손을 없애고 아벨을 대신하여 셋이라는 이것은 전적으로 이 땅을 하나님이 직접 통치하시는 하나님의 주권 선언임을 알 수 있습니다. 다음으로 셋의 후손인 노아 때에 사건을 말할 수 있습니다. 노아 당대를 이렇게 설명합니다. 「창 6 : 5」입니다. 모든 사람의 생각이 항상 악하다는 것입니다. 여기에는 노아도 포함이 됩니다. 그런데 「창 6 : 8」에 이렇게 말합니다. 그러나 노아는 여호와께 은혜를 입었더라. 모든 사람이 항상 악하므로 여기에 노아도 포함되어 있는데 하나님께서는 노아를 꺼내주심으로, 잡아주심으로, 노아가 은혜를 입음으로 노아를 중심으로 이 땅을 통치하고 있음을 보여주고 있지 않습니까? 여기서도 인간 중심은 없어지고 전적으로 하나님의 주권만이 드러나고 있습니다. 노아 다음에 아브라함 사건이 나옵니다. "내가 명하노니 너는 너의 고향 갈대아 우르를 떠나라. 떠나면 너는 이 땅의 복의 근원이 됨으로 너를 축복하면 축복을 받고 너를 저주하면 저주받는 이 땅의 주인공이니라"는 것입니다. 성도님들, 지금 아브라함이 아브라함 되는 것입니까, 하나님이 아브라함을 아브라함 되게 하십니까? 그렇습니다. 하나님이 아브라함을 불러서 이 땅을 통치하시므로 여전히 하나님의 주권이 드러나고 있습니다. 그 다음 이삭은 어떻게 시작됩니까? 아브라함이 100세에 낳은 아들로서 증명이 필요없는 자연스럽게 이삭을 하나님이 낳게 한 자로서 구별된 상징이었습니다. 이삭의 아들 야곱은 어떻습니까? 어머니 리브가가 쌍둥이를 가지고 있었을 때 이미 태중에 하나님의 천사가 리브가에게 지시합니다. 이들이 태어나면 형 에서가 동생 야곱을 섬길 것이라고 하면서 이미 복중에서 짓기도 전에 이 땅의 통치를 하나님이 가지고 야곱을 중심의 역사를 이루게 하심을 알 수 있습니다. 요셉은 어떻습니까? 「창 30 : 22」입니다. 하나님이 라헬을 생각하신지라 하나님이 그를 들으시고 그 태를 여신 고로 그 이름을 요셉이라 하였습니다. 분명히 이런 족장사를 통해서도 하나님의 역사는 하나님의 주권에 의해서 계속되고 있습니다. 그 나라를 예수님은 어떻게 표현하고 있습니까? 빌라도 앞에서 내 나라는 이 땅에 속하지 않은 다른 나라라고 이야기하면서 분명히 하나님이 통치하는 나라가 있다는 것입니다. 이 땅 나라는 우리가 신호등을 어기면 '이리 오세요, 왜 약속을 어깁니까?'라는 것을 통치하는 것이고 하나님의 나라는 진짜 통치입니다. 행복 웃음 건강 즐거움 만족 불행 이런 생로병사 희로애락을 주관합니다.

하나님의 역사가 얼마나 신실한지 사건을 통해서도 알 수 있습니다. 「창 15 : 13」에 보면 이스라엘 백성이 네 자손이 이방에서 객이 되어 400년 동안 있겠다고 예언했습니다. 하나님이 예언하신대로 이스라엘 백성들은 애급에서 객이 되어 400년간 있었고 400년 만에 출애굽을 한 것입니다. 여기서 출애굽 사건도 중요하지만 하나님이 여전히 이 땅을 다스리시는구나, 믿는 자만 간섭하시는 것이 아니라 온 우주를 직접 통치함을 알아야 되겠습니다. 「15 : 18」에 보면 또 하나의 예언이 있습니다. 그날에 여호와께서 아브람으로 더불어 언약을 세워 가라사대 내가 이 땅을 애급강에서부터 그 큰 강 유브라데스까지 네 자손에게 준다고 예언했습니다. 그런데 이 예언의 말씀은 솔로몬 임금 때 완전히 성취되었음을 보여줍니다. **「역하 9 : 26」**입니다. 솔로몬이 유브라데 강에서부터 블레셋 땅과 애급지경까지의 열 왕을 관활하였으며…라고 기록하고 있습니다. 알고 보면 성경은 큰 반달 모양인 이스라엘과 애급 아람 그리고 두로와 시돈(오늘날 레바논) 블레셋과 압몬 모합(오늘날 요르단) 앗수르와 바벨론(오늘날 이라크) 이 나라들과 관계 속에서 하나님의 역사를 우리에게 알게 하고 있었습니다. 그것은 이들이 이스라엘을 축복하면 이들이 축복을 받았고, 이들이 이스라엘을 저주하면 저주받는 역사가 계속 이어지고 있었다는 것입니다. 이것을 통해서도 이 땅의 통치권자가 하나님임을 우리에게 알게 하셔서 알 수 있습니다. 아담 이후 지금까지 세계사의 분석을 살펴보면 문화사가 말합니다. 그 배경을 보면 가장 찬란했던 문명권 그 시절들은 반드시 배경이 하나님 말씀입니다. 성경 기독교가 주인공 되어 우뚝 서있을 때였음을 알 수 있습니다. 지금은 세계의 경찰국가인

미국이 그렇고, 근대사에는 해가 지지 않은 영국이 그랬습니다. 그 전의 산업혁명은 어떻게 나타났고 중세와 고대를 통하여 볼 때 찬란한 문화권으로 빛이 날 때는 그 근저에는 하나님 말씀이 우뚝 서있을 때였습니다. 지금은 어떻습니까? 중국이 세계를 어떻게 재패할 수 있습니까? 지금도 역사를 속이는 나라가 어떻게 세계를 재패할 수 있습니까? 언더그라운드지대 캠프지대로 가보면 유혹하는 타락의 곳에는 중국인들이 있고 그곳에서 타락의 문명이 나오고 있음을 볼 때 21세기의 문명권이 중국을 덮을 때 중국은 무너질 수밖에 없다는 것입니다. 이것은 반드시 이 땅의 역사는 하나님이 운영하시는 역사였음을 우리에게 알게 하고 있다는 것입니다.

오늘날은 개인주의 시대입니다. 개인주의 시대가 됨으로 오직 의인은, '믿음으로 말미암아 살리라.' 입니다. 하나님과 나는 일 대 일이라는 소리입니다. 무슨 소리입니까? 지금은 나 개인을 통하여 이웃에게 예수를 믿게 하는 시대가 되었습니다. 지금은 나에게 역사하셔서 이웃에게 하나님을 증명하게 하는 시대가 되었으니, 성도님들, 아담 이후 한 번도 하나님의 역사는 변한 적이 없습니다. 하나님의 역사만이 역사적 사실인 것이며, 하나님의 역사만이 길인 것이며, 하나님의 역사만이 진리인 것이며, 하나님의 역사만이 생명으로 우리에게 드러나는 것입니다. 성도님들, 하나님 말씀 위에 우뚝 서서 내가 건강하길 원하지 않습니까? 하나님의 역사만을 확인하면서 우리 가정이 복된 가정으로 되길 원하지 않습니까? 우리 성도 한 사람 한 사람을 통하여 하나님 계신 것을 알게 하고 있습니다. 성도님들, 하나님의 역사만이 우리의 길 진리 생명입니다. 나의 가장 찬란한 삶을 만들기 원하십니까? 우리 가정이 복된 가정이기를 원하십니까? 하나님이 기뻐하시는 삶 속에서 승리의 깃발이 있으시기를 바랍니다.

2장 행함의 법칙 중심

21. 하나님의 일은 (성부 성자 성령의 법칙)
22. 예배 믿음 기도 (예배의 법칙)
23. 예배 믿음 기도 (믿음의 법칙)
24. 예배 믿음 기도 (기도의 법칙)
25. 분석은 인간 결론은 하나님께
26. 논리적으로 다를 뿐 실제는 하나
27. 인과응보의 법칙
28. 연역법과 귀납법

행함의 법칙

존재론적 다섯 가지를 어떻게 사용해야 하나 행함의 법칙을
하나님은 우리에게 가르쳐 주셨다
성부 성자 성령의 법칙
예배 믿음 기도의 법칙
분석은 인간 결론은 하나님의 법칙
우주는 논리적으로는 다른데 실지는 하나인 법칙
인과응보(~면~리라)의 법칙
연역법과 연역법을 설명하는 귀납법의 법칙이다
좋은 나무 좋은 열매, 나쁜 나무 나쁜 열매에서 나무가 열매를
맺는다 그리고 나무마다 열매 맺는 법칙이 있다
존재론적 다섯 가지(나무)와 행함의 법칙(나무가 열매 맺는 법칙)
여섯 가지가 법칙대로 움직이면 열매는 맺게 되어있다

21. 하나님의 일은
(성부 성자 성령의 법칙)

✱ 이튿날 바다 건너편에 서 있던 무리가 배 한 척 외에 다른 배가 거기 없는 것과 또 어제 예수께서 제자들과 함께 그 배에 오르지 아니하시고 제자들만 가는 것을 보았더니
(그러나 디베랴에서 배들이 주께서 축사하신 후 여럿이 떡 먹던 그 곳에 가까이 왔더라)
무리가 거기에 예수도 안 계시고 제자들도 없음을 보고 곧 배들을 타고 예수를 찾으러 가버나움으로 가서
바다 건너편에서 만나 랍비여 언제 여기 오셨나이까 하니
예수께서 대답하여 이르시되 내가 진실로 진실로 너희에게 이르노니 너희가 나를 찾는 것은 표적을 본 까닭이 아니요 떡을 먹고 배부른 까닭이로다
썩을 양식을 위하여 일하지 말고 영생하도록 있는 양식을 위하여 하라 이 양식은 인자가 너희에게 주리니 인자는 아버지 하나님께서 인치신 자니라
그들이 묻되 우리가 어떻게 하여야 하나님의 일을 하오리이까
예수께서 대답하여 이르시되 하나님께서 보내신 이를 믿는 것이 하나님의 일이니라 하시니
그들이 묻되 그러면 우리가 보고 당신을 믿도록 행하시는 표적이 무엇이니이까, 하시는 일이 무엇이니이까
기록된 바 하늘에서 그들에게 떡을 주어 먹게 하였다 함과 같이 우리 조상들은 광야에서 만나를 먹었나이다
예수께서 이르시되 내가 진실로 진실로 너희에게 이르노니 모세가 너희에게 하늘로부터 떡을 준 것이 아니라 내 아버지께서 너희에게 하늘로부터 참 떡을 주시나니
하나님의 떡은 하늘에서 내려 세상에 생명을 주는 것이니라
그들이 이르되 주여 이 떡을 항상 우리에게 주소서
예수께서 이르시되 나는 생명의 떡이니 내게 오는 자는 결코 주리지 아니할 터이요 나를 믿는 자는 영원히 목마르지 아니하리라
그러나 내가 너희에게 이르기를 너희는 나를 보고도 믿지 아니하는도다 하였느니라
아버지께서 내게 주시는 자는 다 내게로 올 것이요 내게 오는 자는 내가 결코 내쫓지 아니하리라
내가 하늘에서 내려온 것은 내 뜻을 행하려 함이 아니요 나를 보내신 이의 뜻을 행하려 함이니라
나를 보내신 이의 뜻은 내게 주신 자 중에 내가 하나도 잃어버리지 아니하고 마지막 날에 다시 살리는 이것이니라
내 아버지의 뜻은 아들을 보고 믿는 자마다 영생을 얻는 이것이니 마지막 날에 내가 이를 다시 살리리라 하시니라

요 6 : 22-40

좋은 나무 좋은 열매, 나쁜 나무 나쁜 열매는 하나님의 법칙입니다. 이 말은 우리 사람들이 좋은 열매를 맺기 위해선 사람이 변해야만 좋은 열매를 맺을 수 있다는 말입니다. 그럼 우리 인간이 왜 나쁜 나무가 되었는지를 확인해야 하겠습니다. 확인해야만 좋은 나무가 되기 위한 필요성을 인식할 것입니다. 하나님이 우리 인간을 나쁜 나무로 지으신 것은 아닙니다. 전적으로 인간이 잘못해서 나쁜 나무가 된 것입니다. 우리의 조상 아담 하와가 선악과를 따 먹었기 때문에 우리는 나쁜 나무가 되어 버렸습니다. 그 결과 우리 인간은 스스로 두 가지 문제를 해결할 수 없게 되었습니다.

하나는 죽음 문제입니다. 인생 70이요 80이면 대부분 죽습니다. 하나님은 우리 인간을 지으실 때 영원히 죽지 아니하는 인간으로 지으셨습니다. 죽으니까, 죽음 문제를 해결할 수 없으니 나쁜 나무입니다. 또 하나는 인간이 사건을 만나면 그 사건을 인간이 해결할 수 없습니다. 인간에 있어서 가장 큰 사건 중의 하나는 불안 문제입니다. 불안을 스스로 해결할 수 없습니다. 아무리 벌어도, 무한정 진급하여 올라가 보아도, 이 세계를 다 다녀보아도 여전히 불안한 문제는 해결되지 않습니다. 이 두 가지 문제를 해결하지 않고는 좋은 나무가 될 수 없습니다. 두 가지 문제를 해결해야만 좋은 나무가 될 수 있고 따라서 좋은 열매를 맺을 수 있습니다.

사실 이 두 가지 문제를 해결하기 위하여 아담 이후 수많은 인류들이 노력하고 연구하고 있습니다만 해결이 되지 않고 있습니다. 이 문제만큼은 서울대 옥스퍼드 하버드가 해결할 수 없습니다. 종교학과 철학과 문학과 심리학과 예술학과 등 인문계열의 관계를 가진 모든 학과를 두고 연구는 하고 있으나 여전히 질문만 있고 해답은 없습니다. 인간이 좋은 나무가 되기 위해서는 죽음 문제 해결과 불안 해소의 문제가 있습니다. 이 문제를 해결하기 위해서는 하나님께 나아가야만 해결입니다. 하나님께 나아오는 곳이 교회입니다. 그러기에 유일하게 교회에서만이 나무 문제를 해결할 수 있습니다. 나무 문제는 인간 스스로 해결이 안되니 열매를 우리끼리 바꾸어 놓고 좋은 나무인척 하지만 아닙니다. 타종교에서 종교로 이 문제를 해결하려고 하지만 이것도 안됩니다.

인간으로부터 출발한 모든 연구실적 등을 망라해서 연구하고 수고하는 것들을 성경에서는 초등학문이라고 부릅니다. 성경을 연구했다고 해서 고등학문이 되는 것은 아닙니다. 성경을 연구하지만 인간으로부터 시작하여 노력하고 행하는 모든 율법주의도 초등학문이라고 말합니다. 「갈 4 : 3」 이와 같이 우리도 어렸을 때에 이 세상 초등학문 아래 있어서 종노릇 하였더니 「9절」 이제는 너희가 하나님을 알뿐더러 하나님의 아신바 되었거늘 어찌하여 다시 약하고 천한 초등학문으로 돌아가서 다시 저희에게 종노릇 하려느냐. 「골 2 : 8」 누가 철학과 헛된 속임수로 너희를 노략할까 주의하라 이것이 사람의 유전과 세상의 초등학문을 좇음이요 그리스도를 좇음이 아니니라. 「20절」 너희가 세상의 초등학문에서 그리스도와 함께 죽었거든 어찌하여 세상에 사는 것과 같이 의문에 순종하느냐. 초등학문 아래에 있으면 자유자는 아니고 종이라고 표현합니다.

이제 좋은 나무가 되려면 어떻게 해야 할까요? 한 가지 짚어 드립니다. 좋은 나무가 되는 학교, 곧 인간이 변하여 새 사람이 되고 좋은 인간이 되는 학교는 바로 교회입니다. 교회에서만이 좋은 나무가 되는 방법을 배울 수 있습니다. 교회 밖 인간 스스로의 학교는 초등학문에서 끝이 납니다. 이들에게는 문제의 분석은 있는데 해결은 없습니다. 수억 만 개의 선은 있는데 일직선은 없습니다. 그러니 이들에게는 영원이라는 말을 사용할 수 없고 영원이라는 말을 사용할 수 없으니 참 자유라는 말도 사용할 수 없습니다. 인간이 알파와 오메가 처음과 마지막인 일직선을 긋지 않고서는, 영원이 하는 실존을, 참자유라는 실존을 나의 열매로 갖지 않고서는 우린 좋은 나무가 될 수 없습니다.

좋은 나무가 되기 위해서는 하나님이 내 안에 들어와야 합니다. 예수님이 나의 중심이 되어야 합니다. 성령이 오셔서 나를 주장해야 합니다. 말씀인 우리 인생의 나침반이 나를 이끌어 주셔야 합니다. 이 단계를 나의 죽음이라고 부릅니다. 나의 죽음이라고 표현하면 너무나도 어렵게 생각합니다. 나의 죽음은 모든 존재하는 것들을 나를 중심하여 사용하지 않고 하나님 중심하여 사용하는 것을 말합니다. 이 세상에 내가 스스로 태어나지 않았고 하나님이 태어나게 한 것을 인정한다면 당연하게 생각할 수 있습니다. 태어나자마자 그 어린아이가 부모님 없이 살 수 없었다면 우린 지금도 나 중심하면 안됩니다. 우리가 성장하여 우리가 스스로 사는 것처럼 느껴지지만 실상을 지금 살아 있는 것을 느끼는 것 말고는 우리 스스로 나를 위하여 할 수 있는 것은 아무것도 없습니다.

아무것도 할 수 없는 인간인 것을 우리 스스로 고백하며 살고 있습니다. 우리가 5분 후의 일을 모른다는 말은 사실은 1초 후의 일도 모른다는 것입니다. 길을 가다 교통사고를 당하고 일을 하다 심장마비로 쓰러지고 그리고 지금 김정일 씨가 전쟁이라는 버튼을 누를 수 있는 것입니다. 이 분은 우리가 아는 것만 가지고도 얼마든지 추측할 수 있습니다. 이미 심리학적으로는 상담의 대상이라는 것입니다. 이 분이 한 번 획 돌아버리면 세계사가 달라집니다. 이처럼 우리 스스로 할 수 있는 일이라곤 없습니다. 적어도 우리 성도라면 한 생명을 온 천하를 주고도 바꿀 수 없는 귀중한 것으로 알고 있기에 성도가 있는 곳엔 평안이 있으며 안전의 대명사이지 김정일처럼 이러한 염려는 주지 않습니다.

그럼 나의 죽음 곧 모든 존재하는 것들을 나 중심하여 사용하지 않고 하나님 중심하여 사는 사람들은 어떻게 살게 되나요? 좋은 나무는 어떻게 살아서 좋은 나무를 유지하며 좋은 열매를 맺으며 살 수 있을까요? 그것은 하나님이 우리 인간들에게 살게 하는 법칙들이 있음을 알게 됩니다. 곧 하나님은 우리에 좋은 인간이 되도록 그 법칙을 가르쳐주고 그것을 연습하고 살도록 하셨다는 것입니다. 성경 66권의 인물들을 살펴보시기 바랍니다. 노아 아브라함 모세 다윗 베드로 바울 요한 등 모두 다입니다. 어떤 특별한 사람들이 아닙니다. 뿐만 아니라 교회사를 통한 유명한 신앙 인물들을 살펴보시기 바랍니다. 어거스틴 칼빈 루터 웨슬레 요나단 에드워드 등 그분들의 지정의, 전 인간의 성숙 속에서 그분들의 가치를 평가하고 있지, 많이 벌었다고 높이 올라갔다고 말하지 않습니다.

세상의 위대한 인물들 기독교인, 비(非) 기독교인들을 포함해서 아브라함 링컨 세종대왕 이순신 장군 등 당신들이 존경을 받는 것은 인간의 성숙한 모습인 전 인간의 지정의의 성숙 속에서 불리어지는 칭호들입니다. 우리는 나폴레옹을 가리켜 유명한 장수라고 부르지만 성공한 사람이라고 부르진 않습니다. 역시 성공이라는 용어가 나온다면 전 인간의 성숙이란 속에서 불리어지는 이름들입니다. 그러니 하나님이 우리 인간들에게 살게 하는 법칙들을 보면 좋은 나무인 좋은 인간이 되도록 주셨지 다른 방법이 아니라는 것입니다.

좋은 인간 좋은 나무가 되는 법칙은 하나, 성부 성자 성령의 법칙입니다. 성부 성자 성령의 법칙은, 여러분들이 성부 성자 성령 삼위일체 하나님이라는 말은 많이 들었어도 성부 성자 성령의 법칙이라는 말은 우리 천우교회 성도들만이 듣게 되는 특권일 수 있을 것입니다. 하나님은 우리 인간들에게 하나님을 알게 하기 위하여 성부 성자 성령 하나님으로 나타나시기로 스스로 작정하신 것입니다. 그래서 우리가 성부 성자 성령 하나님을 우리가 알게 되면 그 사람은 하나님을 안 사람입니다. 성부 성자 성령 하나님을 모른다면 아직 하나님을 모른다는 결론이 나옵니다. 그것도 하나님은 성부 성자 성령 하나님이시라고 말을 한다고 하나님을 아는 것은 아닙니다. 적어도 왜 하나님은 성부 성자 성령 하나님이신가를 나 스스로 설명할 수 있어야 그래야만이 하나님을 알 수 있다는 것입니다. 성부 성자 성령 하나님을 아시는 분들은 '왜 하나님은 누구는 택하셨고 누구는 버리셨어?'라는 질문에 대해서는 해결 받은 자들입니다. 전지전능하신 하나님이 왜 아담 하와에게 선악과는 따 먹게 하셨는지 여기에 대하여 해답도 가지고 있게 됩니다. 성부 성자 성령님을 아시는 분들은 모든 존재하는 것들을 두고 모두가 하나님을 중심하여야 할 것들임을 확실히 알고 살게 됩니다.

또 하나 우리 인간이 하나님의 형상으로 지음 받았기 때문에 성부 성자 성령님을 알면 알수록 우리 인간을 알게 되며 하나님을 아는 만큼 인간을 알 수 있다는 것입니다. 그러기에 오늘 본문은 하나님의 일은 무엇이냐 물었을 때 하나님이 보내신 이 예수 그리스도를 믿는 것이 하나님의 일이라고 분명히 못박아 말씀합니다. 지난 시간 사람들은 말을 의지하고 병거를 의지하나 우리는 하나님을 자랑할 것이라고 말씀했습니다. 왜 우리 인간이 인간으로 태어나서 이토록 인간을 연구하고 또 연구하고 하였지만 인간 문제를 해결 못하고 있을까요? 앞으로는 해결할 수 있을까요? 아니요. 인간 스스로는 영원토록 해결할 수 없습니다. 바로 성부 성자 성령 하나님을 모르기 때문에 인간을 모르는 것입니다.

우리는 이토록 중요한 문제를 더 생각하고 묵상하면서 살아야 하는데 '나는 교회 30년 다니는 사람이야.' '나는 장로야'. '나는 목사란 말이야.' 하면서 마치 하나님을 아는 것처럼 교회를 아는 것처럼 말한다면 참으로 답답할 뿐입니다. 성부 성자 성령의 법칙을 나가기 전에 성부 성자 성령에 대하여 설명을 드려야겠습니다. 이미 설명을 드렸기에 바로 법칙으로 갈려고 했습니다만 반복은 우리에게 확신을 주는 유익이 있습니다. 먼저 성부 하나님입니다. 성부 하나님은 「창 1 : 1」 없는 것에서 모든 있는 것을 창조하신 분입니다. 성부 하나님은 「21절」에서 없는 것에서 모든 만물의 생명을 창조하신 분입니다. 성부 하나님은 「26, 27절」에서 없는 것에서 하나님의 형상인 우리 인간을 창조하신 분입니다. 성부 하나님만 계신다면 위의 사실들이 나와 무슨 상관이 있습니까? 나와 관계가 없기에 우리는 자연히 하나님 말씀과 플라톤 이론과 아리스토텔레스 이론을 놓고 어떤 것이 더 참인가 진리인가라고 싸웁니다. 용어자체가 하나는 신이고 또 다른 분들은 인간이기에 신 쪽에 더 유리한 편이 될 것입니다. 그러나 싸움은 싸움일 뿐입니다. 그래서 내가 좋은 편에 두고 살기 마련입니다. 성부 하나님만 계신다면 우리에겐 개념만 있고 서로들 개념 때문에 싸우고 운명의 개념 속에서 싸움만이 제일 중요한 단어로 우리에게 부각될 것입니다. 또 하나는 성부 하나님만 계신다면 하나님과 인간관계는 종속적인 관계일 뿐 하나님과 인간의 대등한 관계, 하나님을 알면 알수록 인간을 더 알게 되는 관계는 아니 됩니다. 결국 기독교는 종교 샤머니즘 그리고 동식물과 똑같은 하나님의 형상이 없는 생명일 수밖에 없게 됩니다. 그래서 하나님은 성자 하나님으로 나타나셔서 하나님의 실체를 우리 인간들에게 보여주신 것입니다. 「요 14장」에 보면 빌립이 예수님에게 하나님을 보여달라고 질문합니다. 「9, 10절」에 예수님이 대답하십니다. 예수께서 가라사대, "빌립아 내가 이렇게 오래 너희와 함께 있으되 네가 나를 알지 못하느냐. 나를 본 자는 아버지를 보았거늘 어찌하여 아버지를 보이라 하느냐. 나는 아버지 안에 있고 아버지는 내 안에 계신 것을 네가 알지 아니하느냐." 분명 하나님은 우리 인간들에게 하나님의 실체를 보여주시기 위하여 인간 예수님으로 이 땅에 오신 것입니다. 아니 성부 하나님으로만 계시고 우리 인간들에게 '우지직' 소리가 나게 하시며 보여주시면 지금 당장 66억 인류가 하나님 안 믿을 사람은 한 사람도 없다는 것 누구나 알고 있습니다. 너무나 쉽게 믿게 할 수 있다는 것입니다.

이렇게 안 하시고 하나님이 인간으로 오셨다. 그리고 십자가에 죽으심으로 하나님의 실체인 사랑을 우리에게 보여주셨다. 저는 늘 여기에 눈물이 있습니다. 우리 인간 때문에 하나님의 전지전능하심을 포기하셨다고 생각하면 눈물이 납니다. 설명이 필요한 말입니다만 정말로 하나님은 우리 인간으로 하여금 하나님과 똑같은 하나님이 누리시는 자유를 우리도 누리게 하셨다는 것입니다. 이 자유의지를 누리면서 지금도 우리는 참자유를 누리는 만끽 포만감 인간의 진정한 품위유지를 확인하며 삶의 감격에 빠져버립니다. 성자 하나님을 보는 순간, 이것이 바로 인간이로구나를 알 수 있는 것입니다. 어떻게 이 방법 말고 인간이 인간을 알 수 있고 볼 수 있겠습니까.

다음은 성령 하나님입니다. 우리는 위의 사실들을 성령 하나님이 우리 가운데 오셔야만 알 수 있고, 들을 수 있고, 볼 수 있다는 것입니다. 「사 6 : 9-10」 여호와께서 가라사대 가서 이 백성에게 이르기를 너희가 듣기는 들어도 깨닫지 못 할 것이요 보기는 보아도 알지 못하리라 하여 이 백성의 마음으로 둔하게 하며 그 귀가 막히고 눈이 감기게 하라 염려컨대 그들이 눈으로 보고 귀로 듣고 마음으로 깨닫고 다시 돌아와서 고침을 받을까 하노라. 분명 하나님은 하나님이 보게 할 자들에게 보이시고, 들을 수 있는 자들에게 듣게 하시며, 알 수 있는 자들에게 알게 하신다고 말씀했습니다. 뇌성마비의 송명희 시인은 예수님을 만난 뒤 이렇게 고백합니다.

"나는 남이 못 본 것을 보았습니다. 남이 못 들을 것을 들었습니다. 남이 모르는 것을 알았습니다. 그리 고백합니다."

이렇게 알게 하고 듣게 하고 보게 하시는 분이 성령 하나님이십니다.

이렇게 성부 성자 성령 하나님을 설명하니 자연스럽게 성부 성자 성령의 법칙이 나와 버렸습니다. 성부 하나님의 법칙, 모든 것의 개념을 우리에게 알게 하셨습니다. 우주의 개념 우주만물의 생명의 개념 그리고 하나님의 형상인 우리 인간의 개념을 알게 하셨습니다. 성자 하나님의 법칙, 그 모든 개념의 실체를 우리에게 보여주셨습니다. 성령 하나님의 법칙, 그 개념들을 우리로 하여금 사용하도록 알게 하시고 보여주시고 살게 하고 계십니다. 이 성부 성자 성령의 법칙이 구약에서는 선지자 제사장 왕을 세워서 일하시므로 우리에게 알게 하셨습니다. 성부는 선지자로 성자는 제사장으로 성령은 왕으로 세워서 일하게 하심으로 선지자 제사장 왕이 하나님이 스스로 계셨을 때부터 세우신 정책이 그대로 드러난 것입니다. 그리고 신약에 와서 예수님이 이 땅에 오셔서 일하신 방법을 우리는 예수님의 삼중직이라 해서 말하게 됩니다. 바로 그 삼중직이 선지자 제사장 왕직입니다.

성도님들, 하나님이 스스로 계실 때에도 성부 성자 성령의 법칙이며 구약에도 신약에도 성부 성자 성령의 법칙과 똑같은 선지자 제사장 왕의 법칙이라면 오늘 우리 교회는 어떤 법칙으로 살아야 할까요? 그렇습니다. 지금도 선지자 제사장 왕직인 법칙이 그대로 나타나서 교회는 움직여야 할 것입니다. 이렇게 움직일 때 우리는 비로소 좋은 나무인 좋은 인간 좋은 교회가 될 것입니다.

22. 예배 믿음 기도
(예배의 법칙)

> ※ 조금 있으면 세상은 다시 나를 보지 못할 것이로되 너희는 나를 보리니 이는 내가 살아 있고 너희도 살아 있겠음이라
> 그 날에는 내가 아버지 안에, 너희가 내 안에, 내가 너희 안에 있는 것을 너희가 알리라
> 나의 계명을 지키는 자라야 나를 사랑하는 자니 나를 사랑하는 자는 내 아버지께 사랑을 받을 것이요 나도 그를 사랑하여 그에게 나를 나타내리라
> 가룟인 아닌 유다가 이르되 주여 어찌하여 자기를 우리에게는 나타내시고 세상에는 아니하려 하시나이까
> 예수께서 대답하여 이르시되 사람이 나를 사랑하면 내 말을 지키리니 내 아버지께서 그를 사랑하실 것이요 우리가 그에게 가서 거처를 그와 함께 하리라
> 나를 사랑하지 아니하는 자는 내 말을 지키지 아니하나니 너희가 듣는 말은 내 말이 아니요 나를 보내신 아버지의 말씀이니라
> 내가 아직 너희와 함께 있어서 이 말을 너희에게 하였거니와 보혜사 곧 아버지께서 내 이름으로 보내실 성령 그가 너희에게 모든 것을 가르치고 내가 너희에게 말한 모든 것을 생각나게 하리라
>
> 요 4 : 19-26

저는 지금 좋은 나무 좋은 열매, 나쁜 나무 나쁜 열매에 있어서 어떻게 하면 좋은 나무, 좋은 인간이 될 수 있는가에 대하여 말씀드리는 중에 있습니다. 성경의 인물들이나 교회사를 통한 역사적 인물들 그리고 예수님을 믿지 않더라도 성공한 사람이라고 불리는 경우의 인물사 특징들을 살펴보면 좋은 인간이 되어서 그리고 그들에게 따르게 되는 주변 환경들이 병행해 줌으로 칭함받게 됨을 보았습니다.

건물 및 교인수를 중심한 통계임을 밝혀두지만 오늘날 천만인을 자랑하며 그 상징적으로 나타난 영락, 충현, 순복음 교회를 위시한 그 중 몇 교회가 세계 10대 교회 중에 있음을 보면 교회사는 지금을 한국의 교회시대라고 말해야 할 것입니다. 교회사를 보면 근대와 현대는 누가 뭐라 해도 영국과 미국의 교회시대라고 말해야 할 것입니다. 바로 그 미국과 영국을 상징하는 교회건물만 본다면 한국의 교회당보다 많이 앞섰던 위용을 보게 됩니다. 그러니 그때 이들의 열심이 지금 우리보다 더 했다는 증거가 되는 것입니다. 그 이전 중세 때 교회당을 살펴보면 세계역사에 빛날 정도로 그 건물들의 위용이 찬란하며 두렵기까지 할 정도로 대단한 모습들을 지니고 있습니다. 그러니 이들의 하나님께 대한 열심이 실로 대단했습니다.

그런데 중세교회가 무너져 내렸습니다. 영국 미국교회가 무너져 내렸습니다. 한국교회는 어떨까요? 앞을 보는 역사가들은 한국교회도 밝은 전망으로 보지 않고 있습니다. 여기에서 중요한 것은 중세교회당이나 영국, 미국교회당을 세웠던 혁혁한 공로자들이 있었을 터인데 그렇게 해서 오늘날 우리에게 이름을 남겨서 알게 되는 바로 이분들이라고 칭하는 사람들이 없습니다. 오히려 우리에게 남겨져 있는 바로 당대의 교회를 지켰다고 하는 분들은 좋은 나무들의 상징인 성경대로 열심히 살아 마음들을 지키고 성경을 성경되게 만들고 우리를 성숙한 인간되게 한 분들이 본보기들로 우리에게 남겨진 것입니다. 우리 한국교회도 찬란한 교회당, 성도가 수적으로 세계 몇 위라고 하면서 살다보면 앞으로 100년이 문제가 아니라 바로 30년 후가 캄캄한 모습입니다. 교회의 순위 중에 중세 영국 미국이 나타났듯이 이젠 바로 한국이라는 이름이 나타날 것이라 사료되면서 지금 우리는 할 일이 무엇인가가 우리에게 자명하게 드러나고 있다는 것입니다.

지금 우리의 할 일이 무엇입니까? 어떻게 하면 좋은 나무가 될 것인가 라고 고민해야 합니다. 저는 지금 어떻게 하면 좋은 나무, 좋은 인간이 될 수 있는가 때문에 말씀드립니다. 지난 시간 성부 성자 성령의 법칙에 대하여 말씀 드렸습니다. 하나님이 스스로 계실 때, '어떻게 인간들에게 나를 보여줄 수 있을까?' 그래서 성부 성자 성령으로 나타나시기로 작정 하셨고, 이 땅을 통치하실 때에는 그 작정하신대로 선지자 제사장 왕을 세워서 일하셨고, 본보기로 오신 예수님이 이 땅을 통치하실 때에도 선 지자 제사장 왕으로 일하셨으며, 베드로 요한 사도 바울도 이렇게 일했 음으로 인해 오늘 우리도 이와 같이 살아야 함을 여전히 말씀하고 계시 니 성부 성자 성령의 법칙이 얼마나 중요한가라고 말씀을 드렸습니다.

그렇다면 《천우신문》 제 일면에 톱기사로 장식되어 흔들리는 소리 가, 고민하는 소리가, 즐거워하는 소리가 '성부 성자 성령의 법칙'하면서 소리들이 들려야 하는데 울리는 꽹과리가 되고 있음을 느끼고 있으니 여전히 답답할 뿐입니다. 저는 자신있게 말합니다. 지금 한국교회가 장 기적으로 성경적으로 올바로 설 수 있으며 당당히 성경적으로 이어 가 려면 열린 예배, 쎌, 제자들의 훈련, 은사발견, G 투웰브, D 투웰브, 알파공부 등 이러한 것들은 근본적이 대안이 될 수 없습니다. 이들의 특징은 예수님 닮아 가는 것이 주목적이 아닙니다. '전도를 어떻게 많이 할 수 있을까'와 '사람들에게 어떻게 하나님 말씀을 알게 할 것인가', 방법적인 이 문제는 세상 학문이 훨씬 앞서 있음을 인정해야 합니다. 결국 인간이 자연스럽게 맺어지는 열매가 아니라 열매를 확장에다가 정의 내려놓고 연구를 하게 되니 장기적 발전이 아니라 시대가 지나면, 환경이 달라지면 달라져 버리는 아픔입니다. 결국 역사성은 없습니다. 그래도 열매를 성령의 아홉 가지 열매에다 맞추고 연구한다면 적어도 성경적인 답에서 크게 벗어나지 않는 가운데서 좋은 결실을 기대할 수 있을 것입니다. 이것마저도 성령이 하게 하시는 대로가 아니면 답은 자명하게 벗어날 수밖에 없습니다. 인간이 인간되는 열매는 맺을 수 없습니다. 좋은 나무, 좋은 인간이 되는 근본적이 대안은 하나님이 세워주신 법칙이 올바로 살아서 움직여야 합니다. 성부 성자 성령의 법칙인 이런 법칙 말고 다른 법칙은 없습니다.

좋은 인간이 되는 법칙을 계속해서 말씀드립니다. 예배 믿음 기도의 법칙입니다. 하나님은 이 땅을 창조하시고 인간들을 지으신 다음 하나님의 통치의 방법을 우리에게 보여주셨습니다. 그 전체의 목적을 보면 우리 인간을 하나님 형상대로 지으셨으니 우리도 똑같이 하나님처럼 살아야 한다는 것입니다. 이것을 우리는 '예수님 닮아 갑시다.' 다른 말로 '성숙한 인간 완전한 인간 좋은 인간이 되자'라는 말을 하게 됩니다. 우리도 똑같이 하나님처럼 살아야 한다는 이것이 하나님의 목적이라면 그 목적을 이루기 위하여 방법을 가르쳐 주셨는데 몇 가지가 있습니다. 그 첫째가 성부 성자 성령의 법칙입니다. 그리고 둘째가 예배 믿음 기도의 법칙입니다.

그 중요성을 알기 위하여 이 둘을 비교해서 설명한다면 성부 성자 성령의 법칙은 눈에 보이지 않는 세계에서 말하는 것이며 보이는 세계 전체를 통하여서는 성부 성자 성령의 법칙이 제일 중요합니다. 반면에 눈에 보이는 법칙 중 제일 중요한 법칙은 예배 믿음 기도의 법칙입니다. 이를 이해하고 강조하기 위하여 말씀드린다면 존재론적 입장에서 눈에 보이는 것과 보이지 않는 것 중에 제일 중요하신 분, 섬기실 분이 있다면 그분은 하나님입니다. 그런데 눈에 보이는 분 중에 제일 중요하고 섬기실 분이 있다면 우리 부모님입니다. 적어도 십계명의 순서대로만 본다면 부모님은 나 자신 우리의 생명보다 앞서 있음을 알아야 할 것입니다. 그도 그럴 것이 부모님이 안 계시면 우리는 이 땅에 태어날 수가 없기 때문입니다. 나의 존재보다 부모님 존재가 앞서 있음을 그래서 인간이 하나님을 어떻게 섬길 것인가를 설명한 십계명에서 5계명이 '네 부모를 공경하라'이며, 그 다음 6계명이 '살인하지 말라', 생명문제를 말씀하셨다는 것이 이해가 되며 이것을 알게 된 우리는 하나님의 법칙은 진리라고 인정할 수밖에 없습니다.

예배 믿음 기도의 법칙 설명으로 들어갑니다. 우리가 좋은 인간이 되기 위해서는 예배 믿음 기도가 얼마나 중요한 가를 다시 한 번 상기하면서 인식했으면 좋겠습니다. 예배 믿음 기도는 논리적으로 다른데 실질적으로 이것들은 하나입니다. 예배는 하나님이 말씀하신대로 행하는 한 규례입니다. 믿음은 마음으로 이성으로 신뢰하는 것입니다. 기도는 우리가 구체적으로 하나님께 아뢰는 것입니다. 인간은 영과 육으로 지어져 있습니다. 여기서 예배는 인간이 하는 행위입니다. 믿음은 영과 육에서 영이 하는 일입니다. 기도는 육이 하는 일입니다. 인간과 영과 육은 늘 함께 있으므로 하나로 동시에 움직이고 있습니다. 이것들은 따로 떨어져서 행동할 수 없습니다. 마찬가지로 예배 믿음 기도는 따로 떨어져서 움직일 수가 없습니다. 늘 동시에 움직입니다. 그러기에 예배하는 자는 믿음이 있는 자이고, 믿음이 있는 자는 기도 하는 자이고, 기도 하는 자는 예배하는 자입니다. 예배 믿음 기도는 논리적으로만 다를 뿐이지 실제로는 늘 함께 공존하여 함께 동시에 움직이고 있는 것들입니다.

오늘은 예배 믿음 기도 중에서 예배만 다루고 은혜받기를 원합니다. 예배란 「**본문 24절**」 하나님은 영이시니 예배하는 자가 신령과 진정으로 예배할 찌니라. 예배는 신령과 진정으로 행하는 것이 예배입니다. 신령과 진정으로의 주석은 성령을 통하여 예수 그리스도를 고백하는 것이 예배라고 말합니다. 물론 신령과 진정을 말할 때 마음을 다한 진리로 해석하시는 분들이 많이 있습니다. 양쪽 다 옳은 해석입니다. 저는 전자의 해석을 무척이나 좋아합니다. 아니 전자만이 옳은 주석이라고 고집할 정도입니다.

예배의 용어를 사용함에 있어서 짚어 드릴 것이 있습니다. 그것은 어떤 분은 예배를 드린다고 말씀합니다. 또 어떤 분은 '예배를 한다', 또는 '행한다'고 말하는 분이 있습니다. 둘 중의 하나에서 후자의 개념인 '한다' '행한다'는 개념이 성경적입니다. 지난 번 총회에서 어휘 사용 문제를 통일시키고자 문제를 다루는데 예배를 '한다'와 '드린다', 때문에 목사들이 고민하면서 대화한 적이 있습니다. 당연히 '한다' '행한다'인데 목사들이 이 용어 때문에 고민을 한다는 것은 그 정도로 쉬운 문제는 아니라는 것입니다. 예배를 드린다면 휴머니즘이 됩니다. 예배를 하나님이 명하신대로 명하신 장소에서 명하신 시간에 명하신대로 행하여야만 합니다. '예배를 한다' '행한다'가 정답입니다.

예배의 시작은 우리 인간이 하나님 앞에 서는 것이 예배의 시작입니다. 사실 여기에는 우리 인간의 모든 삶 호흡 그리고 움직임 모든 것들이 예배인 것을 알게 됩니다. 그래서 예배는 삶의 예배가 되어야 합니다. 삶 속에서 성령을 통하여 예수님이 나타난다면 우리의 삶의 모습은 어떻게 나타날까요? 날마다 순간순간마다 하나님과 동행하는 삶은 어떤 열매로 우리 가운데 나타날까요? 공부하는 사람이 직장인이 기업인이 예술인이 체육인이 정치인이 학자 법사 의사 목사도 성령을 통하여 예수님이 나타난다면 어떻게 해야 할까요? 저의 적은 경험으로도 '삶이 예배이다', 이것이야말로 아름다움입니다. 성령을 통하여 예수님이 나타나는 실존을 보면서 삶의 맛 그리고 믿음의 맛을 알 수가 있게 됩니다. 성령을 통하여 예수님 나타난다는 말이 막연한 말이 아닙니다. 이와 같이 실질적으로 삶을 통하여 드러나는 것입니다.

이제 무엇을 예배해야 합니까? 어떻게 예배해야 합니까? 이 문제를 성경을 통하여 알게 되면 성도의 삶이 그저 막연한 가운데 형용사 부사를 사용하여 부풀리는 그러한 것이 아님을 알게 됩니다. 진짜 인간이 인간되며 멋진 삶을 살게 되는 것을 알게 됩니다. 그럼 무엇을 예배해야 할까요? 신약에서 예배는 구약에서 제사라고 표현하여 사용합니다. 예배는 곧 제사입니다. 구약 출애굽기에 나오는 삼대절기 유월절 나팔절 장막절에서 예배를 해야 하는 구체적 답이 나옵니다.

먼저 유월절입니다. 유월절은 하나님이 애급나라의 장자들과 짐승들의 처음 난 것을 죽이기 위하여 심판하실 때 어린양의 피를 문설주 좌우인방에 바르면 그 집의 장자와 짐승의 처음 난 것들도 다 죽지 않고 살아나게 하셨습니다. 여기 문설주 좌우인방에 바른 어린양의 피는 분명히 예수님 피입니다. 예수님의 피만이 많은 문제, 죽음 구원 죄 천국 심판 영원 참자유 등 인간 문제를 해결할 수 있습니다. 예배시간 시간마다 예수님의 피, 십자가가 빠지면 예배는 될 수가 없습니다.

다음은 칠칠절 나팔절 오순절 그리고 맥추절입니다. 이것도 이름만 다를 뿐이지 행하는 의미는 단 하나입니다. 곧 하나님이 모세에게 십계명을 주신 것을 기념하여 예배하는 것입니다. 계명은 광의적으로 해석하면 신·구약성경 전체가 계명입니다. 더 넓게 해석하면 하나님이 이 땅을 지으셨으니 이 땅의 만물의 법칙도 계명이라 말할 수 있습니다. 곧 계명은 하나님 말씀 전체가 계명입니다. 계명 말씀은 우리와 무슨 관계가 있습니까. 계명, 즉 말씀은 우리 인간의 나침반입니다. 우리 인간은 말씀의 나침반 없이는 아무것도 할 수 없습니다. 계명, 곧 말씀은 하나님이 인간과 세운 언약입니다. 하나님은 인간과 언약을 맺어놓고 하나님도 언약인 말씀대로 이것을 지키기 위하여 순종하셨습니다. 우리의 예배는 분명히 이 언약 말씀을 지키기 위하여 예배를 해야 합니다.

다음은 장막절 초막절 수장절입니다. 장막절 초막절 수장절은 하나님 말씀이 옳습니다, 진리입니다 하며 확인하는 오늘날의 감사절입니다. 그러니 우리는 분명히 예배를 행할 때마다, '유월절의 십자가, 칠칠절 나팔절 오순절의 계명 곧 말씀, 그리고 십자가 말씀만이 진리입니다'라고 확인하면서 감사를 올리는 초막절 수장절을 지킴으로 제사 곧 예배를 행할 때 하나님이 약속하신대로 성령의 역사를 우리는 체험하게 됩니다.

어떻게 예배해야 합니까? 구약 레위기서와 신약 산상수훈에 나옵니다. 레위기서는 번제 소제 화목제 속죄제 속건제입니다. 이것은 하나님 외형적으로 지시하신 것입니다. 바로 외형적인 표현을 인간의 내면적인 표현을 하게 하시므로 심령가난 애통 온유 의에 주리고 목마름 긍휼 청결 화평 예수님 때문에 핍박 받는 마음의 해결을 올바른 예배라고 말씀합니다. 번제 소제 화목제 속죄제 속건제의 특징은 한마디로 완전 죽음과 하나님과 인간의 화목, 인간과 인간끼리의 화목입니다. 산상수훈의 특징도 한마디로 말씀드린다면, '나는 하나님 없이는 살 수 없습니다'로 시작해서 예수님 때문에 핍박을 받게 되는 경우이기에 이 요구 역시 십자가의 죽음 없이는 할 수 없는 것과 하나님과 인간, 인간과 인간의 화목이 주제가 됩니다.

위에 설명 드린 예배는 곧 인간인 내가 하는 행위입니다. 바로 이 예배야말로 하나님이 이 땅의 통치 방법 중에서 인간이 지켜야 할 가장 중요한 법칙 중 하나입니다. 우리가 하나님 말씀대로 올바로 예배하기만 하면 우리는 예수님 닮아갈 수 있으며, 사실은 최고의 축복을 삶으로 경험하며 멋지게 살 수 있게 됩니다. 인간이 지켜야 할 가장 중요한 법칙으로서 우리에게 올바른 예배가 되기를 바랍니다.

23. 예배 믿음 기도
(믿음의 법칙)

*　이에 그들이 제자들에게 와서 보니 큰 무리가 그들을 둘러싸고 서기관들이 그들과 더불어 변론하고 있더라
온 무리가 곧 예수를 보고 매우 놀라며 달려와 문안하거늘
예수께서 물으시되 너희가 무엇을 그들과 변론하느냐
무리 중의 하나가 대답하되 선생님 말 못하게 귀신 들린 내 아들을 선생님께 데려왔나이다
귀신이 어디서든지 그를 잡으면 거꾸러져 거품을 흘리며 이를 갈며 그리고 파리해지는지라 내가 선생님의 제자들에게 내쫓아 달라 하였으나 그들이 능히 하지 못하더이다
대답하여 이르시되 믿음이 없는 세대여 내가 얼마나 너희와 함께 있으며 얼마나 너희에게 참으리요 그를 내게로 데려오라 하시매
이에 데리고 오니 귀신이 예수를 보고 곧 그 아이로 심히 경련을 일으키게 하는지라 그가 땅에 엎드러져 구르며 거품을 흘리더라
예수께서 그 아버지에게 물으시되 언제부터 이렇게 되었느냐 하시니 이르되 어릴 때부터니이다
귀신이 그를 죽이려고 불과 물에 자주 던졌나이다 그러나 무엇을 하실 수 있거든 우리를 불쌍히 여기사 도와 주옵소서
예수께서 이르시되 할 수 있거든이 무슨 말이냐 믿는 자에게는 능히 하지 못할 일이 없느니라 하시니
곧 그 아이의 아버지가 소리를 질러 이르되 내가 믿나이다 나의 믿음 없는 것을 도와 주소서 하더라
예수께서 무리가 달려와 모이는 것을 보시고 그 더러운 귀신을 꾸짖어 이르시되 말 못하고 못 듣는 귀신아 내가 네게 명하노니 그 아이에게서 나오고 다시 들어가지 말라 하시매
귀신이 소리 지르며 아이로 심히 경련을 일으키게 하고 나가니 그 아이가 죽은 것 같이 되어 많은 사람이 말하기를 죽었다 하나
예수께서 그 손을 잡아 일으키시니 이에 일어서니라
집에 들어가시매 제자들이 조용히 묻자오되 우리는 어찌하여 능히 그 귀신을 쫓아내지 못하였나이까
이르시되 기도 외에 다른 것으로는 이런 종류가 나갈 수 없느니라 하시니라

막 9 : 14-29

저는 지금 어떻게 하면 우리가 예수님을 닮아갈 수 있을까, 곧 어떻게 하면 우리가 완성된 인간으로서 완전한 삶을 살 수 있을까에 대하여 말씀드리고 있습니다. 분명한 것은 하나님은 우리 인생을 하나님의 형상대로 지으셨습니다. 그렇게 지으셨기 때문에 지금도 우리로 하여금 하나님처럼 살기를 원하고 계십니다. 이를 우리는 '예수님을 닮아가자, 성숙한 삶을 살자'라고 하는 것입니다. 이렇게 살기 위해서는 하나님이 우리 성도들에게 이렇게 살면 된다고 하시면서 삶의 법칙을 주셨습니다. 물론 말씀대로 살면 되는 것이라고 단순하게 답할 수 있습니다. 우리는 성경을 통하여 보면 말씀이 구체적으로 우리에게 밝혀주고 있음을 알게 됩니다.

그 첫째가 성부 성자 성령의 법칙이라고 말씀드렸습니다. 하나님이 스스로 계실 때 어떻게 인간들에게 나를 보여줄 수 있을까? 그래서 성부 성자 성령으로 나타나시기로 작정하셨고, 이 땅을 통치하실 때에는 그 작정하신대로 성부 성자 성령의 법칙인 선지자 제사장 왕을 세워서 일하셨습니다. 본보기로 오신 예수님이 이 땅을 통치하실 때에도 선지자 제사장 왕으로 일하셨으며, 베드로 요한 사도 바울도 이렇게 일하셨고, 오늘날 신학교에서도 이렇게 가르치므로 오늘 우리도 이와 같이 살아야 함을 여전히 말씀하고 계시니 성부 성자 성령의 법칙이 얼마나 중요한가라는 말씀을 드렸습니다.

저는 자신 있게 말씀드렸습니다. 지금 한국교회가 장기적으로 성경적으로 올바로 살 수 있으며 당당히 성경적으로 이어가려면 열린 예배, 셀, 제자훈련, 은사발견, G 투웰브, D 투웰브, 알파공부 이러한 것들은 근본적이 대안이 될 수 없습니다. 이들의 특징은 우리 인간이 예수님 닮아 가는데 주목적이 아니었습니다. 전도를 어떻게 많이 할 수 있을까? 사람들에게 어떻게 하나님 말씀을 알게 할 것인가? 이 문제는 세상 학문이 훨씬 앞서 있음을 인정해야 합니다. 결국 인간이 자연스럽게 맺어지는 열매가 아니라 열매를 확장에다 정의 내려놓고 연구를 하게 되니 장기적 발전이 아니라 시대가 지나고 환경이 달라지면 달라져 버리는 아픔입니다. 결국 역사성은 없습니다. 그래서 근본적이 대안은 성부 성자 성령의 법칙인 하나님이 세워주신 법칙이 올바로 살아서 움직여야 합니다. 이 법칙 말고 다른 법칙은 없습니다. 성부 성자 성령의 법칙이야말로 좋은 나무 좋은 인간이 되는 법칙입니다.

둘째 좋은 인간이 되는 법칙을 계속해서 말씀드렸습니다. 예배 믿음 기도의 법칙입니다. 우리가 좋은 인간이 되는 법칙, 그 첫째가 바로 성부 성자 성령의 법칙입니다. 그리고 두 번째가 예배 믿음 기도의 법칙입니다. 이 둘을 놓고 그 중요성을 알기 위하여 비교해서 설명한다면 성부 성자 성령의 법칙은 눈에 보이지 않는 세계와 보이는 세계 전체를 통하여서 제일 중요합니다. 반면에 눈에 보이는 법칙 중 제일 중요한 법칙은 예배 믿음 기도의 법칙입니다. 예배 믿음 기도는 논리적으로 다르지만 실질적으로 이것들은 하나입니다. 예배는 하나님이 말씀하신대로 행하는 한 규례입니다. 믿음은 마음으로 이성으로 신뢰하는 것입니다. 기도는 우리가 구체적으로 하나님께 아뢰는 것입니다. 그러기에 예배하는 자는 믿음이 있는 자이고, 믿음이 있는 자는 기도하는 자이고, 기도하는 자는 예배하는 자입니다.

어떻게 예배해야 합니까? 구약 레위기서와 신약 산상수훈에 나옵니다. 레위기서는 번제 소제 화목제 속죄제 속건제입니다. 이것은 하나님 외형적으로 지시하신 것입니다. 바로 구약의 외형적인 표현을 신약에서는 인간의 내면적인 표현을 하게 하심으로 심령가난 애통 온유 의에 주리고 목마름 긍휼 청결 화평 예수님 때문에 핍박 받는 마음의 해결을 올바른 예배라고 말씀합니다. 번제 소제 화목제 속죄제 속건제의 특징 한마디로 완전 죽음과 하나님과 인간의 화목, 인간과 인간끼리의 화목입니다. 산상수훈의 특징도 한마디로 말씀드린 다면, '나는 하나님 없이는 살 수 없습니다'로 시작해서 예수님 때문에 핍박을 받게 되는 경우이기에 이 요구 역시 십자가의 죽음 없이는 할 수 없는 것과 하나님과 인간, 인간과 인간의 화목이 주제가 됩니다.

위에 설명 드린 예배는 곧 인간인 내가 하는 행위입니다. 바로 이 예배야말로 하나님이 이 땅의 통치 방법 중에서 인간이 지켜야 할 가장 중요한 법칙 가운데 하나입니다. 우리가 하나님 말씀대로 올바로 예배하기만 하면 우리는 예수님 닮아갈 수 있으며 사실은 최고의 축복을 삶으로 경험하며 멋지게 살 수 있게 됩니다.

위의 내용이 지난 시간까지의 내용이었습니다. 오늘은 예배 믿음 기도에서 믿음에 관하여 말씀드리기를 원합니다. 기도는 다음 시간에 말씀드립니다. 믿음은 내가 믿은 것이 아니라 믿게 된 것부터 시작해야 합니다. 「요 1:12, 13」「롬 8:16」「고전 12:3」「갈 4:6」「엡 2:8, 9」에 말씀하고 있으며 그리고 성경전체가 하나님이 인간을 먼저 불렀지 인간이 하나님을 먼저 부른 사람은 한사람도 없습니다. 믿음은 하나님이 나를 부르시니, '아, 하나님 나를 부르셨구나.' 하며 믿을 수밖에 없는 응답입니다. 그래서 「히 11:1」에서 믿음의 정의를 이렇게 내립니다. 믿음은 보이는 것들의 실상이요 보이지 않은 것들의 증거라고 말합니다. 이것은 한마디로 믿음은 역사적 사실이라는 것입니다. 세상에서는 믿음을 신뢰하는 것이라고 정의내립니다. 무엇을 신뢰해야 합니까? 소망이 있다는 것, 신뢰해야 하겠지요. 사랑이 있다는 것도 신뢰해야 합니다. 그러면 미움은 없나요? 배반은 없나요? 거짓말은 없나요? 결국 우리는 신뢰할 수 없습니다. 그러기에 믿음은 인간의 신념이 아닙니다. 개념으로 장난할 수도 없습니다. 성경에서는 믿음을 사실이라고 정의 내림으로 붕 떠버린 개념 싸움이 아닙니다. 늘 현실로 볼 수 있고, 만질 수 있고, 누릴 수 있는 엄연한 실존이 믿음입니다. 이러한 믿음을 내가 믿었다고 가정하여 봅시다. 즉시 가짜입니다. 그러나 하나님이 믿게 하셨기에 진짜이며 변하지 않으며 믿게 된 우리, 하나님이 나를 택하신 우리 감사일 수밖에 없습니다.

　믿음의 정의만 가지고도 우리 기독교만이 행복임을 알 수 있습니다. 하나님을 믿게 된 사람들은 보이기 시작하는 것들이 있습니다. 하나님이 인간을 지으실 때 인간을 하나님과 똑같이 지으셨습니다. 이때 천사들이 인간들을 얼마나 부러워했는지를 알 수 있습니다. 하나님이 인간 때문에 십자가에 죽으심을 바라보면서 천사들은 그러한 인간을 보자마자 시샘을 하다못해 결국 그냥 앓아 누웠습니다. 바로 그러한 인간인 것을 보게 될 때 우리는 스스로 자존심과 삶의 맛을 알게 됩니다. 하나님을 떠난 우리 인간들, 정말로 너무나 불쌍하게 삽니다. 핵을 만들어 놓고 '너희들 나 건들면 미친 척 할 거야'라고 협박하면서 공포를 만드는 외교의 마술사 김정일, 누가 지금 세계를 통치하고 있는 거냐고 목소리를 높이는 미국 유럽 중국 천주교 유태인 이슬람 등이 있습니다. 정말로 하나님을 떠났기 때문에 가치관도 달라져버린 바로 이것이 짐승의 모습인데 그들 역시 인간을 떠나 짐승이 되었는데도 모르고 온 세계가 부러워하고 정말로 돌아가는 꼴이 답답하기가 짝이 없습니다.

　성도님들, 하나님을 믿는 사람들은 인간이 하나님과 똑같이 지어졌음에 그 사실에 걸맞은 품위 유지와 변하지 않음과 사랑과 영원을 누리며 지금 살게 됨을 보게 됩니다. 믿게 된 사람들, 곧 믿음이 있는 사람들은 또 무엇을 보게 됩니까? 하나님이 인간으로 오신 예수 그리스도를 보게 됩니다. 예수님은 이 땅에 오셔서 두 가지 일을 하셨습니다. 하나는 예수님을 믿음으로 구원받게 하신 일입니다. 또 하나는 우리가 어떻게 살 수 없었을 때 이렇게 사는 것이라고 우리의 삶에 대한 본보기로 살아주셨습니다. 그러니까 우리가 예수님이 사신대로 그대로 살기만 하면 우리도 지금 하나님이 원하시는 대로 하나님처럼 살 수가 있습니다. 아니 우리의 용어로 완성된 삶을 살 수 있게 됩니다.

그러면 믿음이 있는 자는 그 예수님이 어떻게 사셨는가를 살펴봅니다. 곧 예수님의 삶은 율법을 지키는 삶이었습니다. 율법을 지킬 뿐만 아니라 율법을 완성시키는 삶이었습니다. 예수님의 삶은 하나님의 공의를 충족시켜주는 삶이었습니다. 바로 그 삶은 십자가를 지시고 '내 원대로 마옵시고 아버지의 뜻대로 하옵소서'였습니다. 여기에서 중요한 것은 바로 우리의 현실입니다. 우리는 예수님을 하나님이시며 구주이며 사랑, 전지전능 등등 말하면서 예수님의 선지자 역할에 대해서는 아주 잘 말합니다. 그런데 예수님이 십자가에 죽으신 제사장 역할에 대해서는 필요할 때만 말합니다. 그것도 사랑부분을 말할 때 박애정신으로 말합니다. 그러면서 사랑은 이런 것이라고 설명을 하므로 제사장 역할은 사라져 버린 채 역시 사랑마저도 선지자 역할로 바꾸어 말하며 왜 너희는 사랑을 안 하느냐는 것입니다. 여기에서 우리가 보아야 할 것은 예수님이 우리의 삶을 대신한 본보기로 살아주셨기에 우리도 예수님과 똑같이 살아야 한다는 것입니다. 많은 분들이 예수님은 하나님이시고 나는 죄인이라고 하면, 이러면 믿음이 좋은 줄 착각합니다. 특히 '나는 죄인입니다.' 그렇게 말하면서 감탄사와 미사어구의 구사에 따라 우리는 '저분은 장로감이구먼' '권사가 되시겠구먼' 하면서 생각하고 있으니 그야말로 회칠한 무덤이라고 말씀하시더니 그렇습니다. 그리고 실제로 죄인이라고 말하면 그러면 바로 이것이 제사장 역할인 줄 알고 잘못 생각합니다. 이러면 하나님은 싫어하시고 사탄은 좋아합니다.

어떤 모습을 하나님이 기뻐하실까요? 하나님이 예수님으로 오셔서 본보기로 살아 주셨기에 우리도 예수님처럼 똑같이 살아야 합니다. 이제 이렇게 고백하여야 합니다. '하나님 나를 예수님처럼 자녀 삼아 주시고 하나님의 은혜가운데 누리게 하시니 감사합니다. 나 자신은 예수님처럼 나를 축복하면 축복받고 나를 저주하면 저주받는 그런 선지자가 된 것을 감사합니다.' 그리고 '예수님처럼 이웃을 만나기만 하면 제사장 역할처럼 사람 보기에 고운 모양도 없고 오히려 사람들에게 싫어버린 바 되고 그래서 이웃들이 나를 바보 취급해도 백치 아다다 라고 불러도 그렇게 하는 당신들을 나는 사랑할 일만이 나의 일입니다'라고 살아드리는 것입니다.

당신을 죽이려고 하는 사울 임금 앞에서 다윗은 고백합니다. "내가 어떻게 하나님이 기름 부은 자를 손댈 수 있는가?" 아들 압살롬이 반역합니다. 압살롬이 반역을 모의하다가 걸린 것이 아닙니다. 실제로 반역했습니다. 그의 죽음 앞에서 고백합니다. "내 아들 압살롬아, 내가 너를 대신하여 죽었으면 좋았을 것을 내 아들 압살롬아"라고 말합니다. 그렇습니다. "완벽한 아들이었던 내가 살아서 이 땅을 통치했더라면 얼마나 좋았겠는가, 왜 똑똑한 네가 명철한 네가 하나님을 떠나 이러한 실수를 하다가 어처구니없는 죽음을 당했니? 이 웬 말이란 말인가. 내 아들 압살롬아 내가 너를 대신하여 죽었더라면 좋았을 것을. 내 아들 압살롬아"라고 진정한 통곡을 하는 것입니다. 다윗은 분명한 원수들 앞에서 완벽한 제사장 역할을 합니다.

예수님이 당신을 못 박고 있는 그들에게 "저들의 죄를 용서하여 주옵소서"라고 말씀하시므로 제사장 역할의 본보기를 보여주셨듯이 우리도 이웃들 앞에서 예수님처럼 제사장 역할을 올바로 해야 합니다. 그 제사장 역할은 우리는 이웃을 사랑할 책임밖에 없습니다. 저들이 천대를 해도 멸시를 해도 하나님을 모르니 그렇게 할 수 밖에 없는 삶을 이해하며 '예수 믿으세요, 예수 믿으세요. 왜 저들이 예수님 만나기만 하면 되는데 예수님 모르기에 핍박하며 오해하며 마음껏 해코지를 하고 있으니 예수 믿으세요, 예수 믿으세요', 이 말 밖에는 할 말이 없다는 것입니다. 나 혼자 있을 때에는 완벽한 선지자 역할, 그래서 다른 사람들 보기에는 너무나도 교만이 하늘을 찌르는 것처럼 보입니다. 그런데 이웃 앞에 서기만 하면 완벽한 제사장 역할을 하고 있습니다. '저 사람이 바보인가? 천치인가?' 할 정도입니다. '당신, 살고 싶은 욕망이 그렇게도 없단 말인가?' 할 정도로 무심한 삶입니다. 그런데 건드려 보면, '하나님 저를 용서하여 주옵소서.' 세상을 포용하고 있는 그 삶 앞에서 「고후 6장」의 말씀처럼 죽은 자 같은데 살아있고, 아무것도 없는 자 같은데 모든 것을 가진 자이며, 무명한 자 같은데 유명한 자이며, 바로 이것이 제사장 역할인 것입니다. 이러한 사람은 하나님 앞에서 어리광부리며 즐거움 누리며 이 땅이 바로 하나님 품속인 것을 확인하며 사는 것입니다. 예수님은 하나님이시며 나는 죄인입니다. 말하면서 종교의 놀음으로 가지 않습니다. 그래서 하나님이 슬퍼하시며 사탄이 좋아하는 곳으로 가지 않습니다.

　마지막으로 하나님이 믿게 하신 자, 곧 믿음이 있는 자는 무엇을 믿는 것입니까? 「막 16 : 17, 18」에서 확실하게 설명하여 주고 있습니다. 믿는 자들에게는 이런 표적이 따른다고 했습니다. '귀신을 쫓아낸다. 새 방언을 말한다. 뱀을 집어 올리며, 무슨 독을 마실 지라도 해를 받지 아니한다.' 그리고 병든 사람에게 손을 얹으면 병이 낫는다고 말씀했습니다. 그런데 중요한 것은 무엇을 믿느냐는 것입니다. 여기 설명대로 될 것을 믿는 것입니까? 아닙니다. 무엇을 믿는 것입니까? 「14절」에 답이 있습니다. 그 후에 열한 제자가 음식을 먹을 때에 예수께서 그들에게 나타나사 그들의 믿음 없는 것과 마음이 완악한 것을 꾸짖으시니 이는 "자기가 살아난 것을 본 자들의 말을 믿지 아니함 일러라. 믿고 세례를 받는 자들에게는 구원을 얻을 것이요 믿는 자들에게는 이러한 표적이 따르리니." 이렇게 말씀하고 있으니 분명 무엇을 믿어야 하는가? 믿는 자에게 따르는 능력을 믿는 것이 아닙니다. 예수님이 십자가에 죽으셨다가 다시 살아난 부활을 믿을 때에 이러한 표적이 따른다고 말씀했습니다. 「요일 4 : 2」입니다. 이로써 너희가 하나님의 영을 알지니 곧 예수 그리스도께서 육체로 오신 것을 시인하는 영마다 하나님께 속한 자니라.

다시 한 번 상기하여 봅시다. 무엇이 복음입니까? 하나님이 이 땅에 예수님으로 오심, 십자가에 죽으심, 사흘 만에 부활하심, 승천하시고 하나님 우편에 앉아계시다가 심판하러 재림하심, 그리고 믿는 자들을 천국에 보내심이 복음입니다. 그렇습니다. 뚜렷하고 분명한 것은 이 복음을 받아들이신 분들만이 좋은 나무 좋은 열매이듯이 우리가 예수님을 닮아감으로 하나님처럼 살게 되는 것을 진짜 누리며 드디어 완성되어져 가는 인간이 되는 것을 실제로 체험하며 살게 된다는 것입니다.

24. 예배 믿음 기도
(기도의 법칙)

*이에 그들이 제자들에게 와서 보니 큰 무리가 그들을 둘러싸고 서기관들이 그들과 더불어 변론하고 있더라
온 무리가 곧 예수를 보고 매우 놀라며 달려와 문안하거늘
예수께서 물으시되 너희가 무엇을 그들과 변론하느냐
무리 중의 하나가 대답하되 선생님 말 못하게 귀신 들린 내 아들을 선생님께 데려왔나이다
귀신이 어디서든지 그를 잡으면 거꾸러져 거품을 흘리며 이를 갈며 그리고 파리해지는지라 내가 선생님의 제자들에게 내쫓아 달라 하였으나 그들이 능히 하지 못하더이다
대답하여 이르시되 믿음이 없는 세대여 내가 얼마나 너희와 함께 있으며 얼마나 너희에게 참으리요 그를 내게로 데려오라 하시매
이에 데리고 오니 귀신이 예수를 보고 곧 그 아이로 심히 경련을 일으키게 하는지라 그가 땅에 엎드러져 구르며 거품을 흘리더라
예수께서 그 아버지에게 물으시되 언제부터 이렇게 되었느냐 하시니 이르되 어릴 때부터니이다
귀신이 그를 죽이려고 불과 물에 자주 던졌나이다 그러나 무엇을 하실 수 있거든 우리를 불쌍히 여기사 도와 주옵소서
예수께서 이르시되 할 수 있거든이 무슨 말이냐 믿는 자에게는 능히 하지 못할 일이 없느니라 하시니
곧 그 아이의 아버지가 소리를 질러 이르되 내가 믿나이다 나의 믿음 없는 것을 도와 주소서 하더라
예수께서 무리가 달려와 모이는 것을 보시고 그 더러운 귀신을 꾸짖어 이르시되 말 못하고 못 듣는 귀신아 내가 네게 명하노니 그 아이에게서 나오고 다시 들어가지 말라 하시매
귀신이 소리 지르며 아이로 심히 경련을 일으키게 하고 나가니 그 아이가 죽은 것 같이 되어 많은 사람이 말하기를 죽었다 하나
예수께서 그 손을 잡아 일으키시니 이에 일어서니라
집에 들어가시매 제자들이 조용히 묻자오되 우리는 어찌하여 능히 그 귀신을 쫓아내지 못하였나이까
이르시되 기도 외에 다른 것으로는 이런 종류가 나갈 수 없느니라 하시니라*

막 9 : 14-29

저는 지금 어떻게 하면 우리가 예수님 닮아 갈 것인가, 인간이 하나님 형상대로 지음 받았으니 하나님처럼 살 수 있는 것인가에 대하여 말씀드리려고 합니다. 우리는 원래 좋은 나무 좋은 열매이기에 우리가 좋은 인간이 되면 좋은 열매는 자연히 맺혀지기 때문에 말씀드리고 있는 것입니다. 너무나도 현실적인 말씀인데도 너무나도 비현실적으로 보이기에 우리에게 지루하게 보일 것 같아 인간적인 두려움이 있습니다. 좋은 나무 좋은 인간이 되는 법칙은 성부 성자 성령의 법칙입니다. 예배 믿음 기도의 법칙입니다. 예배와 믿음에 이어서 오늘은 기도의 법칙에 대하여 말씀드리기를 원합니다.

예배 믿음 기도는 논리적으로는 다른데 실지로는 하나입니다. 예배하는 자는 믿음이 있는 자이고, 믿음이 있는 자는 기도하는 자이고, 기도하는 자는 예배하는 자라고 말씀드렸습니다. 이미 예배와 믿음에서 한 가지 공통점이 나왔습니다. 그것은 늘 예배이며 늘 믿음이어야 한다는 것입니다. 그러니 기도도 늘 기도여야 하는 답이 나올 것입니다. 기도에 들어가기 전에 한 번 더 확인하여 봅니다. 인간은 영과 육으로 되어있습니다. 예배는 인간인 내가 하는 행위입니다. 믿음은 영이 하는 일입니다. 기도는 육이 하는 일입니다. 기도는 영의 소리 느낌 인식 등을 소리를 내어 육체가 하는 일이기에 육이 하는 일이 됩니다. 기도란 한마디로 내가 예수님 닮아가기 위한 것이며 그리고 하나님께 바짝 가까이 가서 하나님과 친구처럼 대화하는 것입니다. 「출 33 : 11」 사람이 그 친구와 이야기 함 같이 여호와께서는 모세와 대면하여 말씀하시며 「욥 42 : 5」 내가 주께 대하여 귀로 듣기만 하였삽더니 이제는 눈으로 주를 뵈옵나이다. 「야 4 : 8」 하나님을 가까이 하라 그리하면 너희를 가까이 하시리라.

기도란 하나님과 가까이 하는 것이며 마귀하고는 멀어지는 것이라고 하는 정의는 갈 목사님이 수요 공부시간에 정의를 내린 것 중의 하나로 기도란 무엇인가를 17가지로 나누어 설명을 했습니다. 그 17가지 제시 중 거의 전부가 예수님 닮아가는 내용이며, 하나님과 인간 관계 속에서 어떻게 하면 친구처럼 될 것인가 하는 내용이었습니다. 우리 김석환 목사님도 당신 용어가 있습니다. '하나님께 바짝바짝 메어 달립시다.' 당신 우리교회에 부임설교 때 사용한 언어입니다 이때부터 아주 많이 사용하는 용어가, '바짝바짝 메어 달립시다'입니다. 지난주 금요기도회 때에도 기도로 바짝바짝 하나님 앞으로 다가 가야 한다고 말했습니다.

우리 모두가 성경을 보면 답은 하나일 수밖에 없습니다. 저는 오늘 말씀을 준비하면서 우리가 하나님과 올바른 관계를 맺고 그래서 나는 하나님과 친구처럼 되고 그리고 바로 그것이 내가 바른 인간이 되어 가고 있음에 대한 확인이 기도인 것을 알게 되었습니다. 저는 이것을 실증하기 위한 기도의 현실성에 대하여 말씀드려 보기를 원합니다.

먼저 기도하면 우리는 능력 축복을 제일 먼저 생각하기 마련입니다. 그러나 그런 생각을 제발 머리에서 지워버리시기를 바랍니다. '구하라 그리하면 주신다'고 했습니다. 오늘 본문에서도 기도 외에는 나갈 수 없다고 했습니다. 히스기야 임금이 죽을병에 걸렸을 때에 기도해서 나았습니다. 이스라엘 백성들이 전쟁이 터지면 기도해서 전쟁에서 이겼습니다. 야곱이 기도하면서 천사와 씨름하면서 끝까지 매달렸기에 야곱이 이스라엘이라는 칭호를 얻었습니다. 이렇게 나열하지 않더라도 더 많은 사건들이 기록되었고 지금도 이러한 일들이 아주 가끔씩 일어납니다. 그렇기 때문에 축복을 생각하며 응답을 생각하며 기도하면 능력처럼 보이기도 합니다. 그것이 옳다면 우리는 당연히 그렇게 해야합니다. 그런데 아닙니다.

그렇게 하는 것이 전부인줄 알면 안됩니다.

단 이런 경우는 있습니다. 초신자 때 하나님 말씀이, '진리인 것을 알게 하기 위하여 구하라 주실 것이요'했으니 초신자가 구하는 그 자체만 가지고 하나님의 응답이 오는 경우를 종종 보게 됩니다. 그거야 말로 초신자를 위한 특별한 경우이지 결코 성경전체가 그렇게 말하고 있지 않다는 것입니다. 야곱이 기도를 통하여 이스라엘로 바뀐 사실이 있습니다. 그것도 성경을 보면 완벽한 기도가 아닙니다. 예수님의 '내 원대로 마옵시고 아버지의 원대로 하옵소서', 이것이 완벽한 기도입니다. 실제로 야곱 자신이 「창 46장」에 벧엘에서 기도 할 때와 비교한다면 얍복강의 천사와 씨름한 기도는 오늘날 방언 정도하는 기도와 방불한 기도의 한 특수 상황일 뿐이지 기도의 고수에다 비유할 수는 없는 사건입니다. 「호 12:3」 야곱은 태에서 그 형의 발뒤꿈치를 잡았고 또 장년에 하나님과 힘을 겨루되, 바로 천사와 씨름하는 모습을 야곱이 하나님과 힘을 겨루었다고 말하면서 특수 상황을 설명했을 뿐이며 오히려 암시는 기도는 이렇게 하는 것이다가 아닌 것을 제시하는 것입니다. 성경은 우리의 씨름은 정사와 권세와 이 어두움의 세상주관자들과 하늘에 있는 악한 영들이라고 「엡 6:13」에 말합니다. 우리는 하나님과 씨름해서는 안됩니다. 하나님과는 대화하고 가까이 나아가야 합니다.

먼저 기도와 그리고 응답 능력 축복 등을 보시면 반드시 응답 능력 축복이 나타나기 전에 바로 그 기도하신 분에게 나타나는 공통점이 있습니다. 그것은 기도로 그 사람을 응답 능력 축복 등을 받을 수 있도록 미리 준비시켜놓고 주시는 것입니다. 바로 이 준비를 다른 말로 하면 '깨끗하게 되었다'이며, 예수님 닮아가는 모습이 나타나고 있다는 중간 과정이 필요한 것입니다. 누가 면허증도 없는 분에게 자동차를 맡길 수 있습니까? 반드시 자동차를 운전하기 위해서는 면허증을 먼저 취득해야만 합니다. 우리가 응답 능력 축복을 운운할 때에 그것을 받을 만한 그릇이 안 되었는데 주실 수는 없습니다. 세 살짜리 어린아이에게 날카로운 면도칼을 줄 수는 없을 것입니다. 우리가 기도할 때에 무조건 우리가 나의 생각을 말합니까? 그렇다면 모든 나의 생각은 기도가 되는 것입니다. 우리가 기도하려면 기도의 대상인 하나님 앞에 나와서 아뢰어야 할 것입니다. 물론 교회당이면 더 좋겠습니다만 이것이 하나님께 나온 확실한 표현으로 드러나니까요. 어디서나 관계가 없습니다. 분명 하나님 앞에 나와서 하나님께 아뢰어야 기도가 되는 것입니다. 이때 하나님 앞에 섰을 때 그것이 바로 나입니다. 사실을 아뢰기도 전에 하나님 앞에 서는 순간 이미 기도는 시작된 것입니다. 사실 아뢰지 않더라도 하나님은, '이미 너를 알고 있었다'라고 말씀하고 계십니다. 아뢰기 전에 나 자신이 보이기 시작하는데 어떻게 아뢸 수가 있을까요? 아뢸 수가 없게 되는 것입니다. 왜? 나의 죄가 보이기 시작하기 때문입니다.

마치 지금도 바다의 모래처럼 떠있는 저 별들이 밤이면 밤마다 노래하며 우리에게 이불처럼 짓눌러야 하는데 그 별이 보이질 않습니다. 왜? 그 별들과 우리 사이에 너무나도 오염된 이물질들이 많이 끼어있기 때문입니다. 하나님은 여전히 우리와 함께 하시며 늘 나타나 주셨는데 지금 내가 못 보고 못 누리고 있으니 바로 하나님과 나 사이에 죄가 가득 차있기 때문입니다. 「시 66 : 18」 내가 내 마음에 죄악을 품으면 주께서 듣지 아니하시리라 이 문제를 해결하지 않고 '내 문제가 왜 해결 안됩니까' '왜 축복을 안주십니까' '응답은 언제입니까' 할 때에 거기에 우리의 공통점이 있습니다. 바로 응답보다도, 능력보다도, 축복보다도 나 자신의 문제를 해결하는 것이 더 중요한 문제라는 것을 우리 모두가 다 알게 됩니다. 바로 이 인식이 그릇 준비 다른 말로 우리가 깨끗하게 되어야하며, 또 다른 말로 예수님 닮아가는 문제가 더 중요한 것으로 다가오는 것입니다. 그릇이 준비되기만 하면 막 부어주시는 하나님인 것을 우리가 알기 때문입니다. 저는 종종 백내장 등등 눈에 문제가 생기면, '한없이 울 수만 있다면 그 눈물이 틀림없이 눈을 치료할 수가 있을 터인데'라고 생각하면서 기도는 분명히 무엇을 받기 위하여 축복 때문에 하는 것이 아님을 알게 됩니다. 기도는 능력을 받기 위하여 하는 것이 아닙니다. 기도는 예수님을 닮아가기 위하여 하는 것입니다. 기도는 우리가 우리 되기 위하여 하는 것입니다.

산상수훈에서, 심령가난 애통 온유 의에 주리고 목마름 긍휼 청결 화평 십자가를 위하여 핍박을 받는 것 등은 바로 우리가 해야 할 일들입니다. 그러나, 마음천국 위로 땅을 기업으로 받음 배부름 긍휼히 여김을 받음 하나님을 보고 하나님의 아들이라 일컫고 갈 천국을 보게 되는 것은 곧 하나님이 우리에게 하실 일들입니다. 우리가 하나님의 하시는 일들을 간섭해서는 안 될 것입니다. 히스기야 임금이 죽을 병에 걸립니다. 그리고 하나님이 히스기야에게 이번 병으로 죽을 것을 예언합니다. 그런데 히스기야 임금은 기도를 해서 15년 동안 연장을 받게 됩니다. 우리는 여기에서, '히스기야 임금이 기도를 해서 생명을 연장 받았단 말이야. 그러니 기도를 해야 돼' 하는 것보다 기도를 하는 자에게 이러한 약속이 임함을 설명하는 기도와 하나님의 약속이 더 중요한 것을 알아야 합니다.

결국 기도를 하여 올라가 보며 기도의 성숙을 보여준 자들은 기도는 우리가 하나님께 아뢰는 것이 아니라 우리가 하나님의 음성을 듣기 위하여 하는 것이라는 것을 보여줍니다. 그 유명한 테레사수녀가 말했습니다.

"나는 하나님께 아뢰는 자가 아니라 하나님의 음성을 듣기 위하여 하나님께 머리 숙인다."

아브라함이 "네가 좌하면 나는 우하고 네가 우하면 나는 좌하리라"고 말씀했는데 이 말 속엔 이 땅의 환경은 아랑곳하지 않겠다는 것입니다. 봄 여름 가을 겨울은 하나님이 주셨을 뿐입니다. 낮과 밤도 하나님이 있게 했을 뿐입니다. 감옥도 이 땅에 존재하는 하나일 뿐이지 나에게는 지금 하나님이 음성이 들리는 곳이면 어디든지 갈 것이라는 것입니다. 이것은 아브라함뿐이 아닙니다.

야곱이 하나님과 씨름했던 얍복강가의 기도보다도 분명히 죽었다고 생각했던 아들 요셉이 살아있다고 들었습니다. 그리고 금수레를 보낸 것을 보니 분명 요셉은 애급에서 국무총리가 된 것을 확인합니다. 그런데 야곱은 아들을 만나러 가자고 독촉하지 않습니다. 그는 벧엘에 가서 기도합니다. "하나님 제가 아들을 만나러 가야 합니까?" 하나님은 응답을 합니다. "네가 애급으로 가기를 두려워하지 말아라." 그리고 나서야 야곱은 아들을 만나러 가게 됩니다. 죽었던 아들이 살았다고 했는데도 달려가지 않고 두려워 하나님께 묻는 모습, 어떻게 보면 인간이 이해할 수 없을 정도입니다. 하지만 분명한 것은 바로 이것이 하나님을 만난 자들이 성숙되었을 때 삶의 모습입니다.

예수님이 공생애 시작 전에 40일 금식기도를 하십니다. 이때에 사탄이 찾아와서 그 기도를 가지고 능력문제로 시험합니다. "당신이 40일을 굶었으니 이제 먹어야 합니다. 돌이 떡이 되게 하여 먹으면 온 인류들이 당신을 메시야로, 구주로, 하나님의 아들로 보지 않겠느냐?"는 것입니다. 40일이나 금식기도를 하셨으니 능력이 나타나야 한다는 것입니다. 우리는 예수님의 대답 속에서 기도는 사탄이 말하는 대로 능력으로 사용하면 안 된다는 것을 배우게 됩니다.

하나님이 사람을 지으셨을 때 사람이 40일을 굶었으면 먹는 문제는 하나님의 지으신 육체의 질서를 따라야 한다는 것입니다. 40일 굶은 사람은 먹는 문제에 대해서는 40일 이상 더 관리를 철저하게 하여야 합니다. 그렇게도 먹고 싶은 식욕을 물리치고 굶을 때보다도 더 견뎌야 합니다. 여기서 80일 간의 긴 터널의 견딤 속에서 인생의 성숙을 맛보게 되는 것입니다. 긴 터널의 삶을 예수님을 이렇게 대답하셨습니다. "사람이 떡으로만 사는 것이 아니라 하나님 입으로 나오는 말씀으로 살아야 한다"고 말씀했습니다. 곧 그 육체도 하나님이 지으셨으니 40일 굶은 사람은 하나님이 지으신 육체의 질서를 따라야 한다는 것입니다. 기도는 하나님이 지으신 것을 더 살피고 지키고 따르기 위하여 기도해야 한다는 것입니다.

 예수님은 기도를 하십니다. 공생애 시작 전에 하셨습니다. 십자가에 달리시기 전에 기도하셨습니다. 기회가 있으시면 한적한 곳에서 기도하셨습니다. 습관에 따라 새벽미명에 기도하셨습니다. 바로 그 기도는 천사만 동원하면 될 문제들, 능력 문제가 아니었습니다. 축복 문제가 아니었습니다. 예수님은 초지일관 아버지의 뜻을 이루기 위하여 기도하셨습니다. 예수님은 우리에게 삶의 모범을 보여주기 위하여 기도하셨습니다. 예수님은 율법을 이뤄드리기 위하여 기도하셨습니다. 예수님은 하나님의 공의에 만족시켜드리기 위하여 기도하셨습니다. 우리의 기도도 그래야 합니다. 기도는 능력 때문에 하는 것이 아닙니다. 축복 때문에 기도하는 것이 아닙니다. 그런 것들은 하나님이 하시는 일들입니다. 기도는 예수님 닮아가기 위하여 기도해야합니다. 기도는 인간이 인간되기 위하여 기도해야 합니다. 기도는 쉬지 않고 해야 합니다. 날마다 순간순간마다 해야 합니다.

 하나님이 지으신 법칙 중에 인간이 지켜야 할 가장 중요한 것은 눈에 보이는 것과 보이지 않는 것 전체에서 성부 성자 성령의 법칙입니다. 눈에 보이는 것 중에서 가장 중요한 것은 예배 믿음 기도의 법칙입니다. 이들은 논리적으로는 다른데 실질적으로는 늘 하나입니다. 늘 예배 늘 믿음 늘 기도입니다.

25. 분석은 인간
결론은 하나님께

> ※ 비판을 받지 아니하려거든 비판하지 말라
> 너희가 비판하는 그 비판으로 너희가 비판을 받을 것이요 너희가 헤아리는 그 헤아림으로 너희가 헤아림을 받을 것이니라
> 어찌하여 형제의 눈 속에 있는 티는 보고 네 눈 속에 있는 들보는 깨닫지 못하느냐
> 보라 네 눈 속에 들보가 있는데 어찌하여 형제에게 말하기를 나로 네 눈 속에 있는 티를 빼게 하라 하겠느냐
> 외식하는 자여 먼저 네 눈 속에서 들보를 빼어라 그 후에야 밝히 보고 형제의 눈 속에서 티를 빼리라
> 거룩한 것을 개에게 주지 말며 너희 진주를 돼지 앞에 던지지 말라 그들이 그것을 발로 밟고 돌이켜 너희를 찢어 상하게 할까 염려하라
>
> 마 7:1-6

저는 지금 '좋은 나무 좋은 열매, 나쁜 나무 나쁜 열매'에서 어떻게 하면 좋은 열매를 맺어 인간이 인간다운 삶을 사는지 그런 삶을 살기 위하여, 좋은 나무, 즉 좋은 인간이 되기 위하여 말씀을 증거하는 중에 있습니다. 나무가 열매를 맺기에 좋아야 합니다. 오늘부터 다시 좋은 인간이 되면 좋은 일들을 할 수 있기에 좋은 인간이 되는 비결을 성경에서 찾아 진행하기를 원합니다. 좋은 인간이 되기 위하여 저는 성부 성자 성령의 법칙에 대하여 말씀드렸습니다. 그리고 예배 믿음 기도의 법칙에 대하여 말씀드리면서 예배 믿음 기도에 대하여 따로따로 말씀드렸습니다. 오늘은 우리가 좋은 인간이 되기 위해서는 분석은 인간 결론은 하나님께 있음을 말씀드리기를 원합니다.

결론은 하나님께 있습니다. 결론은 하나님께 있는데 우리 인간들이 하나님을 떠나서 우리가 결론 내리면서 이것은 좋다 나쁘다 하면서 살려고 하고 있습니다. 그 중에 가장 잘못된 것 가운데 하나가 이것입니다. '호랑이는 죽어서 가죽을 남기듯이 인간은 죽어서 이름 석 자 남기는 것'이라고 하면서, 이것이 우리 인간들의 격언처럼 되어있어 인간의 좌우명으로 삼고 사는 사람들이 많이 있습니다. 그리고 이것을 실천사항으로 우리를 유혹하고 그대로 살게 하는 것이 있습니다. '인생은 짧고 예술을 길다', 그러기에 짧지만 긴 삶을 살아야 한다는 것입니다. 그런 좌우명들이 실제로 표현되는 저쪽 그래서 연예인들이 자살률이 높다고 하면 한국사람들이 정말로 그렇게 살고 싶어 하는 진솔한 모습들이 아닌가 싶기도 합니다.

성경을 통하여 말씀드리기 전에 우리의 좌우명이라고 생각되는, '인간은 죽어서 이름 석 자 남긴다. 인생은 짧고 예술은 길다'와 같은 이 격언들은 분석에서는 틀림이 없겠습니다만 진리가 드러나는 데는 도움이 전혀 되질 않습니다. 성경에서, 아니 하나님 뜻과는 정반대되는 것이라는 점을 먼저 짚어 드립니다. 결론이 하나님께 있다 했을 때, '왜 하나님은 선악과를 있게 했으며 또 누구는 지옥 누구는 천국, 이게 무슨 일입니까?'라고 질문할 수 있습니다. 사실 이러한 질문을 예수님은 인류들의 문제를 전체 통합하여 그리고 인류를 대표하여 하나님께 마지막 질문을 하여 주셨습니다. 이것이, '나의 하나님 나의 하나님 어찌하여 나를 버리셨나이까?'입니다. 구약에 보면 다윗이 이 질문을 하나님께 합니다. "나의 하나님, 나의 하나님, 어찌하여 나를 버리셨나이까?" 다윗은 하나님의 대답을 듣고, "여호와는 나의 목자시니 부족함이 없다"라고 고백했습니다. 예수님의 질문에는 예수님을 사흘 만에 부활하게 하심으로 버리심이 아니라 지금 네가 십자가에 죽음은 인생의 완성의 길이며, 영원의 실존이며 그리고 참자유의 삶을 보여주는 것이라고 말씀하신 것입니다.

그렇습니다. 결론이 하나님께 있다 했을 때 우리가 꼭 알아야 할 일이 있다면 그것은 지난 시간에도 말씀드렸고 간간이 말씀드릴 수밖에 없는 것, 하나님은 이 땅을 심판하시는 분이 아니라 우리 인간들이 심판을 자처하고 있다는 것입니다. 곧 하나님은 하나님의 전지전능하신 방법으로 우리 인간들에게 하실 일을 다하고 있다는 것입니다. 하나님이 이렇게 하실 일을 다하고 있으시기에 우리도 우리의 할 일을 다해야 하는 것입니다. 하나님이 하실 일을 하시고 우리도 해야 할 일을 할 때, 그 중에 하나는 우리 인간들은 끊임없는 분석을 해야 합니다. 이것이 옳은 것인지 틀린 것인지, 낮인지 밤인지, 봄 여름 가을 겨울인지, 식물성 동물성 광물성인지, 강한 것인지 약한 것인지, 영원한 것인지 순간적인지, 기쁨인지 슬픔인지, 자유인지 구속인지 우리는 분석하며 또 분석하며 살아야 합니다. 우리가 결론은 내리면 안됩니다.

본문으로 들어가 살펴보겠습니다. 본문을 한마디로 축약하면, '무슨 일이든지 즉 판단을 계속하라. 그러나 결론은 네가 내리지 말라'는 것입니다. 「**본문 6절**」입니다. 거룩한 것을 개에게 주지 말며 진주를 돼지 앞에 던지지 말라 저희가 그것을 발로 밟고 돌이켜 너희를 찢어 상할까 염려하라. 분명 이 말씀은 우리로 하여금 옳고 그름을 계속 연구하라고 말씀합니다. 「**본문 1절**」입니다. 비판을 받지 아니하려거든 비판하지 말라고 했습니다. 이 말씀은 결론은 반드시 하나님께 맡기라는 것입니다. 이 내용은 산상수훈 「**마 5, 6, 7장**」에서 나온 것입니다. 산상수훈은 너희가 하나님의 자녀라면 이렇게 살라고 예수님이 직접 가르치신 것입니다. 그 중에 「**5장**」은 존재론적 입장에서 인간의 본질문제를 밝혀 줍니다. 이것을 실천하려면 「**6장**」에서 이렇게 기도

하라고 주기도문이 나옵니다. 그리고 「7장」에서 구체적으로 삶의 방법을 제시하고 있습니다. 그 구체적 첫 번째 제시가, '인간은 분석, 결론은 하나님'입니다.

이제 자기 자신이 결론을 가진 사람과 결론이 없는 사람의 차이를 살펴보기를 원합니다. 자기 자신이 결론을 가진 사람은 모든 사건에, '나에게 어떤 일이 생기나?'를 생각할 수밖에 없습니다. 이집트의 바로 임금입니다. 모세가 찾아와서 당신 민족들의 해방을 요구합니다. 바로 임금은 할 수 없다고 말합니다. 사실 바로는 당신 자신을 위해서는 아니라고 해도 좋을 수 있습니다. 분명한 것은 이집트 나라와 민족을 위해서는 해방을 시킬 수가 없습니다. 다윗 앞에서 사울 임금입니다. 사울왕의 입장에서는 당신 아들이 왕이 되기를 원하는데 다윗이 걸림돌입니다. 그래서 다윗을 해치기로 결심합니다. 결국에는 당신 자신이 중심이 안 되고 나라를 중심해도 민족을 중심해도 당신 자신의 손익을 계산하여 살아야 하기 때문에 결론을 내릴 수밖에 없습니다. 나라를 생각해도 나의 나라를 기준할 수밖에 없습니다. 가정을 생각해도 나의 가정을 생각할 수밖에 없습니다. 남자로 태어났기에 남자 중심의 이야기를 할 수 밖에 없습니다. 그러기에 여자와 대화한다면 남자로 말할 수밖에 없고 인간 중심의 대화가 안됩니다. 여자와 대화하면 자연히 상대적 이야기를 할 수밖에 없습니다. 그러기에 손익이야기로 갈 수 밖에 없습니다. 객관적으로 보기보다는 편견에 의해 다른 사람을 판단할 수밖에 없습니다. 이 땅에 66억 명의 인류들이 모두가 당신 자신들의 진실들을 가지고 살고 있습니다. 그리고 모두의 당신 자신들의 진실을 당신만이 가지고 있습니다. 그런데 당신이 가지고 있는 그 진실은 당신에게 있어서는 최고 고유의 것입니다. 그런데 바로 그것을 누가 감히 이렇고 저렇고를 말할 수 있겠습니까? 우리는 말해서는 안됩니다. 각자 고유의 진실들은 하나님 앞에서 올바로 가게 해야 합니다. 그리고 그 진실을 책임지고 말할 사람은 하나님 한 분밖에 안계십니다. 결국 당신 자신이 결론을 가지고 있는 사람은 당신 자신이 하나님 자리에 앉을 수밖에 없습니다.

　동물의 생명을 인간의 생명으로까지 승화시킨 불자들의 모습을 보고 있노라면 더 이상 생명을 귀중하게 볼 수 있을까, 생각할 정도로 귀하게 보입니다. 우리 기독교는 동물의 생명과 인간의 생명은 시작이 다르다는 것을 알고 있습니다. 시작이 다르기에 본질이 다릅니다. 그리고 우리 기독교는 동물들을 보는 눈은, '정복하라 다스려라'에 두고 사랑한다 할지라도 동물을 인간의 생명과 동격으로 보게 되는 경우는 특수한 경우로 보면서 우리의 삶을 추스르며 살고 있습니다. 여기에서 우리는 서로, '너희들이 틀렸다고 말한다면 틀렸다'라고 말한 사람이 결론을 내린 것입니다.

　율법주의자들의 경건생활은 범인들인 우리가 볼 때에는 하늘을 찌르는 깨끗함과 옳게 보이는 것들이 많이 있을 것입니다. 그렇다고 그분들이 어떤 사람에게도 이렇게 하라 저렇게 하라고 하면 그분은 바로 하나님 자리에 앉아서 있게 되며 결국은 그 판단 때문에 이 우주는 복잡해지기 시작된 것입니다. 결론을 하나님께 두고 늘 연구하고 진지하게 사는 사람들은 사건과 사람을 구분하여 삽니다. 사건은 어디까지나 사건일 뿐이며 사건과 사람을 구분하여서 매 사건 속에 당신들의 진실들이 있기에 그 진실들이 하나님께 상달하여 좋은 결실 맺기를 기다리게 합니다. 이 말은 사건은 귀중하게 보지 않는다는 말이 아닙니다. 오히려 사건을 통하여 그 사람을 보고 있기에 한 순간도 빼놓지 않고 귀중하게 보면서 살게 됩니다. 왜냐고요? 사건을 잘못 보는 순간 바로 그 한 사람을 잘 이해할 수 없기 때문입니다. 그러기에 결론이 없는 사람들은 사건을 해결하기 위하여 객관적으로 볼 수 있는 눈이 있게 됩니다.
　사건을 객관적으로 볼 수 없게 될 때 이미 나는 그 사람을 사랑할 수 없는 사람으로 변해 있음을 보게 됩니다. 그래서 할 수만 있으면 객관적으로, 더 객관적으로 보려고 노력하게 되며 우리는 그 사람에게 대하여는 결론을 갖지 아니하려고 노력하게 됩니다. 결론을 가지고 있지 아니한 사람들은 상대방이 적이 될 수 없고 이웃 형제가 될 수밖에 없습니다. 상대방이 나를 아무리 잘못 본다 할지라도 그것은 하나님과 그분과의 일일 뿐이지 나하고는 관계가 없습니다. 물론 인간인지라 느낄 건 느낀다 할지라도 하나님께 기도하면 다 해결될 일이고 결국에는 하나님과 나와 관계된 일이지 상대방은 나의 사랑의 대상일 수밖에 없습니다.
　결론이 없는 사람은 결론이 없기에 늘 신선하게 살 수 있습니다. 어느 사건이든지 이것이 나에게 도움이 될는지 손해가 될는지를 전혀 알 수가 없습니다. 복권당첨이 그 사람을 행복으로 인도했다는 이야기는 프로테이지로 1.20%입니다. 80~90%가 복권당첨이 그 사람을 불행하게 만들었다고 통계가 증명합니다. 오히려 불이 난 것이 전화위복이 되었다는 말은 많이 듣습니다. 정말로 우리에게 있어서 이 사건이 나에게 무엇을 의미하는지는 아무도 모릅니다. 그러기에 결론이 없는 사람은 늘 신선하게 살 수가 있습니다. 결론이 없는 사람은 자기 자신을 늘 돌아보게 되며 성장을 보게 합니다. 결론이 없는 사람은 사건 사건마다 내가 이 사건을 성경대로 처리했나를 볼 수밖에 없습니다. 왜냐고요? 이 사건이 무엇인지 나에게 이익인지 손해인지를 모르기 때문에 자연히 성경대로 처리했나를 물어 볼 수밖에 없습니다. 성경은 우리 인생의 거울입니다. 성경을 보고 있으면 나의 마음이 보입니다.

나의 눈빛이 보입니다. 나의 생각이 보입니다. 그러니 나 자신이 보이기에 나는 예수님을 닮아가는 성장을 내가 볼 수 있습니다.

우리 인간은 사건을 먹고 살고 있는데, 매 사건 사건은 나를 성숙시키는 일일 뿐입니다. 하나님을 사랑하는 자 하나님을 믿는 자들에게는 모든 일이 합력하여 선을 이룬다고 했는데 정말로 나를 성숙시키기 위하여 사건은 존재하고 있을 뿐입니다. 전무후무한 고통을 만난 욥의 사건입니다. 욥은 어리석게 하나님을 원망하지 않았습니다. 왜? 결론을 내리지 않았기 때문입니다. 이러한 욥은 이렇게 성장했습니다. 「욥 6 : 10」 그러할 찌라도 내가 오히려 위로를 받고 무정한 고통가운데서도 기뻐할 것은 내가 거룩하신 이의 말씀을 거역지 아니하였음이라. 욥은 기뻐했습니다. 「욥 19 : 25, 26」 내가 알기에는 나의 구속자가 살아계시니 후일에 그가 땅 위에 서실 것이라 나의 이 가죽 이것이 썩은 후에 내가 육체 밖에서 하나님을 보리라. 욥은 당신의 부활을 보았습니다. 「욥 23 : 10」 나의 가는 길을 오직 그가 아시나니 그가 나를 단련하신 후에 내가 정금같이 나오리라. 하나님만이 당신을 알며 당신은 정금처럼 될 것을 알게 되었습니다. 「욥 28 : 12」 그러나 지혜는 어디서 얻으며 명철의 곳은 어디인고, 「28절」 또 사람에게 이르시기를 주를 경외함이 곧 지혜요 악을 떠남이 명철이라 하셨느니라. 욥은 인간의 완성을 알았습니다. 「욥 42 : 5」 내가 주께 대하여 귀로 듣기만 하였더니 이제는 눈으로 주를 뵈옵나이다. 욥은 완성된 인간이 되어가고 있었습니다.

결론이 없는 사람은 사건을 통하여 자신을 성숙시키는 대로 가게 할 뿐입니다. 결론이 없는 사람은 하나님께 결론을 맡기고 가진 것, 있는 것, 아는 것을 가지고 최선을 다하며 살고 있기에 성경대로 이루어지고 있음을 보고 삽니다. 「빌 3 : 16」 오직 우리가 어디까지 이르렀든지 그대로 행할 것이라. 모세의 홍해 앞에서의 행동은 오직 하나님 앞이었을 뿐입니다. 여호수아의 요단강 앞에서의 행동도 역시 오직 하나님 앞이었을 뿐이었습니다. 사자굴 앞에서 다니엘은 역시 오직 하나님 앞이었을 뿐이었습니다. 「행 4 : 29」 주여 이제도 저희의 위협함을 하감 하옵시고 또 종들로 하여금 담대히 하나님의 말씀을 전하게 하여 주옵시며, 제자들도 죽음의 환경 앞에서 역시 오직 하나님 앞이었을 뿐이었습니다. 왜냐고요? 결론은 하나님께 있을 뿐이기 때문입니다. 성도님들, 결론은 하나님께 맡기고 모든 사건의 분석만 열심히 하고 사노라면 틀림없이 우리는 좋은 나무가 될 것입니다. 그리고 좋은 나무인 우리를 통하여 나타나는 열매는 사랑 희락 화평 거룩 등등 우리의 삶의 품위유지를 드러내는 아름다운 삶이 이 땅에서 우리가 사는 동안에 나타나고 나타날 것입니다.

26. 논리적으로 다를 뿐 실제는 하나

✽ 그들을 진리로 거룩하게 하옵소서 아버지의 말씀은 진리니이다
아버지께서 나를 세상에 보내신 것 같이 나도 그들을 세상에 보내었고
또 그들을 위하여 내가 나를 거룩하게 하오니 이는 그들도 진리로 거룩함을 얻게 하려 함이니이다
내가 비옵는 것은 이 사람들만 위함이 아니요 또 그들의 말로 말미암아 나를 믿는 사람들도 위함이니
아버지여, 아버지께서 내 안에, 내가 아버지 안에 있는 것 같이 그들도 다 하나가 되어 우리 안에 있게 하사 세상으로 아버지께서 나를 보내신 것을 믿게 하옵소서
내게 주신 영광을 내가 그들에게 주었사오니 이는 우리가 하나가 된 것 같이 그들도 하나가 되게 하려 함이니이다
곧 내가 그들 안에 있고 아버지께서 내 안에 계시어 그들로 온전함을 이루어 하나가 되게 하려 함은 아버지께서 나를 보내신 것과 또 나를 사랑하심 같이 그들도 사랑하신 것을 세상으로 알게 하려 함이로소이다
아버지여 내게 주신 자도 나 있는 곳에 나와 함께 있어 아버지께서 창세 전부터 나를 사랑하시므로 내게 주신 나의 영광을 그들로 보게 하시기를 원하옵나이다
의로우신 아버지여 세상이 아버지를 알지 못하여도 나는 아버지를 알았사옵고 그들도 아버지께서 나를 보내신 줄 알았사옵나이다
내가 아버지의 이름을 그들에게 알게 하였고 또 알게 하리니 이는 나를 사랑하신 사랑이 그들 안에 있고 나도 그들 안에 있게 하려 함이니이다

요 17 : 17-26

우리는 나무를 말할 때 나무만 보고 나무라 말할 수 없고, 열매만 보고 나무라 말할 수 없습니다. 나무와 열매를 보고 이것은 무슨 나무이며 건강상태는 어떻고 사람에게는 어떤 유익이 있으며 등등 말할 수 있습니다. 그러기에 나무와 열매는 논리적으로 다른데 실제는 하나입니다. 논리적으로 다른데 실질적으로는 하나인 것을 처음으로 드러낸 법칙이 아인슈타인의 '상대성원리'입니다. 그전까지는 뉴턴의 법칙이 있었습니다. 뉴턴의 법칙은 빛과 물질을 둘로 보았습니다. 아인슈타인은 빛과 물질을 하나로 보았습니다. 어느 날 둥근 알루미늄을 두고 갑니다. 밖에 나갔다가 들어옵니다. 시간이 얼마나인지는 모르겠습니다만 밖에 나갔다가 들어와 보니 알루미늄이 전보다 작아져 보인 것입니다. 이상하다 하여 또 다시 의도적으로 실험을 합니다. 여전히 가만히 두고 있노라면 시간이 지나면 작아지는 것이었습니다. 작아지는 것에서 에너지가 빠져나가는 것을 인식하게 되고 그 이후 빛과 물질이 하나인 것을 알게 되며 그 무서운 힘을 드러내는 핵 등 오늘날 21세기에 와서 인간의 편리를 이렇게도 무섭게 있게 하신 분입니다.

이 사실을 우리 한국 순수철학 석학이셨던 서동익 교수님은 이렇게 말합니다. 철학의 질문과 종교의 대답이 만나기만 하면 무서운 결과가 나온다고 하면서, 「전 3 : 11」 하나님이 사람에게 영원을 사모하는 마음을 주셨느니라. 이 말씀을 가지고 인간이 하나님을 믿는 것은 하나님이 영원을 사모하는 마음, 즉 하나님을 찾는 마음을 주셨기에 믿게 되었다고 하시면서 종교와 철학의 만남을 말씀했던 분입니다. 저는 청년 때에 이 사실을 인식하고 지금까지 이 사고를 가슴에 품고 살아왔습니다. 그리고 찾아낸 한 가지 발견이 논리적으로 다른데 실지로는 모든 것이 하나인 것입니다. 이 우주는 천국과 지옥 즉 하나님 안과 밖만이 둘이고, 그 외의 모든 것은 하나입니다.

그 증명의 첫 번째가 삼위일체 하나님입니다. 성부 성자 성령은 논리적으로는 글자가 다르듯이 다른데 실지로는 늘 한 분인 하나님이시며 늘 하나로 움직이십니다. 태초에 천지를 창조하실 때에도 하나님이 창조를 하시는데 역할은 성령 하나님이 하시므로 한 분이신 하나님을 드러냅니다. 분명 우리의 죄를 담당하시어 용서를 하시는 분이 하나님이신데도 그 역할은 예수님으로 드러나신 하나님이 하십니다. 이와 같이 하나님이 창조하신 모든 물체와 그리고 인간도 살펴보면 논리적으로 다른데 실지로 하나인 것들이 비일비재하며, 그것도 가장 중요한 시작을 설명하고 원리를 드러내는 곳에는 거의 대부분 이 원칙이 적용되고 있음을 보게 합니다.

인간은 영과 육으로 지어졌습니다. 영과 육은 논리적으로 다른데 늘 하나로 움직이면서 비로소 인간이 설명됩니다. 영과 육이 분리되어서는 인간이 설명 안됩니다. 인간은 남자와 여자로 창조되었습니다. 남자와 여자를 하나로 보아야만 인간을 설명할 수 있습니다. 가장 중요한 부분이 정자와 난자가 만나야만 인간이 될 수 있습니다. 정자 난자 따로 있으면 그것은 그냥 그 자체일 뿐이지 아무것도 아닙니다. 사실 인간의 생명도 남녀를 하나로 보아야만 설명이 됩니다.

하나님의 예정과 인간의 자유의지가 또 그렇습니다. 하나님의 예정과 인간의 자유의지는 늘 하나로 움직이고 있습니다. 하나님의 예정을 설명할 수 있습니다. 인간의 자유의지도 설명할 수 있습니다. 그런데 하나님의 예정과 인간의 자유의지를 따로따로 놓으면 분석은 되는데 삶의 설명이 안되며 그러기에 문제의 해결이 안됩니다. 이것은 늘 하나로 되어있기에 동시에 보면서 하나님의 예정의 중심일 경우와 인간의 자유의지의 중심일 경우 장단점을 말하면서 사건을 풀어야만

풀게 되며 사건이 해결이 되는 것입니다.

하나님은 창조주, 인간은 피조물이 또 그렇습니다. 모든 존재하는 것들을 하나님은 창조주, 인간은 피조물로 인정하고 인식 사고 느낌 표현 등을 해야지 이렇게 시작하지 아니하면 모든 문제들이 해결되지가 않습니다. 우리 인간들의 스스로 자유의지란 이 땅에 있을 수 없습니다. 자유의 근원이신 하나님 앞에서 말해야만, 즉 우리 인간은 피조물인 것을 인정해야만 해답이 나옵니다. 근원이 없는데 어디에 표준을 두고 말을 할 수 있습니까? 인간 스스로는 할 수 없습니다. '나는 스스로 있는 자니'라고 말씀하신 하나님 말고는 자유의지란 있을 수 없습니다.

하나님의 심판과 사랑이 늘 하나입니다. 노아 홍수 사건이 보여줍니다. 하나님의 물의 심판은 세상 사람들에겐 심판이었으나 바로 그 장소에서 노아는 하나님의 품속의 상징인 방주 속에서 세상 사람들의 심판을 보고 있었습니다. 「요 5:24」 내가 진실로, 진실로 너희에게 이로노니 내 말을 듣고 또 나 보내신 이를 믿는 자는 영생을 얻었고 심판에 이르지 아니하나니 사망에서 생명으로 옮겼느니라. 이 말씀을 곰곰이 생각하여 보면 죽어서 마지막에 있을 심판을 말씀하고 있지만 지금도 여전히 적용이 되고 있음을 알아야 한다는 것입니다. 그렇게 담배피우는 것이 나에게는 좋은데 피우지 말고 하니 이것은 심판일 것입니다. 그러나 계속 피우면 죽음이고 안 피우면 생명입니다. 어찌 흡연 문제뿐이겠습니까. 분명히 심판과 사랑은 늘 하나로 움직이면서 심판과 사랑이 동시에 나에게 임하고 있습니다.

하나님 믿는 것과 인간의 죽음이 그렇습니다. 성경이 말하는 대로 하나님을 믿는 것은 모든 존재하는 것들을 하나님 중심하여 사용할 때 믿음이라고 말할 수 있습니다. 동시에 모든 존재하는 것들을 하나님 중심할 때 나의 죽음이라고 말하게 됩니다. 그러니 늘 하나님 믿음과 나의 죽음은 동시에 있는 것입니다. 「갈 2 : 20」 내가 그리스도와 함께 십자가에 못 박혔나니 그런즉 이제는 내가 산 것이 아니요 오직 내 안에 그리스도께서 사신 것이라 이제 내가 육체 가운데 사는 것은 나를 사랑하사 나를 위하여 자기 몸을 버리신 하나님의 아들을 믿는 믿음 안에서 사는 것이라. 「고전 15 : 32」 나는 날마다 죽노라고 말씀하는데 헬라어의 원뜻은 늘 죽어져 있는 상태를 가리킵니다. 하나님 믿는 믿음과 인간의 죽음은 늘 동시에 같이 행동으로 움직이고 있습니다.

예배 믿음 기도의 법칙이 그렇습니다. 예배 믿음 기도는 분명히 논리적으로는 다른데 늘 실제는 하나로 뭉쳐서 움직이고 있습니다. 예배하는 자는 믿는 자이고, 믿는 자는 기도하는 자이고, 기도하는 자는 예배하는 자입니다. 늘 동시에 있을 뿐 아니라 늘 예배, 늘 믿음, 늘 기도여야 하는데 동시에 움직이고 있기 때문에 그렇게 할 수 있는 것입니다.

인간을 설명하는 지정의(知情意)가 그렇습니다. 우리 인간이 어떤 사건을 인식하고 행동으로 움직일 때 의지는 동시에 나타납니다. 인지하는 지각, 감지하는 감정, 행동하는 의지가 따로따로 서로 대화하면서, '이것이야'라며 행동하지 않습니다. 논리적으로 설명하고 나눌 때만이 분리하게 되는 것이지 우리가 구체적으로 행동할 때에는 동시에 움직이고 있는 것입니다.

인간의 자유와 책임이 그렇습니다. 우리의 행동에 자유 없는 행동이 없고, 책임이 따르지 않은 행동이 없습니다. 이 자유와 행동은 늘 동시에 일어나고 있으며 한 행동 속에 함께 있는 것입니다. 여기서 한 가지 꼭 짚어 드린다면 하나님과 나 사이는 1 : 1이라는 것입니다. 우리가, 내가 자유의지를 잘 사용하여서 하나님 앞에서 나의 책임을 내가 지어야 한다는 것입니다.

　인간 말고 이 우주도 그렇습니다. 하루는 낮과 밤이 되어 하루가 됩니다. 낮과 밤은 분명히 논리적으로 다릅니다. 그러나 하루를 말할 땐 반드시 낮과 밤을 동시에 말해야 합니다. 하루를 두고 낮 없이 밤만 말한다? 밤 없이 낮만 말한다? 있을 수 없습니다. 우린 이상하게도 밤을 없애고 낮만 가지고 살려고 합니다. 밤 없이 낮을 어떻게 설명합니까? 낮 없이 어떻게 밤을 설명합니까? 거짓말 없이 어떻게 진실을 설명합니까? 슬픔 없이 어떻게 기쁨을 설명합니까? 하루를 설명할 때 반드시 낮과 밤을 동시에 말해야 하듯이 인생을 말할 때에는 반드시 슬픔과 기쁨을 동시에 말해야 합니다. 이들은 늘 하나로 동시에 있습니다. 이들이 따로따로 있으면 낮을 설명할 수 없습니다. 밤을 설명할 수 없습니다. 슬픔 없이 어떻게 기쁨을 설명하며 기쁨 없이 어떻게 슬픔을 설명합니까?

　음과 양의 법칙이 그렇습니다. 플러스와 마이너스가 합쳐야 불이 들어옵니다. 음양의 바른 분배가 우리의 건강한 몸을 유지하게 됩니다. 우리의 몸은 너무나 차도 안됩니다. 너무나 뜨거워도 안됩니다. 음양의 분배의 법칙이 건강을 유지합니다. 만일에 플러스와 마이너스가 따로따로 떨어져 있다고 가정하여 봅시다. 그것은 아무것도 아닙니다. 그냥 형질일 뿐이지 아무 가치 없고 쓸모없는 것일 뿐입니다. 플러스와 마이너스, 그리고 음양은 동시에 움직이고 있습니다. 따로 떨어져 있으면 소용이 없습니다.

　가장 빠른 것과 정지상태가 그렇습니다. 지금 우리는 정지상태에서 예배하고 있습니다. 그러나 지금 지구는 무서운 속도로 돌고 있습니다. 곧 빠른 것과 정지상태는 하나로 있습니다. 자동차를 타고 있으면 움직이고 있는 것을 느낍니다. 빠르면 빠를수록 분명한 정지상태에서 일할 수 있습니다. 빠른 것과 정지상태는 하나입니다.

기체 액체 고체가 그렇습니다. 증발하면 기체입니다. 물로 있으면 액체입니다. 굳어지면 고체입니다. 쇳덩이를 불로 태워서 모두를 증발시켜 기체가 되게 할 수 있습니다. 쇳덩이를 불로 태워서 빨간 액체로 만들 수가 있습니다. 쇳덩이는 그대로 두면 고체입니다. 곧 기체 액체 고체는 쇳덩이 하나의 물건일 뿐입니다. 물건은 기체 액체 고체로 설명할 수 있는 하나일 뿐입니다. 동전의 앞과 뒤가 있듯이 모든 만물에는 앞과 뒤가 있습니다. 동전의 앞만 가지고, 뒤만 가지고 동전이라 말할 수 없습니다. 반드시 앞뒤가 있으므로 동전이 됩니다. 사람도 그렇고 집도 그렇고 모든 만물들이 그렇습니다. 온전한 물체를 설명하려면 앞뒤를 동시에 말할 수 있어야 합니다. 이것들이 가치를 말할 때에는 늘 동시에 앞뒤를 말하므로 물건들의 값이 나타납니다. 이들이 따로따로 있으면 아무 가치가 없습니다.

흙과 물이 그렇습니다. 하나님이 이 우주를 창조하실 때 궁창이라 말씀하시고 이것을 다른 말로는 티끌이라 부릅니다. 윗궁창과 아래궁창으로 나누고 아래궁창에서 물과 흙으로 나눕니다. 곧 물과 흙은 똑같은 동질인데 우리는 물을 먹고 살고 있습니다. 곧 물을 마시고 있다는 말은 흙을 먹는다는 말과 같은 의미입니다. 흙과 물이 하나입니다. 늘 동시에 있는 것들입니다. 그렇습니다. 지금 말씀드린 바와 같이 천국 지옥만이 둘이고 모든 것들은 하나입니다. 천국 지옥은 영원한 것이기에 영원토록 둘로 있을 것입니다.

우주는 하나입니다. 우주를 한마디로 축약하면 한 사람의 인간이라고 말할 수 있습니다. 지구촌을 줄이면 당구공이 됩니다. 조그마한 칩 속에 지구를 집어넣습니다. 팔만대장경을 우리가 호흡하는 숨 속에 다 집어넣을 수 있을 것입니다. 성경도 한마디로 축약할 수 있습니다. 신·구약성경은 예수 그리스도에 관한 책이라는 성경의 특성도 한마디로 축약할 수 있습니다. "하나님이 인간에게 보낸 사랑의 책이다. 나도 거룩하니 너희도 거룩 하라는 것에 대한 책이다." 말씀대로 살면 축복받고 살지 아니하면 저주받는다는 성경책은 인간의 욕망에 대하여 다룬 책이라고 이러한 식으로 성경의 특성을 한마디로 말할 수 있습니다.

하나님과 예수님 그리고 우리도 하나입니다. 우리는 천국에서 하나님 형상대로 지음 받았기에 하나님과 똑같이 변형된 영화로운 모습으로 영원토록 살게 될 것입니다. 온 우주를 하나라고 말할 수 있을 때 우리는 로켓이 우주궤도에서 늘 운행할 수 있듯이 비로소 하나님도 알고 인간도 알고 우주도 알게 됩니다. 곧 좋은 나무가 되었다는 것입니다. 하나인 것을 알게 될 때에 서로의 관계를 말할 수 있습니다. 우주가 하나이기에 호흡도 티끌도 겨자씨도 하루살이도 머리카락도 모든 것들이 필요치 아니한 것들이 하나도 없습니다. 모든 것들이 서로 필요합니다. 이 관계 속에서 하나님이 우리에게 주신 법칙 중 좋은 나무 좋은 열매, 나쁜 나무 나쁜 열매라는 것입니다. 그리고 반드시 나무가 열매를 맺는 것입니다. 이 문제는 인과응보의 법칙에서 다루어보기를 원합니다.

중요한 것은 우리가 논리가 다른데 실제로 하나라는 사실을 인지하고 하나님 인간 우주가 하나라는 것을 알고 살 때 성숙한 삶을 살게 됩니다. 이것을 알게 될 때 비로소 해결이라는 용어가 나옵니다. 위의 설명에서 공통점이 나왔습니다. 실제로 하나인 것을 확인할 때 해결, 성장, 활동 등의 용어를 사용할 수 있으며 생명의 움직임을 볼 수 있었습니다. 이들이 따로따로 떨어져 있으면 아무것도 할 수 없는 물건일 뿐입니다. 남자와 여자가 떨어져 있어도 살 수 있을 것 같은데 실상은 떨어져 있으면 인간을 만들 수가 없습니다. 그러면 남자는 남자대로 여자는 여자대로 그냥 존재하다가 끝나버릴 것입니다. 남자 여자를 합하여 말할 때 생명의 시작을 말하고, 생명이 시작될 때 비로소 생명의 의미를 말할 수 있습니다. 하물며 플러스와 마이너스, 영과 육, 낮과 밤, 빛과 물질이 떨어져 있으면 그냥 먼지이며 아무것도 아닌 것입니다.

아무것도 아닌 것, 그냥 그대로 있는 것, 바로 이것을 우리는 운명이라 말합니다. 운명은 말할 수 없습니다. 죽음입니다. 운명은 하나일 수 없습니다. 운명은 분석이며 해결할 수 없습니다. 운명의 마지막은 죽음입니다. 그래서 하나님 모르는 사람들은 죽음을 향하여 가고 있을 뿐입니다. 반면에 이 우주가 하나님 인간이 하나인 것을 아는 사람 성부 성자 성령이 한 하나님을 아는 사람들은 곧 논리는 다른데 실지는 하나인 것을 아는 사람들은 해결 창조 웃음 행복 등 결국 하나님과 내가 하나가 되었기에 '나는 스스로 있는 자'라고 말씀하신 하나님처럼 우리도 그 자유를 알았기에 풍요로운 삶 건강한 삶 영원한 삶을 마음껏 살 수가 있게 된 것입니다. 정말 우리는 행복한 사람들입니다.

27. 인과응보의 법칙
(~면 ~리라)

> ※ 이삭이 야곱을 불러 그에게 축복하고 또 당부하여 이르되 너는 가나안 사람의 딸들 중에서 아내를 맞이하지 말고
> 일어나 밧단아람으로 가서 네 외조부 브두엘의 집에 이르러 거기서 네 외삼촌 라반의 딸 중에서 아내를 맞이하라
> 전능하신 하나님이 네게 복을 주시어 네가 생육하고 번성하게 하여 네가 여러 족속을 이루게 하시고
> 아브라함에게 허락하신 복을 네게 주시되 너와 너와 함께 네 자손에게도 주사 하나님이 아브라함에게 주신 땅 곧 네가 거류하는 땅을 네가 차지하게 하시기를 원하노라
> 이에 이삭이 야곱을 보내매 그가 밧단아람으로 가서 라반에게 이르렀으니 라반은 아람 사람 브두엘의 아들이요 야곱과 에서의 어머니 리브가의 오라비더라
> 에서가 본즉 이삭이 야곱에게 축복하고 그를 밧단아람으로 보내어 거기서 아내를 맞이하게 하였고 또 그에게 축복하고 명하기를 너는 가나안 사람의 딸들 중에서 아내를 맞이하지 말라 하였고
>
> 창 28:1-6

　　인과응보의 법칙은 하나님이 운영하시는 법칙 중 하나입니다. 하나님이 이 땅을 지으시고 운영하시는 법칙은 이미 말씀드린 대로 성부 성자 성령의 법칙, 선지자 제사장 왕의 법칙, 분석은 인간 결론은 하나님, 논리적으로는 다른데 실지는 하나인 법칙, 오늘 말씀드리는 인과응보의 법칙, 그리고 다음 시간에 다룰 연역법과 귀납법의 법칙 등이 있습니다. 존재론적 입장에서 생각해 보면 하나님 인간 성경 교회 역사 근원의 하나치와 이 하나치들을 가지고 말씀드리는 대로 위의

법칙을 지켜서 행하기만 하면 우리는 이 땅에서, '과연 인간을 하나님의 형상대로 지으셨다고 하시더니 맞습니다. 맞습니다.' 하면서 살게 된다는 것입니다.

저는 지난 시간, '논리적으로 다른데 실제는 하나입니다'에서 천국과 지옥, 하나님의 안과 밖이라는 것은 영원히 둘입니다. 그 이외의 모든 것은 하나님 안에서 하나라고 말씀드렸습니다. '모든 것이 하나님 안에서 하나라고 말씀드렸으니 이제는 이 우주의 모든 것들이 필요치 아니한 것들이 하나도 없다. 모두 다 필요한 것이다. 모든 것이 다 필요하니 서로들 관계성과 아름다운 삶을 위하여 우리는 생각해야 한다. 여기에서 우리는 하나님 안에서 하나이다. 곧 구원받은 백성이다. 하나님은 우리의 주인이시며 예수님은 우리의 머리이시다'라는 교회론이 확실하게 정립이 됩니다. 이젠 교회 밖은 지옥이며 하나님 밖입니다. 우리와는 아무 상관이 없습니다.

오늘은 하나님의 법칙 중 인과응보의 법칙입니다. 다른 말로 하면 '~면 ~리라'라고 말할 수 있습니다. 인과응보의 법칙에서 제일 중요한 것은 인간이 할 일과 하나님이 하실 일이 있다는 것입니다. 하나님이 주인이 아닌 분들은 이 말이 필요 없습니다. 우리는 하나님이 주인이시기에 하나님이 하실 일과 인간이 할 일이 뚜렷하게 구별되고 그리고 우리는 인간이 해야 할 일만 해야 하는데 거의 다 모든 분들이 하나님이 하실 일들을 간섭해가면서 살고 있습니다. 인간의 할 일들에 대해서는 조금 후에 설명 드리겠습니다. 설명 드리기 전에 중요하게 짚어 드릴 것이 있습니다. 이 인과응보의 법칙이 이 땅에서의 처음 시작이 바로 아담 하와의 선악과 사건입니다. 이 선악과 사건은 하나님이 인간을 지으시고 바로 하나님은 인간 아담 하와에게 말합니다. "동산 가운데 저 선악과나무는 먹지 말아 다오. 그것만 말고는 모든 것을 네가 하고 싶은 대로 마음껏 할 수 있다. 먹고 자고 입고 마시고 놀고 누리고 즐기고 모든 것을 마음대로 할 수 있다"는 것입니다. 단 저 선악과 과실만 먹지 말아달라고 하셨으며 만일에 먹으면 정녕 죽으리라고 말씀했습니다. 하나님이 우리 인간에게 주신 숙제를 여기서 풀어 보아야 합니다. 여기에서 인과응보의 법칙이 해결되기 때문입니다.

여기에서 하나님이 우리 인간에게 주신 숙제는 하나님께 대한 순종 불순종을 보시기 위함일까요? 아니면 또 다른 어떤 큰 뜻이 있을까요? 만일에 순종 불순종을 보기 위하여 이 숙제를 주셨다면 지옥 백성들이 하나님께 이렇게 질문하더라도 하실 말씀이 없을 것입니다. "하나님은 자기 멋대로 사는 분이야. 왜 나를 지옥에 보낸거야?" 그 지옥이 하나님 원망장소로 꽉 차버릴 것입니다. 그리고 천국에 있는 우리도 하나님께 질문이 생깁니다. "왜, 쟤는 법 없이도 사는 친구였는데? 우리 아버지는 왜? 어머니는 왜 지옥에 계시게 하는 것입니까?" 라고 하면서 하나님의 전지전능은 어디에 있는 것이냐고 질문할 수 있을 것입니다. 분명 선악과 사건에서 순종 불순종이 아주 중요하기는 하지만 목적은 아닙니다. 만일에 선악과 사건을 순종 불순종 사건으로만 가지고 가면 우리 기독교도 종교 샤머니즘에서 끝이 나고 말 것입니다. 그럼 무슨 뜻이 들어 있을까요? 선악과 사건은 「창 1, 2장」에 들어있는 창조에 포함되어 있습니다. 바로 선악과 사건은 인간의 행함에 대한, 자유의지에 대한 창조 확인임을 알게 됩니다. 곧 우리 인간이 선악과를 먹을 수도 있고 안 먹을 수도 있는 자유의지 문제입니다. 먹을 수도 있고 안 먹을 수도 있는 자유의지가 있다는 점에서 우리는 바로 하나님의 형상대로 지음 받았음을 또 확인하게 됩니다. 바로 이 자유의지는 하나님이 누리시는 자유의지와 똑같은 자유의지인 것입니다. 우리는 이 선악과를 먹을 것인가 안 먹을 것인가? 이 자유를 어떻게 사용할 것인가는 그때도 중요하지만 지금도 여전히 우리에게 중요합니다. 이 자유의지를 말씀대로 잘 사용하면 축복받고, 들어와도 복을 받고 나가도 복을 받고 어디서나 언제나 무슨 일을 하든지 복입니다. 왜냐고요? 우리는 지금 하나님 안에 있기 때문입니다. 이 자유의지 사용문제입니다. 선악과 사건을 자유의지 사용문제로 보느냐 순종과 불순종의 사건으로 보느냐는 우리 삶을 사는데 아주 큰 영향이 있습니다. 제 짧은 경험입니다만 자유의지로 보아야 모든 문제들이 해결됩니다. 뚜렷한 인과응보의 사건 말고는 거의 대부분 자유의지 사용문제입니다.

하나님은 이 자유를 어떻게 사용하셨나요? 먼저 하나님은 우리 인간의 자유의지를 위하여 하나님의 전지전능하심을 포기하셨습니다. 그리고 인간에게만 선악과를 따 먹지 말라 하면서 순종을 요구하신 일방통행이 아닙니다. 하나님도 인간에게 말씀하셔놓고 하나님도 당신이 말씀하신 그대로 아니 인간과 언약하신 바로 그 언약 때문에 하나님도 그 언약에 순종하셨다는 것입니다. 그러니 선악과 사건은 순종 불순종의 중요함보다 하나님이 창조하신 인간의 자유의지에 대한 확인이 더 중요하다는 것입니다. 우리가 알아야 할 아주 중요한 것이 있습니다. 그것은 인과응보의 법칙은 하나님이 우리를 통치하시기 위하여 세운 법칙이지 이 법칙이 하나님은 아니라는 것입니다. 수많은 성도들 거의 대부분이 이 법칙을 하나님의 자리에 놓고 삽니다.

인과응보의 법칙보다 더 중요한 법칙이 있습니다. 성부 성자 성령의 법칙, 선지자 제사장 왕의 법칙이며 그리고 예배 믿음 기도의 법칙이 있습니다. 정말로 우리가 잊지 말아야 할 것은 하나 더하기 하나는 둘이라는 질서의 법칙보다는 믿음의 법칙이 더 중요합니다. 이 인과응보의 법칙을 부추겨 놓고 우리로 하여금 고민에 빠지게 만든 것이 바로 우리 인간 스스로입니다. 아리스토텔레스입니다. 모든 일의 결과에는 원인이 있다는 것입니다. 그리고 최초의 원인이 바로 근원인 사랑 거룩 등등 참인 진리라고 말씀했습니다. 그때 아리스토텔레스가 이렇게 말했다면, 이 우주의 결과도 창조하신 하나님이라고 말했더라면 온 인류들이 예수 믿기에 크게 도움이 됐을 것이라 사료됩니다.

플라톤입니다. 이분은 선과 악을 둘로 나눕니다. 그리고 선이 악을 이겨야 한다는 논리입니다. 얼마나 틀림없는 말입니까? 그런데도 "선이 무엇입니까?"라고 물으면 밝힐 수가 없었습니다. 결국에는 하나님과 사탄사이에 싸움만 시켜놓고 말았습니다. 창조주 하나님과 피조물 타락한 천사인 사탄과 싸울 수는 없습니다. 선은 하나님 단 한 분밖에 없다고 결론을 가진 우리 기독교와 무엇이 선인지 설명하지 못한 개념의 시작은 하늘과 땅 차이입니다.

우리에게 많이 알려져 있는 윤회설입니다. 이 땅에서 착한 일을 하면 다음 세상에서 태어나게 되는데 더 좋은 인간으로 태어날 수 있다는 것입니다. 제가 동국대학교에서 하는 특강시간에 확실히 들어서 알고 있습니다. 그 교수님은 불교계에서 석학임에 틀림없는 분이셨습니다. 기독교와 불교의 대표격으로 단에 서셨던 분이었기 때문입니다. 그분이 말씀하셨습니다. "우리 불교에서 윤회설은 이단입니다. 우리 불교의 한 획이 있다면 그것은 빌 공(空)자입니다"라고 말씀했습니다. 제가 알기로 불교의 시작은 들숨 날숨, 들여 마시고 내어 품는 숨에서부터 인간을 연구하는 줄 알고 있습니다. 「사 2 : 22」 너희는 인생을 의지하지 말라 그의 호흡은 코에 있나니 수에 칠 가치가 어디 있느뇨. 호흡 가지고는 인생을 알 수 없다고 성경은 말합니다. 인과응보의 법칙은 하나님 자리에 올라가면 안됩니다. 인과응보의 법칙은 하나님이 이 땅을 통치하시는 방법 중 하나일 뿐입니다. 놀랄만한 사실은 우리 한국사람들은 정적인 나라인 까닭에 종교성이 강한 나라입니다. 그래서인지 인과응보에서 과잉 뉘우침, 혹 어떤 이는 이것을 이용해서 당신의 이익마저 챙기는 고도의 범죄를 저지르는 데까지 이르기도 합니다. 일종의 천주교의 면죄부 판매가 바로 종교를 이용한 아주 차원 높은, 심층 깊은 종교의 한 면이라 할 것입니다.

이제 인과응보의 법칙 '~면 ~리라'에서, 인간의 할 일과 하나님이 하실 일들 중에서 자유의지 사용문제가 얼마나 중요한 가를 인식하고 우리는 살아야 할 것입니다. 우리는 자유의지를 사용할 때 하나님이 하실 일을 간섭해서는 안 될 것입니다. 좋은 나무 좋은 열매, 나쁜 나무 나쁜 열매에서 나무가 열매를 맺기 때문에 좋은 나무가 되기 위해서 노력하는 것은 인간이 할 일이며 열매를 맺게 하는 분은 하나님이시니 우리는 좋은 인간이 되기 위하여 노력하는 것이 최선을 다하는 것이 되는 것입니다. 좋은 인간이 되기 위하여서 구체적으로 살펴봅니다. 성경에 보면 '너희들이 나의 사람 곧 성도라면 이렇게 살라'고 말씀하신 곳이 구약에서 대표적인 곳이 십계명입니다. 그리고 신약에서 대표적인 곳이 산상수훈입니다. 그런데 십계명과 산상수훈에서 하나님이 인간에게 요구하신 것을 보면 바로 좋은 인간이 되도록 연습을 하는 것이었습니다. 십계명에서 좋은 나무의 상징인 좋은 인간 되는 것을 이렇게 말하고 있습니다. 부모공경입니다. 우리를 태어나게 하신 분들입니다. 우리의 태어난 곳을 우리가 알게 되므로 나 자신의 발견입니다. 그리고 여기에는 진짜 태어나게 하신 하나님을 알게 하는 목적이 있습니다.

살인하지 말라는 것입니다. 나 자신을 안 사람들은 우리의 생명들이 온 천하를 주고도 바꿀 수 없는 귀중함을 알게 됩니다. 그리고 성경에서 생명의 귀중함을 이렇게 표현합니다. 형제에게 나가라 욕하면 살인

죄를 범한 것이라고 말합니다. 간음하지 말라는 것입니다. 부부의 관계의 중요성입니다. 성경에서 가정파괴범을 가장 무섭게 다스리심을 알아야 합니다. 도적질하지 말라는 것입니다. 이웃과의 관계를 말합니다. 우리는 이웃들에게 시간 도둑, 마음 도둑이 얼마나 많은지 모릅니다. 거짓말하지 말라는 것입니다. 위의 사실들을 지키기 위해서는 거짓말을 안해야 합니다. 정직을 강조하기 위한 거짓말하지 말라가 아니라 하나님과 나 그리고 나 자신 가정 이웃과의 관계를 지키기 위해서는 거짓말하지 말라는 것입니다. 그리고 탐욕을 없애라는 것입니다. 위의 사실들은 영원히 지키기 위해서는 탐욕을 없애야 한다는 것입니다. 십계명에서 발견되는 것은 나 자신 그리고 우리의 생명 가정 이웃과의 관계, 이 근원들을 지키게 하시며 영원히 지킬 수 있도록 말씀하시니 그야말로 완전한 인간이 되는 참된 말씀을 하신 것입니다.

그리고 산상수훈입니다. 심령가난입니다. 심령가난은, '나는 하나님 없이는 살 수 없습니다'입니다. 우리 인간이 하나님 없이 살 수 있다고 말하는 순간 그것은 교만이며 스스로 만드는 자승자박입니다. 나는 하나님 없이는 살 수 없다는 바로 이 말은 나 자신의 발견입니다. 그리고 하나님을 향한 시작입니다. 애통하는 자입니다. 자기 자신을 발견한 사람들은 자신 때문에 울기 시작합니다. 연약을 압니다. 불완전을 압니다. 이것이 애통입니다. 온유한 자입니다. 자기 자신의 부족을 알고 연약을 알고 죄인인 것을 알아서 애통하는 자는 이웃의 형제의 연약 실수를 이해하고 용서할 수 있는 온유한 자가 되는 것입니다. 의에 주리고 목마른 자입니다. 이웃의 죄를 용서하고 이해할 수 있을 때 비로소 공의 정직 객관적인 것 때문에 목마르고 애타는 사람이 되는 것입니다. 긍휼히 여기는 자입니다. 공의 정직 객관적인 삶 때문에 목마른 사람들은 드디어 이웃을 살피고 도와주는 단계로 가게 됩니다. 마음이 청결케 되는 자입니다. 이웃을 살피고 도와주는 자가 될 때 마음이 청결한 자라고 부르게 됩니다. 화평케 하는 자입니다. 마음이 청결한 자가 이웃에게 화평케 할 수가 있습니다. 의를 위하여 핍박을 받는 자입니다. 곧 여기서 의는 예수님 곧 십자가입니다. 예수님을 위하여 핍박을 받는 것입니다. 아니 그 핍박은 당신 자신에게는 더 없는 영광이 될 것입니다. 생각하여 볼 때 하나님이 우리 인간에 요구하신 것을 살펴본다면 그것은 좋은 인간이 되는 것을 바라신 것입니다. 성경용어를 빌린다면 예수님 닮아가는 모습입니다. 아니 우리 인간이 하나님 형상대로 지음 받았다고 말씀하시더니 우리를 보고 하나님처럼 되라고 말씀하심을 알게 됩니다.

마지막으로 인과응보의 법칙에서 고난은 죄의 형벌이 아니라 어떤 사건이든지 그 일을 통하여 하나님의 하시는 일을 하시기 위함이라는 것을 알아야 한다는 것입니다. 하나님의 하시는 일이 그 어떤 분에게라도 임한다면 그것은 그 사람을, 그분이 되게 하기 위함입니다. 사실 낮과 밤이 하루가 되듯이 인간에게 밤 부분인 고난은 필수 과목이라는 것입니다. 나라 중에 이스라엘 유대민족이 오늘날 세계를 지배할 수 있는 민족이 된 것은 400여 년 동안이나 이집트에서 피난 생활, 광야 40년 생활 그리고 흩어져서 2000년 동안이나 나라 없이 살아왔던 그 커다란 고통을 딛고 섰기 때문에 그 나라 민족들이 지금도 세계의 리더로서 군림하고 있다는 것입니다. 가장 높은 봉우리, 가장 깊은 계곡을 가지고 있을 때가 명산이며 인류들이 가보고 싶어 하는 곳입니다. 마찬가지로 인간에게 한 가지 공통점이 있다면 고통을 딛고 일어서기를 7전 8기 한 사람들은 모두가 성공한 사람이라고 칭하고 있습니다. 인과응보의 법칙, 어떤 어려운 사건이 생겼을 때 그것을 죄 때문이라고 속단하지 마시고 하나님이 나에게 어떤 것을 알게 하시려고 이러한 사건을 주셨는지를 알게 하는 것이 인과응보의 주된 법칙인 것을 알아야 한다는 것입니다.

말씀을 맺습니다. 인과응보의 법칙, 하나님이 통치하시는 방법 중 하나입니다. 인과응보의 법칙을 하나님 자리에 가져다 놓지 마십시다. 인과응보의 법칙을 알려고 하면 하나님이 하실 일과 인간이 할 일들이 분명히 따로 있음을 알아야 합니다. 인간이 할 일만 해야 합니다. 인과응보의 법칙은 인간이 자유의지를 어떻게 사용하나를 보기 위하여 주신 것입니다. 인과응보의 법칙은 인간이 인간되는 곧 하나님처럼 되도록 성숙시키는 축복의 법칙입니다.

28. 연역법과 귀납법

※ 예수 그리스도의 종이며 사도인 시몬 베드로는 우리 하나님과 구주 예수 그리스도의 의를 힘입어 동일하게 보배로운 믿음을 우리와 함께 받은 자들에게 편지하노니
하나님과 우리 주 예수를 앎으로 은혜와 평강이 너희에게 더욱 많을지어다
그의 신기한 능력으로 생명과 경건에 속한 모든 것을 우리에게 주셨으니 이는 자기의 영광과 덕으로써 우리를 부르신 이를 앎으로 말미암음이라
이로써 그 보배롭고 지극히 큰 약속을 우리에게 주사 이 약속으로 말미암아 너희가 정욕 때문에 세상에서 썩어질 것을 피하여 신성한 성품에 참여하는 자가 되게 하려 하셨느니라
그러므로 너희가 더욱 힘써 너희 믿음에 덕을, 덕에 지식을, 지식에 절제를, 절제에 인내를, 인내에 경건을,
경건에 형제 우애를, 형제 우애에 사랑을 더하라
이런 것이 너희에게 있어 흡족한즉 너희로 우리 주 예수 그리스도를 알기에 게으르지 않고 열매 없는 자가 되지 않게 하려니와
이런 것이 없는 자는 맹인이라 멀리 보지 못하고 그의 옛 죄가 깨끗하게 된 것을 잊었느니라
그러므로 형제들아 더욱 힘써 너희 부르심과 택하심을 굳게 하라 너희가 이것을 행한즉 언제든지 실족하지 아니하리라
이같이 하면 우리 주 곧 구주 예수 그리스도의 영원한 나라에 들어감을 넉넉히 너희에게 주시리라

벧후 1:1-11

　　우리 온 인류들은 모든 것들을 보게 되며 본 것을 느끼고, 느낀 것을 인식하고, 인식한 것을 생각하고, 생각한 것을 표현하고 살고 있습니다. 이러한 것들을 총망라하여 말할 수 있는 법칙이 있는데 둘로

나누어 연역법과 귀납법으로 말하게 됩니다. 연역법이란 '이것이 진리이다'라고 말하면 그것이 진리로 드러나는 것입니다. 귀납법이란 모든 것들을 하나하나 증명하여 진리로 드러내는 것을 말합니다. 이 우주에 연역법은 한 곳밖에 존재하지 않습니다. 스스로 계신 하나님만이 진리이십니다. 그러니 하나님 말씀만이 연역법입니다. 그것은 하나님이 말씀하셨으니 진리로 드러납니다. 창조의 모든 근원적인 것도 하나님이, '하늘이다'하셨으니 하늘로 드러납니다. 하나님이, '인간'이라고 말씀하시니 인간이 되었고, '남자'라고 하시니 남자로, '여자'라고 하시니 여자로 드러날 뿐입니다.

그리고 인간이 말한 모든 것, 생각한 모든 것 곧 인간으로 출발한 모든 것들은 귀납법일 수밖에 없습니다. 인간들은 하나님이 지으신 모든 사물과 하나님이 지으신 인간들을 이야기하고 살기 때문에 인간들이 말한 모든 것들은 귀납법일 수밖에 없습니다. 아인슈타인의 상대성원리를 비롯한 모든 과학자의 법칙은 귀납법입니다. 프로이드가 말한 삶으로 향한 욕망과 죽음으로 향한 회귀의 욕망을 비롯한 모든 심리학자들의 법칙 또한 모두 귀납법입니다. 한 가지 짚어드립니다. 하나님이 말씀하신 연역법의 모든 말씀들은 한 번도 인간의 생각인 귀납법으로 증명이 안 된 적이 없습니다.

연역법은 하나님 말씀입니다. 하나님 말씀은 모든 것이 진리로 드러납니다. 성경 66권 모든 말씀을 살펴보아서 올라가 보면 그것은, '내가 말하였느니라'입니다. 「창 1 : 1」 태초에 하나님이 천지를 창조하셨느니라. 우리는 이 사실을 믿음으로 받아드린다고 말합니다. 이것은 잘못입니다. 우리가 믿을 수가 없는데 믿는다고 말하는 것은 인간의 거짓입니다. 우리 스스로 믿음으로 받아드릴 수 없습니다. 우리는 이것을 엄연한 역사적 사실이기 때문에 받아드리는 것입니다. 지금도 과학자들에게 묻습니다. 고고학의 석학들에게 묻습니다. 지금까지 성경말씀이 틀린 것으로 드러난 것이 있습니까? 그 대답은, '아직 없습니다'입니다. 이렇게 성경은 수많은 학자들 아니 인류의 양심들이 안 물으면 안 되어서 질문할 수밖에 없는 그러한 귀납법적인 질문들을 통하여 하나님 말씀은 늘 대답하여 주셨으며 그 귀납법적인 질문들은 하나님이 말씀하신 대로 하나님이 말씀하신 모든 것들이 진리로 드러날 뿐이었습니다.

이제 우리가 하나님의 천지창조, 예수님의 성령으로 말미암아 동정녀 탄생으로 하나님이 인간으로 오심, 십자가에 죽으셨다가 사흘 만에 다시 살아나심, 이러한 일들은 역사적 사실이기에 믿은 것이지 이러한 일들이, '인간적으로는 믿어지지 않지? 그러니까 믿음으로 해석하란 말이야.' 하는 그 무서운 신(新)정통주의 칼 바르트 신학이 아닙니다. 우리에게 믿음이 좋아 보이지만 믿음도 성경대로 믿는 믿음과 당신들의 생각에 맞추어서 믿는 믿음이 있습니다. 하나님이 믿게 하신 성경적 믿음과 인간이 믿음을 합리화시켜서 믿는 믿음의 차이는 결국 하나는 하나님 중심인 연역법이 되고 하나는 인간 중심이 귀납법이 되고 마는 것입니다.

「요 1 : 12」 믿음은 사람의 혈통 육정 뜻이 아니라 오직 하나님께로 말미암느니라. 「고전 12 : 3」 예수님을 성령님이 믿게 하신다. 「롬 8 : 16」 우리가 하나님의 자녀인 것을 성령님이 증거 하신다. 「갈 4 : 16」 성령님이 하나님을 아버지라 부르게 하신다. 「엡 2 : 8」 믿음은 하나님이 믿게 하신 선물이다. 이제 우리의 믿음이야기는 하나님이 믿게 하신 그 믿음이어야 합니다. 그 믿음이야기는 하나님의 '내가 말하였느니라', 여기에서 시작해야만 연역법으로서 진정한 우리의 삶이 드러나기 시작합니다. 이 믿음 안에서 우리는 말해야 합니다.

갈릴리 바다에서 풍랑이 일어났습니다. 제자들은 무서워 떨고 있습니다. 예수님은 주무시고 계십니다. 결국에는 예수님을 깨우십니다. 예수님은 "바다야 잠잠해져라"라고 말씀하십니다. 바다는 잠잠해졌습니다. 예수님은 제자들에게 말씀하십니다. "믿음이 적은 자들아 내가 옆에 있는데도 떨어야 하느냐"는 것입니다. 홍해 바다 앞에서 200만 명 이스라엘 민족들은 바로가 병거를 가지고 당신들을 쫓아오고 있었을 때에 떨고 있었습니다. 인간 편에서 보기에는 죽음의 장소요, 인간으로서는 아무것도 할 수 없는 장소였습니다. 그런데 그 꽉 막힌 홍해는 죽음의 길, 막힌 길, 마지막 끝나는 길이 아니었습니다. 하나님이 함께 하시는 삶의 길이었습니다. 골리앗 장군 앞에서 사울을 중심한 엘라 골짜기의 모든 군인들은 벌벌 떨고 있었습니다. 분명히 그 자리에도 하나님은 계신데 이들은 떨고 있었습니다. 결국 하나님은 다윗을 사용하여 하나님이 그 자리에 계셨음을 보여주셨습니다. 하나님은 우리와 함께 하심을 강조하시기 위하여 이렇게 나타나셨습니다.

하나님이 인간으로 오셔서 당신 자신이 이름을 두 가지로 나타나셨습니다. 그 하나는 예수, 곧 구원을 얻게 하시는 뜻입니다. 또 하나는 임마누엘입니다. 이 뜻은 하나님이 우리와 함께 계시다는 것입니다. 임마누엘은 태초부터 지금까지 한 번도 변하지 아니하시고 말씀하시는 하나님의 진정한 인간에 대한 약속입니다. 하나님은 말씀하십니다. 하나님은 한 번도 우리를 떠나 계신다고 말씀한 적이 없습니다. 늘 우리와 함께 하신다고 말씀하고 있습니다. 우리에게 사건이 생깁니다. 하나님이 우리와 함께 계신다면 떨어서는 안됩니다. 우리가 떨게 된다면 그것은 우리가 믿음이 없기에 생긴 것입니다. 저는 이 믿음이 얼마나 중요한 가를 이미 말씀드렸습니다. 하나님이 이 땅을 다스리시는데 가장 중요한 법칙 첫째가 성부 성자 성령의 법칙 즉 선지자 제사장 왕의 법칙이며, 둘째가 예배 믿음 기도의 법칙이라고 말씀 드렸습니다. 이 믿음이 얼마나 중요한가입니다. 하나 더하기 하나는 둘이라는 질서의 법칙, 즉 계산의 법칙보다는 훨씬 더 중요한 믿음의 법칙입니다. 저는 믿음의 법칙을 이렇게 사용하여 살고 있습니다. 심증은 몇 백번이나 가지만 상대방의 논리가 맞을 땐 늘 언제나 '그래' 하면서 믿고 그 다음 단계로 향하여 갑니다. 결국에는 이러한 결과를 많이 보고 또 보고 확인합니다.

바로가 광야에서 머물고 있는 이스라엘 백성들을 치기란 누워서 떡 먹기입니다. 당신은 이들을 다시 불러와서 나라에 산업 농업 상업 등에 역할을 하게 하려고 광야를 향하여 병거를 가지고 갑니다. 이스라엘 백성들은 광야에서 남녀노소 그리고 가축과 그리고 인구만 200만 명입니다. 바로는 병거를 가지고 쫓아갑니다. 틀림없이 이길 수밖에 없었고 그리고 이들을 다시 데리고 올 수 있었습니다. 그런데 결과는 바로의 생각대로 되지 아니했습니다. 틀림없이 해낼 수 있었는데 할 수 없었습니다. 이스라엘 민족들은 갈 길을 가고 있었을 뿐입니다. 바로 이것이 믿음의 법칙입니다. 여선지 드보라 때 가나안 왕 야빈이 군대장관 시스라를 앞세워서 병거 900승을 가지고 기손 강에 진을 치고 있었습니다. 드보라 바락을 중심한 이스라엘 백성들이 있었지만 누가 보더라도 여지없이 이스라엘은 패할 수밖에 없습니다. 하나님은 이스라엘이 이기게 하셨습니다. 이기게 하신 방법이 재미있는데 「삿 5 : 21」기손 강은 그 무리를 표류시켰으니 이 기손 강은 옛 강이라. 하나님은 그 장소에 비를 내리게 하셔서 병거 900승이 물에 잠겨 고 물덩어리가 됩니다. 이들은 도망갑니다. 시스라는 겐 사람인 헤벨의 아내, 야엘에게 죽임을 당합니다. 여선지 드보라는 이번 전쟁도 여전히 그 믿음으로 하나님이 함께하시는 그 동행으로 승리하게 된 것입니다. 여전히 드보라도 자기의 갈 길을 가고 있었을 뿐입니다. 하나님이 믿게 하신 믿음은 이렇게도 좋은 것입니다. 인간 편에서 볼 때에도 믿음이 얼마나 구체적이며 좋은지를 말해주고 있습니다.

오늘 본문을 보시기 바랍니다. 우리가 하나님처럼 되는데, 참인간이 되는데, 예수님처럼 닮아 갈 수 있는데 그 첫 번째 시작이 믿음이라고 말합니다. 믿음에 덕, 덕에 지식, 지식에 절제, 절제에 인내, 인내에 경건, 경건에 형제우애, 형제우애에 사랑이라고 말씀하시면서 인간이 예수님 닮아가는 과정을 설명하여 주고 있습니다. 산상수훈에서, 심령 가난 애통 온유 긍휼 청결 화평 십자가를 위하여 핍박에서 첫 시작이 심령이 가난한 자, 곧 '나는 하나님 없이는 살 수 없습니다.' 바로 이 고백이 나는 하나님을 믿는다는 고백이 되는 것입니다. 십계명에서 하나님께 예배를 통하여 예배의 대상, 예배의 방법, 예배의 태도, 예배의 형식 그리고 하나님 섬김을 통하여 나 자신의 발견, 생명의 귀중성, 가정의 귀중성, 이웃과의 관계의 귀중성을 깨닫고 이것들을 지키기 위해서는 거짓말 안해야 합니다. 그리고 영원히 지키기 위해서는 탐욕을 없애야 하는데 이 십계명에서, '너희가 이 계명들을 지키므로 성장할 수 있는데 너희가 지킬 수 있더냐?', '아니 없습니다.', '그렇다면 행함으로 나오지 말고 나를 믿으라'라는 것입니다. 인간은 할 수 없습니다. 이렇게 말씀하신 하나님을 믿으면 할 수 있다는 것입니다.

「시 27 : 13」 내가 산 자의 땅에 있음이여 여호와의 은혜 볼 것을 믿었도다. 「롬 4 : 3」 성경이 무엇을 말하느뇨? 아브라함이 하나님을 믿으매 이것이 저에게 의로 여기신바 되었느니라. 「롬 10 : 10」 사람이 마음으로 믿어 의에 이르고, 믿음이 얼마나 중요한지를 또 한 번 생각해야 합니다. 노파심에서 무엇을 믿어야 할지 확인하여 봅니다. 하나님이, '내가 말하였느니라'입니다. 하나님은 이 땅을 창조하신 분,

우리 인간을 창조하신 분입니다. 하나님이 인간으로 오실 때 성령으로 말미암아 동정녀에게서 탄생하신 사실입니다. 예수님이 십자가에 죽으시고 사흘 만에 살아나심을 믿는 것입니다. 「롬 10 : 9」 네가 만일 네 입으로 예수를 주로 시인하며 또 하나님께서 그를 죽은 자 가운데서 살리신 것을 네 마음에 믿으면 구원을 얻는다. 「요일 4 : 2」 하나님의 영은 이것으로 알지니 곧 예수 그리스도께서 육체로 오신 것을 시인하는 영마다 하나님께 속한 것이요. 「막 16 : 17, 18」 믿는 자들에게는 이런 표적이 따르리니 곧 저희가 내 이름으로 귀신을 쫓아내며 새 방언을 말하며 뱀을 집으며 무슨 독을 마실지라도 해를 받지 아니하며 병든 사람에게 손을 얹은즉 나으리라 하시더라.

여기에서 무엇을 믿는 것인가가 중요합니다. 「14절」에서 밝혀 줍니다. 예수께서 저희에게 나타나사 저희의 믿음 없는 것과 마음이 완악한 것을 꾸짖으시니 이는 자기의 살아난 것과 본 자들의 말을 믿지 아니함일러라. 여기에서 본 자들은 예수님이 살아난 것을 보았다고 했는데도 그 사람들의 말을 믿지 아니함입니다. 그러니 우리가 무엇을 믿어야 합니까? 하나님이 인간으로 오심, 그분이 예수님이시며 그 하나님 예수님이 십자가에 죽으시고 사흘 만에 부활하심을 믿는 것입니다. 이 사실이 역사적 사실인 까닭에 믿는 것입니다. 믿어서 믿음을 승화시키거나 종교를 만들어서 협박하는 것도 아닙니다. 이 죽음의 역사적 사실 앞에 우리도 진정한 죽음이 있는 것이지, 말로만 죽으라고 하면서 그 죽음의 겸손을 가장하여 도덕 장사하는 곳이 교회가 아닙니다.

이 믿음은 '내가 말하였느니라', 하나님이 명령하신 연역법의 산물입니다. 하나 더하기 하나는 둘이라는 계산방법, 귀납법이 아닙니다. 계산 가지고는 이 땅을 살 수 없습니다. 믿음 가지고는 틀림없이 살 수 있습니다. 이제 연역법의 삶, 하나님이, '내가 말하였느니라'라고 말씀하신 대로 우리가 믿음을 가지고 살면 나타나는 실존을 설명하여 드리므로 말씀 맺기를 원합니다.

「고후 1 : 18」 하나님은 미쁘시니라. 우리가 너희에게 한 말은 예하고 아니라함이 없노라. 우리는 '아니요'는 없고, '예' 밖에 없는 삶입니다. 저는 말씀드렸습니다. 심증은 200내지 300%이나 논리는 맞을 때 '예' 하고 가뵵니다. 하나님이 이 땅을 통치하시기에 사실은 사실대로 드러날 뿐입니다. 이 땅은 늘 '예' 하고 살아도 충분히 살 수 있는 곳입니다. 「갈 5 : 22절 이하」에 성령의 열매 9가지가 우리 가운데 나타나게 되어 있는데 우리에게 이러한 열매가 맺게 되는데 이와 같은 것을 금지할 법이 없다고 「23절」에 말씀합니다. 우리를 통하여 꼭 이러한 성령의 열매가 맺게 되어 있다는 것입니다. 「빌 3 : 16」 오직 우리가 어디까지 이르렀든지 그대로 행할 것이라. 봄 여름 가을 겨울, 낮과 밤, 동서양 어디서나 갈 길을 갈 뿐이라는 것입니다. 「창 13 : 9」 네 앞에 온 땅이 있지 아니하냐 나를 떠나라 네가 좌하면 나는 우하고 네가 우하면 나는 좌하리라. 하나님이 함께 하시면 어디든지 천국이라는 것입니다. 「살전 5 : 16-18」 항상 기뻐하라 쉬지 말고 기도하라 범사에 감사하라. 항상 기뻐할 수 있다. 모든 일에 감사할 수 있다. 늘 기도할 수 있다. 이보다 더 좋은 삶이 또 어디 있을까요?「요 8 : 32」 진리를 알지니 진리가 너희를 자유케 하리라. 이렇게 질문을 드리며 말씀 맺기를 원합니다. 이러한 삶이 우리에게 실존으로 있게 되려면 이게 몇 년짜리일까요?

3장　열 매

29. 부지런한 연습만이
30. 하나님의 영광을 향하여
31. 내가 말하였느니라
32. 어디로 인도하시나
33. 어떻게 인도하시나
34. 성령 안에서 의와 평강과 희락이라

열 매

여름에 옷을 벗게 되고 겨울에 옷을 입게 되듯이
반드시 열매는 맺게 되어 있다
그리고
이렇게 말한다
사랑을 하게 된다 거룩하게 된다 영원이 보인다
그리고
누린다 즐긴다 하면서 자유를 만끽한다
우리가 가야 할 천국을
지금 내가 살고 있는 이 자리에서
보게된다

29. 부지런한 연습만이

> ✻ 이스라엘아 들으라 우리 하나님 여호와는 오직 유일한 여호와이시니
> 너는 마음을 다하고 뜻을 다하고 힘을 다하여 네 하나님 여호와를 사랑하라
> 오늘 내가 네게 명하는 이 말씀을 너는 마음에 새기고 네 자녀에게 부지런히 가르치며 집에 앉았을 때에든지 길을 갈 때에든지 누워 있을 때에든지 일어날 때에든지 이 말씀을 강론할 것이며
> 너는 또 그것을 네 손목에 매어 기호를 삼으며 네 미간에 붙여 표로 삼고
> 또 네 집 문설주와 바깥 문에 기록할지니라
>
> 신 6 : 4-9

저는 지금까지 존재론적 입장에서 가장 근본이 된 하나치로서의 것들을 말씀드렸습니다. 즉 하나님과 가정이 포함된 인간, 성경의 하나님 말씀, 자연이 포함된 역사와 국가가 포함된 교회에 대하여 말씀드렸습니다. 그리고 이 근본이 된 하나치들을 어떻게 사용해야 하는가에 대해서 말씀드렸는데 거기에서 성부 성자 성령의 법칙, 선지자 제사장 왕의 법칙과 예배 믿음 기도의 법칙, 분석은 인간 결론은 하나님인 법칙, 논리적으로는 다른데 실지로는 하나인 법칙, 연역법과 귀납법의 법칙에 대하여 말씀 드렸습니다. 설명 드린 말씀 속에는 성경신학인 신·구약성경은 예수 그리스도의 책으로 하나이며, 교의신학인 서론 신론 인간론 기독론 교회론 말세론과 역사신학인 교회사를 모두 연합하여 그 커다란 너무나도 광범위하게 보일 것입니다. 하지

만 이것을 실천신학으로 존재론(to be)과 행위론(to do)으로 나누어서, 이 근본 하나치의 원리와 행하여 움직여야 하는 법칙을 간단하게 말씀드리게 된 것은 앞으로 하나님이 하실 일이겠지만, 커다란 업적이 될 것이라 사료됩니다.

짚어드린다면 근본원리도 다섯 가지로 축약하여 말씀드릴 수 있습니다. 설명 드린 근본원리도 행함의 법칙, 즉 어떻게 행하여서 움직이는가의 공식들이 바로 성경을 통하여 나온 것이지 어떤 심오한 철학이나 누구의 법칙이 첨삭되어 나온 것이 아니라는 것입니다. 마치 아인슈타인의 상대성원리가 창조가 아니라 하나님이 만드신 법칙을 발견했을 뿐이듯이 이 행함의 다섯 가지 법칙도 성경 속에서 발견되었을 뿐입니다. 적어도 어떤 신학적인 문제도 인간들이기에 질문할 수밖에 없는 철학 심리학 문제도, 나아가 이것은 고차원인 문제가 아니라 어떤 쉬운 단순한 문제라 할지라도 말씀드린 하나치의 존재들과 행함의 법칙들만 사용하면 안 풀릴 문제가 없다는 것입니다.

이제 우리의 할 일이 있다면 연습입니다. 연습하면 되고 연습 안하면 아니 됩니다. 제가 알기로는 이 세상에 모든 만물들의 원리가 있고 원리를 사용하는 법칙들이 있습니다. 둥그런 공을 사용하는 데도 탁구공은 작기 때문에 지름과 둘레 그리고 원심력과 등등의 원리가 있고, 그렇기 때문에 이것을 사용할 때에는 이렇게 움직여야 한다는 일정한 원칙이 있게 마련입니다. 그리고 운동경기로서 공 가운데서 가장 큰 공이 농구공입니까? 여기에서도 기본을 설명하는 원리가 있고 공이 크기 때문에 거기에 맞게 사용하는 방법이 있을 뿐입니다. 마찬가지로 학문 체육 경제 예술 종교 등 모든 것에 대한 원리와 사용법이 있습니다. 어느 누가 얼마만큼 연습했느냐에 따라서 실력의 차이가 확연하게 드러납니다.

오늘 본문은 연습의 중요성을 이렇게 강조하고 있습니다. 「본문 7, 8, 9절」입니다. 오늘날 내가 네게 명하는 이 말씀을 너는 마음에 새기고 네 자녀에게 부지런히 가르치며 집에 앉았을 때에든지 길에 행할 때에든지 누웠을 때에든지 일어날 때에든지 이 말씀을 강론할 것이며 너는 또 그것을 네 손목에 매어 기호를 삼으며 네 미간에 붙여 표를 삼고 또 네 집 문설주와 바깥문에 기록 할지니라. 성경에서는 연습을 이렇게 말씀함으로 강조하고 있습니다. 성경에서는 축복은 땀이라고 말합니다. 땀은 부지런으로 표현이 됩니다. '일하기 싫거든 먹지도 말아라.' 곧, 게으른 자는 죽어야 한다는 것입니다. 세상에서도 가장 악한 죄를 불한당이라고 정의내립니다. 「잠 19:15」 게으름은 사람을 잠들게 하나니 나태한 사람은 주릴 것이요. 「잠 6:6, 7, 8」 게으른 자여 개미에게로 가서 그 하는 것을 보고 지혜를 얻으라. 개미는 두령도 없고 간역자도 없고 주권자도 없으되 먹을 것을 여름 동안에 예비하며 추수 때에 양식을 모으느니라. 잠언 기자가 우리에게 말하고 있는 바와 같이 일개미에게는 무엇을 하라고 지시하는 왕이 없습니다. 그들에게는 여왕은 있으나, 그 여왕이 우두머리는 아닙니다. 어느 누가 잔소리를 하지 않아도 개미들은 자기에게 맡겨진 일을 충실히 해 나갑니다. 그들은 해야 할 일을 잘 알고 있습니다. 우리도 개미와 마찬가지로 사회적인 피조물입니다. 우리는 우리에게 맡겨진 일에 최선을 다할 때에 생활을 최대한으로 즐길 수 있습니다. 학교 직장 가정에서의 게으름은 일에 도움을 주기는커녕 오히려 방해가 되며 다른 사람과 자신에게 손해를 입힙니다. 세상 속담에도 가만히 앉아서 성공을 기다리는 자를 실패가 먼저 가서 붙잡는다고 말합니다. 작은 죄에 속하는 욕망, 실수 중에 가장 큰 죄는 게으른 것이며 가장 중요한 것은 부지런입니다. 부지런하기만 하면 잘 살 수 있도록 하나님은 그렇게 운영하시고 있습니다. 연습하는 자들에게 나타나는 약간의 공통점이 나옵니다. 하나는 원리와 사용방법을 백번 연구한다고 해결되는 것은 없습니다. 오직 실생활로 연습하는 자들에게만 열리고 해결된다는 것입니다. 단 학자들에게는 원리와 행위를 연구하는 그 자체가 연습이기 때문에 원리와 사용방법을 많이많이 개발해서 인류들에게 제공하여 주어야 할 것입니다. 또 하나는 연습, 연습하는 자들에게 따라오는 공통점이 있다면 너무나 부하여서 교만하지 않고, 너무나 가난하여서 거짓말하지 않는 삶으로 살게 하는 우리의 실존이 연습하는 자들에게는 똑같이 따르는 것이 하나님이 우리에게 주신 법칙입니다. 그리고 또 하나의 공통점은 이것들을 실천하는 것이 그렇게도 중요한데 어느 누구나 실천할 수 있는 아주 쉬운 방법이라는 것입니다. 그것은 인과응보의 법칙 '~하면 ~리라'에서 말씀드렸듯이 어느 누구든지 당신들이 가진 것 아는 것 있는 것만 가지고 최선을 다하면 되는 법칙이기에 어느 누구나 할 수 있는 것입니다. 또 하나 짚어드린다면 지금까지 설명 드린 방법은 어느 특정한 분야에서만 취급되어지는 그러한 원리와 행함의 방법이 아닙니다. 교회에서 설명하니 교인들만 해당되는 것이 아니라 온 인류에게 똑같이 나타나는 사실들입니다. 한 가지 예로 문학인이 인간을 알고 싶지만 하나님 모르면 인간을 말할 수 없습니다. 하나님을 만나야만 인간을 알 수 있습니다. 그러니 문학인도 체육인도 경제인도 정치인도 언제나 누구든지 똑같이 적용되는 원리와 실천 방법입니다. 곧, 학생도 예수님 모시고 공부해야 합니다. 직장인도 예수님 모시고 일해야 합니다. 기업인도 예수님 모시고 운영해야 합니다. 그러니 인류 어느 누구나 똑같이 살아야 하는데 예수님 모신 자들에게 나타나는 삶의 원칙인 근본 문제와 근본 문제들을 이렇게 행하여야 한다는 것을 이렇게 풀어서 말씀드리게 된 것입니다.

연습은 정말로 참으로 중요합니다. 연습하는 자에게 길이 열립니다. 연습하는 자에게만 승리가 따릅니다. 우리가 감사해야 할 일이 있다면 이런 것입니다. 하나님은 우리에게 막연하게 믿으라고만 말씀 안 했습니다. 구체적으로 믿어야 할 것과 행하여야 할 것들을 보여주셨습니다. 믿어야 할 것들이 무엇입니까? '나는 스스로 있는 자니라', 성부 성자 성령 하나님을 믿도록 보여주셨습니다. 하나님이 창조하셔서 있게 한 가장 근원적인 것들을 믿게 하셨습니다. 가정을 포함한 인간과 하나님이 하나님으로 드러나시기 위하여 말씀하신 성경입니다. 하나님이 인간과 하나로 만들게 하는 교회입니다. 하나님이 운영하시는 자연을 포함한 역사입니다. 하나님이 보여주신 것으로만 근원적인 것을 볼 수 있습니다. 하나님을 떠나서는 근본이 보이질 않습니다. 그러니 하나님 떠나서는 분석만 있을 뿐 해결은 보이질 않습니다. 하나님은 막연하게 믿으라고만 말씀하시지 않고 이와 같이 믿을 것을 확실히 보여주셨습니다. 하나님이 통치하시니 믿어가지고 '돈 좀 벌자', '출세 좀 하자', 이런 식의 믿음이 아닙니다. 행함의 법칙도 마음대로 행하는 것이 아닙니다. 이제는 그 믿음대로 곧 본대로 행하는 것입니다 특히 행함에 있어서는 모든 만물들에게서 하나님이 만드신 법칙들이 있습니다. 바로 그 법칙대로 행하여야 합니다. 저는 바로 그 법칙들을 말씀드렸습니다. 믿기만 하면 가만히 있어도 뭐가 되는 것처럼 생각하면 안됩니다. 좋은 나무에 좋은 열매이듯이 믿음이 있는 자는 틀림없이 연습으로 나타나게 되어 있습니다. 그런데 바로 연습방법을 구체적으로 알게 하셨으니 얼마나 좋으냐, 이 말입니다.

이제는 연습방법을 설명 안 하더라도 아실 걸로 확신합니다. 하나님은 우리에게 계속, 연습이 중요하며 그렇게 연습을 해야만 하는 이유를 다른 방법으로 설명합니다. 우리가 쉬지 않고 연습을 해야 하는 이유는 하나님이 지금도 일하고 계시니 우리도 일을 해야 한다는 것입니다. 하나님은 일하는 모습마저도 우리에게 친히 보여주시므로 일을 하도록 하십니다. 정말로 감사, 감격일 뿐입니다. 「요 5 : 17」예수께서 저희에게 이르시되 이제까지 내 아버지께서 일하시니 나도 일한다. 하나님이 어떻게 일 하십니까? '내가 말하였느니라'입니다. 이미 연역법과 귀납법에서 말씀드렸습니다. 하나님이 스스로 말씀하신대로 일하시고 계십니다. 그러기에 우리도 하나님이 말씀하신대로 일해야 합니다. 실상은 우리도 그렇습니다. 내가 말했기 때문에 중요합니다. 하나님 말씀은 바로 그 말씀이 진리이기에 문제가 하나도 없습니다. 우리는 누가 뭐라 해도 내가 말한 말이 중요합니다. 그러나 내 말은 진리가 아닌 까닭에 무엇이 진리냐고 물어 보아야 합니다. 그럴지라도 내가 한 말은 중요합니다. 저의 고민은 여기에서 시작됩니다. 그래서 하나님은 구체적으로 어떻게 일하셨는가를 봅니다. 보았더니 바로 그것이 성부 성자 성령의 법칙이었습니다. 우리는 이 성부 성자 성령의 법칙을 하나님이 그대로 사용하시어 드러나게 하신 구약의 선지자 제사장 왕의 법칙을 통하여 알 수 있습니다. 그 중에 하나가 하나님은 일하실 때 막연하게 개념으로만 말씀하시지 않고 늘 실존의 삶을 우리에게 보여주셨습니다. 정말 감사한 일입니다. 하나님은 일을 하시는데 어디까지 일을 하시나 살펴보았더니 논리적으로 다른데 실지는 하나에서 답이 나옵니다. 곧 하나님과 인간은 논리적으로는 분명히 다른데 하나님과 인간은 실질적으로는 하나라는 것입니다. 곧 하나님은 일을 하시므로 하나님과 인간이 하나인 것을 우리가 알 때까지 일을 하고 계신다는 것입니다.

우리도 성경대로 일을 해야 합니다. 하나님이 우리에게 가르쳐주신 삶의 모범이기 때문입니다. 그러면 우리가 어떻게 성경대로 일을 해야 합니까? 그 처음이 믿음입니다. 믿음, 이미 말씀을 드렸습니다. 우리는 이미 예배 믿음 기도의 법칙 이 얼마나 중요한 것인가를 알고 있습니다. 하나님이 일을 하시는 법칙 성부 성자 성령의 법칙이 있다면 인간이 지켜야 가장 중요한 법칙은 예배 믿음 기도의 법칙입니다. 저는 믿음을 강조하기 위하여 비교로 말씀드립니다. 하나 더하기 하나는 둘이라는 계산의 법칙보다도 몇 배나 더 중요한 법칙이 믿음의 법칙이라고 말씀드렸고 또 말씀드립니다. 성경을 또 봅시다. 「요 6 : 28, 29」 저희가 묻되 우리가 어떻게 하여야 하나님의 일을 하오리이까? 예수께서 대답하여 가라사대 하나님의 보내신 자를 믿는 것이 하나님의 일이니라. 성도님들 믿는 것도 일입니다. 인간이 영과 육으로 되어 있는데 영이 하는 일 중에 믿는 일이 그렇게도 중요하다는 것입니다. 자유의지 사용과 믿음 문제를 가지고 하나님과 인간관계를 설명한다면 이 믿음이 얼마나 중요한 역할을 하는지 알 수 있습니다. 하나님과 인간이 똑같이 자유의지를 누리고 있는 까닭에 우리 성도들이 안 한다고 하면 하나님도 일을 하실 수 없다는 것입니다. 우리 인간이 무엇이든지 한다고 하면 하나님도 일을 하신다는 것입니다.

로보트 슐러나 심리학자들이 말하는 자기 자신의 신념과는 다릅니다. 다르되, 하늘과 땅 차이만큼 다릅니다. 하나는 하나님 중심 신본주의이며, 다른 하나는 인간 중심인 인본주의입니다. 이제 이 믿음으로 시작한 성도들은 성도들이 해야 할 일들을 알고 행합니다. 인간은 분석, 결론은 하나님이기에 우리는 어떠한 경우에도 결론이 없습니다. 그러나 더러운 것 깨끗한 것을 구별합니다. 동, 식, 광물을 구별합니다. 남자가 할 일과 여자가 할 일을 구별합니다. 주인이 할 일과 종(奴)이 할 일을 구별합니다. 세상이 정한 법이 무엇인가를 구별하여 우리 성도들은 그들의 소금과 빛이 되기 위하여 노력하고 땀을 흘립니다. ' ~하면 ~리라', 즉 인과응보의 법칙에서 '~리라' 부분인 하나님이 하실 일에 대해서는 우리는 간섭하지 않습니다. 인과응보의 법칙에 묶이지 아니 한 채 철저하게 자유의지를 하나님 말씀대로 사용하기 위하여 노력합니다. 이렇게 될 때에 진짜 자유를 마음껏 누립니다. 오히려 우리의 자유사용은 예수님 닮아가기 위하여 사용하기에, 참인간이 되기 위하여 사용하기에, 하나님처럼 되기 위하여 노력하기에 아무리 땀을 흘려도 지치지 아니하고 오히려 포만감에 푹 빠져 감격의 눈물이 있을 뿐입니다.

진리를 알지니 진리가 너희를 자유케 하리라, 진짜 자유일 뿐입니다. 논리적으로는 다른데 실지로는 하나라는 법칙에서 우리도 내가 하나님과 하나인 것을 알게 됩니다.「요 17 : 21」아버지께서 내 안에 내가 아버지 안에 있는 것 같이 저희도 하나가 되어 우리 안에 있게 하사.「22절」이는 우리가 하나가 된 것 같이 저희도 하나가 되게 하려 함이니이다.「엡 4 : 13」우리가 다 하나님의 아들을 믿는 것과 아는 일에 하나가 되어 온전한 사람을 이루어 그리스도의 장성한 분량이 충만한 데까지 이르리니. 우리가 하나님과 하나가 된 것을 확인하는 그 포만감 무엇이라고 표현해야 할까요? 연역법과 귀납법에서 연역법, 하나님이 '내가 말하였느니라', 우리는 무엇이라 대답합니까? '예'만 있고 '아니요'는 없습니다. 항상 기쁨, 범사에 감사, 늘 예배, 늘 믿음, 늘 기도할 수 있는 우리가 되어버렸습니다. 이제 성령 충만한 모습을 어떤 모습이라고 불러야 될까요? 바로 이 충만한 모습을 향하여 가도록 연습, 연습만 하기를 주님의 이름으로 바랍니다.

30. 하나님의 영광을 향하여

> ✱ 모든 것이 가하나 모든 것이 유익한 것은 아니요 모든 것이 가하나 모든 것이 덕을 세우는 것은 아니니
> 누구든지 자기의 유익을 구하지 말고 남의 유익을 구하라
> 무릇 시장에서 파는 것은 양심을 위하여 묻지 말고 먹으라
> 이는 땅과 거기 충만한 것이 주의 것임이라
> 불신자 중 누가 너희를 청할 때에 너희가 가고자 하거든 너희 앞에 차려 놓은 것은 무엇이든지 양심을 위하여 묻지 말고 먹으라
> 누가 너희에게 이것이 제물이라 말하거든 알게 한 자와 그 양심을 위하여 먹지 말라
> 내가 말한 양심은 너희의 것이 아니요 남의 것이니 어찌하여 내 자유가 남의 양심으로 말미암아 판단을 받으리요
> 만일 내가 감사함으로 참여하면 어찌하여 내가 감사하는 것에 대하여 비방을 받으리요
> 그런즉 너희가 먹든지 마시든지 무엇을 하든지 다 하나님의 영광을 위하여 하라
> 유대인에게나 헬라인에게나 하나님의 교회에나 거치는 자가 되지 말고
> 나와 같이 모든 일에 모든 사람을 기쁘게 하여 자신의 유익을 구하지 아니하고 많은 사람의 유익을 구하여 그들로 구원을 받게 하라
>
> 고전 10 : 23-33

저는 지난 시간 부지런한 연습만이 우리의 할일이라고 말씀드렸습니다. 물론 막연한 연습이 아니었습니다. 존재론적인 가장 기본 근원의 하나치의 법칙과 행동해야 하는 원리를 말씀드렸습니다. 심지어 이와 같이 사신 분, 예수님이 우리의 본보기로 살아 주셨으니 그러니

우리는 할 수 있다고 말씀드렸습니다. 이제는 신학적인 문제, 인생의 어려운 문제, 또 쉽다고 생각한 문제 등 무엇이나 제가 제시한 대로 하기만 하면 안 풀릴 문제가 없다고 말씀드렸습니다. 안 풀릴 문제가 없다, 이정도 말씀드렸으면, '배 목사, 당신 책임지겠어? 진짜냐 말이야?' 하면서 여기에 대한 질문이 쏟아져야 하고 그리고 ≪천우신문≫ 제1면에 톱기사로 떠야만 될 것 같은데, 그래서 정말이기에, '당신 말이 맞구먼'하면서 연습을 시작했으면 좋겠는데. 이것도 아니고 저것도 아니니 무척 답답한 면이 많이 있습니다. 분명 우리의 주인은 하나님이신데 하나님도 섭섭하실 것이라 사료됩니다.

이제 우리에게 필요한 것은 연습, 연습입니다. 제가 기본 하나치의 법칙 다섯 가지를 말씀드리면 속으로 한 번 따라서 해보시기 바랍니다. 하나님, 가정을 포함한 인간, 국가를 포함한 교회, 하나님의 말씀인 성경, 자연을 포함한 역사 곧 하나님 인간 성경 교회 역사입니다. 이제는 기본 하나치들을 행함, 연습의 법칙에 따라 반복하고 반복하면 모든 문제들은 해결되면서 우리는 예수님처럼 살 수 있게 됩니다. 그 행함의 법칙이 다섯입니다. 다시 한 번 속으로 묵상해 보시기 바랍니다. 성부 성자 성령의 법칙, 곧 선지자 제사장 왕의 법칙이라 불러도 됩니다. 예배 믿음 기도의 법칙, 인간은 분석, 결론은 하나님의 법칙, ' ~면 ~리라'의 인과응보의 법칙, 연역법과 귀납법의 법칙 그 다섯 가지입니다.

이렇게 반복하여 연습하기만 하면 우리는 어디로 가게 될까요? 하나님 영광을 향하여 가게 되어 있습니다. 나 자신은 예수님 닮아가도록 되어 있습니다. 하나님 형상대로 지음 받았으니 하나님처럼 살 수 있도록 되어 있습니다. 우리의 용어를 사용해서 말한다면 참인간이 될 수 있습니다.

소크라테스 플라톤 아리스토텔레스도 예수 안 믿었으면 지옥이며 반쪽 인생밖에 못 살았습니다. 중요한 것은 소크라테스 등 이분들이 예수를 믿었는지 안 믿었는지 아는 사람은 이 세상에 아무도 없다는 것입니다. 분명한 것은 예수 안 믿으면 미완성 인생, 곧 죽은 인생이기에 고향인 죽음으로 돌아가게 됩니다. 어느 누구든 예수 믿고 천국에 가서 영원히 살아야만 완성된 인간, 하나님과 하나로 즐기고 누리는 삶을 살게 되는 것입니다. '당신 말을 한마디로 하자면 천국에 갔는가 안 갔는가는 천국에 가 보아야 알 것이 아닌가?'라고 하면서, '말장난 하지 마라'라고 하실 수 있을 것입니다.

여기서 중요한 것은 우리가 지금 예수님을 고백하고 영접하게 되면 우리가 살아 있는 동안에 하나님처럼, 하나님이 본보기로 살아주신 예수님처럼 우리 인간들의 용어인 참인간을 알 수 있기에 그 포만감은 이루 말 할 수 없습니다. 그러기에 지금 말씀대로 사는 것이 그렇게도 중요하다는 것입니다. 이제 부지런히 연습하기만 하면 우리는 지금 예수님 닮아 가는데 그 닮아간 모습을 우리가 알 수 있습니다. 하나님은 연습의 중요성을, 아니 땀의 중요성을 알게 하기 위하여 모든 일들에 근원과 그 본질을 사용하는 방법을 가르쳐 주셨습니다. 누구든지 연습하기만 하면 그 방면에 경지에 이르도록 되어 있습니다. 그리고 지금 말씀을 드린 연습을 하면 성장하는 것을 그 하시는 분들이 알고 있습니다. '내가 지금 달라지고 있구나' 하는 것을 확실히 알게 됩니다. 삼년이면 이렇게 하면 되겠다는 것을 알게 됩니다. 십년이면 다른 사람들은 아직 몰라주는데 자기 자신은 자신에 찬 모습으로 확신을 가집니다. 이십년이면 다른 사람들이, '그 방면은 누구한데 가보란 말이야' 하면서 동네에서, 나라에서 아니면 세계에서 알아주는 자가 됩니다.

마찬가지로 우리에게 인간이 완성되도록 근원과 방법을 가르쳐 주셨기에 이 연습을 하므로 성장하며 예수님 닮아가는 모습을 알게 하며 살 수 있도록 친절하게 보여주셨고 소개하여 주셨기 때문에 우리가 할 수 있습니다. 「삿 9장」에 보면 이러한 비유가 나옵니다.

감람나무에게 무화과나무에게 포도나무에게 너희들 우리의 왕이 되어 달라고 말합니다. 감람나무는 말합니다. "나의 기름을 가지고 하나님과 사람에게 영화롭게 하는데 내가 어찌 왕이 되어 나의 직분을 버리리요." 무화과나무가 말합니다. "나의 단것 나의 아름다운 실과를 내가 어찌 버리리요." 포도나무가 말합니다. "하나님과 사람을 기쁘게 하는 나의 새 술을 어찌 포기하리요"라고 대답하면서 이들은 왕이 되기를 한사코 거절합니다. 하나님은 우리가 태어날 때 분명히 우리에게 주신 것이 있습니다. 바로 그것이 중요합니다. 그렇습니다. 예수님 닮아가는 것, 인생이 완전한 인간으로 되는 것이 중요한 것이지 왕이 되는 것, 돈을 버는 것, 힘이 세어지는 것 그 자체는 아닙니다. 그렇다고 돈 힘 권력 왕을 무시하는 것이 아닙니다. 하나님이 달란트를 주셨으면 그것으로 누려야 합니다. 예수님을 닮아간 왕, 예수님을 닮아간 재벌, 예수님을 닮아간 힘을 말하는 것입니다. 우리가 하늘나라에 가면 분명히 받을 상이 있는데 그 하늘나라에 가서 받을 상급을 지금 살아있는 동안에 대략 알 수 있다고 말하고 싶습니다. 왜냐고요? 연습을 하면 성장하는 정도를 자신들이 알 수 있기에 천국에 가기 전에 이 땅에 살면서 짐작할 수 있다는 것입니다.

이렇게 연습하는 자들은 우리의 목표가 하나님처럼 되고 즉 예수님만큼 성장하는 것, 완성된 인간이 되는 것이기에 자연히 우리의 모든 삶의 목표가 하나님 영광을 향하여 가고 있음을 발견하게 됩니다. 아담 이후 온 인류들의 목표는 단 하나입니다. 하나님 영광을 향하여 달려가야 합니다. 이미 이러한 일들이 하나치의 근원과 행함의 원칙 속에 들어 있습니다. 그래서 우리가 예수님처럼 닮아가기 위해서는, 하나님처럼 되기 위해서는, 완전한 인간이 되기 위해서는 하나님의 영광을 위하여 살아야 한다고 자연스럽게 말하게 됩니다. 여기 하나님 영광을 위하여 산다는 말은 하나님처럼 되는 것과 되기 위한 행함이 같이 포함되어 있습니다. 이렇게 하나님 영광을 위하여 가게 되는 것이 성경을 총체적으로 설명하여 주는 신학, 모든 자연, 그리고 역사가 말하고 있음을 설명드림으로 우리의 모든 행동들이 하나님의 영광을 위하여 연습해야 됨을, 아니 그렇게 살아야 됨을 말씀드립니다.

저는 근원과 행함의 방법이 하나님의 말씀인 성경에 두었다고 말씀드렸습니다. 이 성경을 분석하여 나누어 보면 성경신학, 교의신학, 역사신학으로 구분합니다. 이 중에 성경신학에서 말합니다. 어느 학자의 말을 인용하여 말씀드립니다.

첫째, 성경의 역사는 우리가 교회사에서 일반적으로 배운 세속적인 역사가 아니라는 점이다. 성경은 기자가 자기 나름대로 취사선택하여 쓴 글이 아니고, 하나님의 뜻 안에서 선악을 분별하여 칭찬하기도 하며, 나무라기도 한 경전이라는 사실이다.

둘째, 이 역사의 주인공은 하나님이라는 점이다. 인류 역사는 사람을 주인공으로 삼고 사람을 추적하지만, 성경은 하나님을 역사의 주인공으로 삼아 그분의 행적을 추적한다.

셋째, 성경은 단순히 연대기의 나열이 아니다. 분명히 하나님의 뜻에 따라 선택된 사건만이 기술되고 소개되고 있다. 그리고 하나님이 우리 인간들에게 하나님을 알게 하기 위하여 성령을 통하여 하나님이 직접 기록한 책이다.

이 성경신학을 한마디로 정의한다면 신·구약성경은 하나님을 알게 하기 위한 예수 그리스도에 관한 하나의 책이라는 것입니다. 이 성경신학은 어디로 가고 있습니까? 분명히 하나님 영광을 향하여 가고 있습니다.

교의신학입니다. 서론 변증학에서 말합니다. '인간이 인간을 알기 위하여서 칸트의 학설인 양심을 통하여, 헤겔의 학설인 정반합의 이성을 통하여, 슐라이엘 막허의 학설인 경험을 통하여 인간의 문제를 해결하려고 노력했지만 인간 문제는 해결될 수 없었다.' 그러나 인간은 하나님의 형상대로 지음 받았기에 하나님께 나아와야 만이 해결된다 말하면서 서론은 반틸의 말을 인용하여 말합니다. 교의신학 서론도 하나님의 영광을 향하여 가고 있습니다.

신론입니다. '나는 스스로 있는 자니'라고 말씀하신 유일신 하나님을 말합니다. 하나님은 우리 인간에게 성부 성자 성령 하나님 삼위일체 하나님으로 나타나셨다는 것입니다. 그 이유가 무엇입니까? 하나님이 우리 인간에게 하나님 자신을 알게 하기 위하여 스스로 작정하셨다는 것입니다. 신론도 하나님이 하나님 자신을 드러내며 우리로 하여금 영광을 돌리도록 말씀합니다.

인간론입니다. 하나님은 인간을 하나님의 형상으로 지으셨다는 것입니다. 인간이 하나님을 떠나 스스로 죽었으며 인간이 하나님께 나와야 만이 다시 회복될 수 있다는 것입니다. '인간은 죽었기 때문에 하나님께 나와야 하는데 인간이 스스로 나올 수 없고, 죽음의 죄 값을 대신하여 준 예수 그리스도를 믿어야 회복될 수 있다. 그런데 예수 그리스도를 믿는 것도 성령이 믿게 하여야 한다'는 것입니다. 구원의 서정 소명부터 영화까지 9가지 단계가 여기에서 나옵니다. 인간론도 예수 그리스도를 믿고 회복된 인간은 하나님 영광을 위하여 살아야 한다는 것입니다.

기독론입니다. 기독론은 예수님에 관한 설명입니다. 예수님은 하나님이시며 하나님이 인간으로 오신 분이 바로 예수님이라는 것입니다. 예수님은 곧 하나님이시자 인간이라고 분명히 밝히십니다. '예수님은 성령으로 잉태되셨으며 우리의 죄 때문에 십자가에 죽으셨으며 우리가 영원히 살 것을 알게 하기 위하여 사흘 만에 부활하셨다.' 예수님은 하나님이 인간으로 오심, 십자가에 죽으심 사흘 만에 다시 살아나심, 이것이 복음이며 곧 역사적 사실로서 진리라는 것입니다. 기독론도 어디로 가고 있습니까? 하나님 영광을 향하여 가고 있습니다.

교회론입니다. 교회의 주인은 하나님이십니다. 교회의 머리는 예수 그리스도입니다. 누가 교회입니까? 하나님이 부르신 성도들이 교회입니다. '너희 몸이 하나님이 거하시는 성령의 전인 줄을 알지 못하느냐?' 하나님이 부르신 우리가 교회이며 우리를 통하여 하나님 뜻이 이루어지고 있습니다. 교회론도 하나님 영광을 향하여 가고 있습니다.

종말론입니다. 예수 그리스도를 믿은 자 천국입니다. 믿지 아니한 자 지옥입니다. 심판의 기준을 우리가 이미 알고 삽니다. 예수 그리스도를 믿는다는 것은 하나님의 사랑을 우리가 알고 받아들인 다는 것입니다. 종말론도 하나님 영광을 향하여 가고 있습니다. 역사신학인 교회사도 하나님 영광을 말하고 있습니다. 역사는 왕사 민중사 경제사로 구분하여 기록할 수 있다고 말합니다. 그런데 역사가들이 말합니다. 역사학자들이 기록한 사록들이 아무리 정확을 위하여 기록한다 하지만 그 기록은 기록자의 주관이 들어가 있으며, 연약한 인간들의 기록으로 신뢰의 가치를 말하기 어렵다고 말합니다. 반면에 성경의 역사 즉 하나님의 역사는 분명합니다. 확실합니다. 그런데 그 하나님의 역사는 인간의 이성 감정 도덕으로는 이해할 수 없는 사건들로 역사가 이어지고 있습니다. 창조사건, 노아와 홍수, 아브라함이 백 세에 아들을 낳고, 출애굽의 열 재앙, 홍해 사건, 예수님 동정녀 탄생, 부활 등 그야말로 인간의 이성으로 납득할 수 없는 하나님의 역사입니다. 그런데 이것만이 사실로서 진리입니다. 정확합니다. 제가 대학 2학년 때 「역사의 고향」이라는 제목으로 조그마한 논단을 쓴 적이 있습니다. 마지막 결론 "성경은 '사람이 떡으로만 사는 것이 아니라 하나님 입으로 나오는 말씀으로 산다'고 말했는데 왜 이 세상 역사는 늘 싸움과 종말로 마치게 되는가를 생각하게 된다"라고 했던 맨 마지막 맺음말이 지금도 기억이 생생하게 납니다. 하나님의 역사 교회사는 분명히 하나님의 영광을 말하고 있습니다.

우리 교회 헌법이 말하고 있습니다. 헌법을 보면 12신조 그리고 대소요리 문답 그리고 정치와 행정 부분으로 나누어지고 있습니다. 서문에 보면 이중에서도 12신조와 대소요리문답이 더 중요하니 헌법수행에 있어서 유념하라고 밝히고 있습니다. 그 대소요리 문답 제1번입니다. 사람의 제일 되는 목적이 무엇인가? 사람의 제일 되는 목적은 하나님을 영화롭게 하는 것과 영원토록 그를 즐거워하는 것이다. 실천신학의 제일 기본법이 모법인 헌법입니다. 그 제1조에 하나님 영광이라고 밝히고 있습니다. 자연은 여전히 하나님이 지으신 대로 움직이면서 오히려 그 자연 법칙이 또 하나의 하나님의 음성으로 인식해야 하는 자연의 법칙은 여전히 하나님 영광을 향하여 가고 있습니다.

성도님들, 우리는 여전히 부지런하게 연습만하며 살아야 합니다. 원리를 제시하여 주었습니다. 근원의 하나치들과 이 하나치들을 어떻게 사용해야 하는가를 말씀드렸습니다. 이렇게 연습하기만 하면 우리는 하나님을 향하여 가는 것을 확인하게 될 것입니다. 이 확인이 우리를 힘있게 만들 것입니다.

31. 내가 말하였느니라

> ✻ 네 하나님 여호와께서 너희 가운데 네 형제 중에서 너를 위하여 나와 같은 선지자 하나를 일으키시리니 너희는 그의 말을 들을지니라
> 이것이 곧 네가 총회의 날에 호렙 산에서 네 하나님 여호와께 구한 것이라 곧 네가 말하기를 내가 다시는 내 하나님 여호와의 음성을 듣지 않게 하시고 다시는 이 큰 불을 보지 않게 하소서 두렵건대 내가 죽을까 하나이다 하매
> 여호와께서 내게 이르시되 그들의 말이 옳도다
> 내가 그들의 형제 중에서 너와 같은 선지자 하나를 그들을 위하여 일으키고 내 말을 그 입에 두리니 내가 그에게 명령하는 것을 그가 무리에게 다 말하리라
> 누구든지 내 이름으로 전하는 내 말을 듣지 아니하는 자는 내게 벌을 받을 것이요
> 만일 어떤 선지자가 내가 전하라고 명령하지 아니한 말을 제 마음대로 내 이름으로 전하든지 다른 신들의 이름으로 말하면 그 선지자는 죽임을 당하리라 하셨느니라
> 네가 마음속으로 이르기를 그 말이 여호와께서 이르신 말씀인지 우리가 어떻게 알리요 하리라
> 만일 선지자가 있어 여호와의 이름으로 말한 일에 증험도 없고 성취함도 없으면 이는 여호와께서 말씀하신 것이 아니요 그 선지자가 제 마음대로 한 말이니 너는 그를 두려워하지 말지니라
>
> 신 18 : 15-22

저는 지난 시간 '하나님 영광을 향하여'에 대하여 말씀드렸습니다. 존재론적 하나치 다섯 가지와 '존재하는 것들을 어떻게 사용해야 하나' 하는 행함의 법칙 다섯 가지, 그 법칙들을 그대로 행하기만 하면

우리는 틀림없이 예수님 닮아갈 수 있다고 말씀드렸습니다. 그러기에 우리는 '이제 부지런히 연습하기만 하면 된다', 약속대로 부지런히 연습하는 자들은 하나님의 영광을 향하여 갈 수밖에 없다고 말씀드렸습니다. 오늘 하나님의 영광을 향하여 가는 자들은 하나님이 말씀하신, '내가 말하였느니라'를 들을 수밖에 없습니다. 성경 66권을 살펴본다면 성경의 특성을 한마디로 축약할 수 있는 말들이 있습니다. '성경은 예수 그리스도에 관한 책이다.' 이 말은 특성을 말하는 것이 아니라, 성경이 이렇게 기록되어 있다고 말하는 성경의 본질입니다. 한마디로 축약할 수 있는 특성으로는, '말씀대로 살면 축복이며 말씀대로 살지 아니하면 저주이다. 내가 거룩하니 너희도 거룩 하라. 구약은 율법, 신약은 은혜의 책이다. 성경은 우리 인생의 나침반이다.' 그리고 하나님이신 '내가 말하였느니라'를 말할 수 있습니다.

저는 이미 연역법과 귀납법에서 연역법인 '내가 말하였느니라'의 중요성에 대하여 지나가는 설명으로 말씀을 드렸습니다. 설교학에서 강의를 할 때에도 이런 공식으로 말씀을 드리곤 합니다. '설교는 연역법을 중심하여 귀납법을 사용하십시오'라고 말씀을 드립니다. 이 우주만물 창조도 '내가 말하였느니라'입니다. 너희 인간도 '내가 지었느니라'입니다. 지금 이 역사도 '내가 운영하고 있느니라'입니다. '내가 말하였느니라.' 이 말씀을 가지고 신·구약성경 전체를 말씀드려도 여전히 '내가 말하였느니라'입니다. 자연의 법칙만 가지고도 '내가 말하였느니라'입니다. 지금 역사의 움직임만 가져도 '내가 말하였느니라'입니다.

'내가 말하였느니라'에서 모든 만물의 움직임 너와 나와의 만남 등, 보고 느끼고 인식하고 표현되어지는 모든 것들의 시작이 여기서부터 시작되어야 합니다. 곧 하나님이 '내가 말하였느니라'입니다. 나 중심이 아니고 하나님 중심이라면 하나님이 '내가 말하였느니라'고 말씀하셨으니 그 말씀이 진리인 까닭에 현실로 드러나는 것이기에 분명히 연역법입니다. 그러니 '그렇습니다' 하면서 '하나님 중심하겠습니다' 라고 대답할 수 있습니다. 여기 대답에 어떤 분은 '그래요, 알았습니다'라고 대답하실 수 있습니다. 이런 분은 주일날 골프의 약속을 뿌리치고 예배에 참석하셨다면 아마도 대단한 결심을 했다라고 사료가 됩니다. 어떤 분은 이렇게 표현할 수도 있습니다. 주일날 골프 약속이 오자 사탄아 물러가라 하시면서 "하나님 저는 이렇게 하나님께 예배를 중요시여깁니다." '자, 이만 하면 나도 이제는 하나님 오른편 제자는 될 거야'라고 느껴도 될 줄 알고 있습니다. 실지로 이쯤 되었다 하면 그렇게 생각해줘야 하는 것 아니겠습니까?

그러나 보십시오. 여기에서 하나님 중심이라는 말, 하나님 시작이라는 말을 귀납법으로 설명하여 보겠습니다. 요즈음 과학은 세계에서 '머리카락을 몇 십만 분의 일로 쪼갤 수 있느냐'의 경쟁에 돌입한 줄 알고 있습니다. 그러기에 가로세로 1센티 칩 속에 지구를 집어넣을 수 있습니다. 십의 구승분의 일초를 나노세컨드라고 부르면서 과학자는 이것도 길면 긴 시간이라며 웃습니다. 지구촌에서 달나라를 향하여 가는데 십의 구승분의 일만 오차가 생겨도 달나라에 착륙을 못한다는 것입니다. 제 의역입니다만 팔만대장경이 한 호흡 속에 들어 있다고 자신 있게 말씀드릴 수 있습니다. 하나님의 시작이라는 말, 어디서부터 말해야만이 하나님 시작이라고 말할 수 있을까요? 보는 것, 보게 되는 것입니다. 듣는 것, 듣게 되는 것입니다. 말하는 것, 말하게 되는 것입니다. 이 논리가 바로 하나님 시작이 됩니다. 이 세상에서 우리가 발견한 시작도 과학자들이 말로 표현한 나노세컨드 미립자 등등 언어만 있을 뿐이지 실지로는 공기처럼 바람처럼 분명히 있긴 있는데 눈으로는 보이질 않습니다. 보게 되는 것, 듣게 되는 것, 말하게 되는 것도 논리는 분명히 있습니다. 그리고 실존으로도 있습니다. 그런데 공기처럼 바람처럼 눈으로 보이질 않습니다. 바로 하나님 시작이 이와 같습니다. 보고 인식하고 느끼고 표현하는 모든 것들이 하나님 시작이어야 합니다. 바로 이것이 '내가 말하였느니라'고 말씀하신 말씀에 대한 우리의 적용의 시작입니다.

'나는 주일날 골프장 유혹을 뿌리 쳤어.', '무슨 소리?', '나는 골프장 유혹이 올 때 사탄아 물러가라 외친 사람이야.' 이러한 내가 '내가 말하였느니라'를 진정으로 받아들였다면 왠지 나의 얼굴은 붉어져야 하는 상황이 아닐까요? '내가 말하였느니라'라고 말씀하신 하나님 말씀에 대한 나의 실존은 과연 어디에 있는 것일까요? 하나님 말씀만이 나의 실존이지 나는 없는 것입니다. 저는 힘이라는 설교에서 이렇게 말씀드린 기억이 납니다. "이 세상에서 가장 큰 힘은 종교이다." 종교처럼 더 큰 힘은 없습니다. 그 종교를 비유하여 말씀드렸습니다. 이슬람입니다. '뚜~' 나팔소리와 함께 갑자기 이슬람사람들이 있는 그곳에서 잠잠하여 집니다. 메카의 당신들이 말하는 성지를 향하여 고개를 숙이고 엉덩이를 하늘로 올립니다. 바로 이러한 모습들이 중동지역에는 거의 대부분입니다. 정말로 머리끝부터 발끝까지 소름이 끼칩니다. 종교의 힘이 참으로 무섭습니다. 힌두교입니다. 당신 아버지를 어떤 승용차가 죽였습니다. 누가 찾아와서 당신 팔을 잘랐습니다. 그런데 '씩~' 웃습니다. 내 팔자라는 것입니다. 이렇게 해야만 다음날 세상에 다시 태어나면 더 좋은 사람으로 태어날 수 있다는 것입니다. 그리고는 아무것도 없습니다. 힘을 비교해 볼 때 이것은 힌두교가 이슬람교를 누른 T.K.O승입니다.

우리 기독교입니다. 그렇습니다. 무슨 일을 만나든지 우리는 하나님의 뜻이라고 부릅니다. 그래서 우리는 죽어져 있습니다. 그런데 그 죽어져 있는 우리 가운데 하나님이 들어와 계십니다. 바로 그 현장에 하나님이 들어오셔서 자유를 영원을 평안을 만족을 주십니다. 아무것도 없는 것이 아닙니다. 늘 있습니다. 해결이 있으니 그 해결을 실존으로 느끼면서 비로소 예수님 닮아가는 것을 우리는 우리가 알면서 포만감을 누립니다. 이렇게 하나님은 '내가 말하였느니라' 하시면서 늘 우리에게 나타나십니다. 「**본문 18절**」입니다. 내가 그들의 형제 중에 너와 같은 선지자 하나를 그들을 위하여 일으키고 내 말을 그 입에 두리니 내가 그에게 명하는 것을 그가 무리에게 다 고하리라.

이제 '내가 말하였느니라'에서 우리가 찾게 되는 세 가지가 있음을 말씀 드립니다. 첫째, '너를 위하여 말하였느니라'입니다. 인간이 이해할 수 없는 모든 것들이 바로 나를 위한 것, 우리를 위한 것입니다. 하나님은 우리 인간에게 나타나셔서 우리에게 말씀하십니다. 그런데 그 말씀 모두는 전적으로 하나님에 의하여 주도되었고 그 말씀은 우주적이며 영원하며 시공을 초월하여 모든 피조물들에게 동일하게 적용이 됩니다. 노아 아브라함 모세 다윗 등에게 말씀하심은 곧 나에게, 우리에게 말씀하심입니다.

노아를 통하여 그 식구들이 구원 얻었듯이, 아브라함을 통하여 그의 가문이 구원받았고, 모세를 통하여 그의 민족들이 구원을 받았듯이, 실패한 아담을 통하여 인류는 멸망하였고, 예수 그리스도를 통하여 온 인류가 구원받게 됨을 보여주시는 원리를 가르쳐 주심으로 하나님 말씀은 온 인류를 위하여 기록된 말씀으로 드러납니다.

'내가 말하였느니라'를 여기에서 끝내면 안됩니다. '내가 말하였느니라', 말씀하신 그 성경 전체를 보아야만 합니다. 하나님이 창조하신 모든 만물을 보아야 합니다. 하나님이 운영하시는 그 역사, 아담 이후 지금까지의 역사를 보아야만 됩니다. 그래야만 '내가 말하였느니라'를 비로소 알게 됩니다.

성경을 보면 '내가 말하였느니라'라고 말씀하신 하나님을 우리가 알 수 있습니다. 그분은 스스로 있는 자로서 그분은 당신 자신을 우리에게 보여주시기 위하여 스스로 인간으로 오셔서 우리로 하여금 하나님을 알게 하셨습니다. 스스로 오셔서 우리에게 보여주신 하나님은 어떤 하나님이십니까? 우리를 위하여 스스로 십자가에 죽어주신 분입니다. 우리를 위하여 스스로 하나님의 전지전능하심을 포기하신 분입니다. 우리를 위하여 스스로 늘 동행하여 주시는 임마누엘 하나님이십니다. 우리를 위하여 스스로 성령으로 들어오시면 안 떠나시고 늘 내 안에 계신 분입니다. 봄 여름 가을 겨울, 낮과 밤을 한 번도 변치 않게 하신 채 태양을 중심으로 수 금 지 화 목 토 천 해 명 등, 온 은하수 별들을 변하지 아니한 채 운영하시는 분입니다.

만일에 변화가 있다면 운영의 방법이 달라진 것이 아니라 타락한 우리 인류들이 그 방법을 건드리고 있을 뿐 오히려 하나님의 지으신 방법이 옳았음을 드러내는 것이 자연입니다. 여전히 하나님이 말씀하신 '내가 말하였느니라'입니다. '내가 말하였느니라'의 하나님의 역사는 하나님이 보게 하는 자, 듣게 하는 자, 알게 하는 자들만이 그 진리를 확인하며 누리며 즐기게 하시면서 성도들로 하여금 '내가 말하였느니라'를 확인하여 주는 역사입니다. '내가 말하였느니라', 모든 하나님의 말씀은 분명하고 확실한 우리 인류를 위한 말씀입니다.

둘째, '내가 말하였느니라'만 있습니다. 나는 없습니다. 곧 나의 죽음을 말합니다. 저는 '내가 말하였느니라'의 시작을 말씀드렸습니다. 듣게 된다, 보게 된다, 알게 된다가 맞습니다. 이젠 이 시작은 논리로 알게 되며 눈으로는 안 보입니다. 공기와 바람이 안 보이듯이 듣게 된다. 알게 된다. 안 보입니다. 그런데 공기가 있기에 호흡을 합니다.

바람이 불고 있기에 바람이 부는 것을 느끼고 있습니다. 성령이 임하셔서 보게 되는 것도 알게 되는 것도 눈으로 보이진 않는데 느껴집니다. 우리 이성으로 확실하게 알게 하십니다. 우리가 부모님을 향하여 엄마 아빠를 배워서 아는 것이 아닙니다. 알게 됩니다. 우리가 서양사람 동양사람 백인 흑인 황인을 배워서 아는 것이 아닙니다. 알게 되는 것입니다. 내가 남자이며 여자인 것을 배워서 아는 것이 아닙니다. 자연히 알게 되는 것입니다. 어떻게 늙고 있는 것을 배워서 압니까? 세월이 흐르니 늙어지고 있을 뿐입니다. 여기서 찾아내야 할 것이 있다면 바로 이것입니다. '내가 말하였느니라.' 이것은 곧 나의 죽음입니다. 왜냐고요? 내가 스스로 안 것은 하나도 없기 때문입니다. 하나 더하기 하나는 둘이라는 법칙도 배운 것처럼 생각되지만 조금만 더 생각하면 많이 들어서 알게 된 것이지 배워서 안 것이 아닙니다. 우리가 어떻게 하나님을 믿습니까? 하도 많이 들어서 자연스럽게 알게 되고 믿게 된 것입니다.

그러기에 성경은 말합니다. 네가 믿은 것이 아니라 내가 믿게 했다고 말씀합니다. 내가 믿지 않고 하나님이 믿게 했다면 분명 그 믿음은 우리의 죽음을 가리킵니다. 아무것도 할 수 없는 죽음 그 자체입니다. 선악과를 따 먹으면 정녕 죽으리라, 정말 죽은 인간입니다. 우리 스스로는 아무것도 할 수 없는, "의인은 없나니 하나도 없고 선을 행하는 자도 하나도 없도. 우리가 할 수 있는 일이 있다면 오호라 내가 원하는 선은 행치 아니하고 원치 아니하는 악만 행하는구나" 바울의 고백처럼 우리도 고백할 수밖에 없습니다. "내가 어머니 배 속에서부터 죄악 중에 출생하였음이여", 다윗의 고백처럼 나도 울 수밖에 없습니다. 사랑을 합니까? 사랑을 하게 됩니까? 여름에 옷을 벗습니까? 벗게 됩니까? 겨울에 옷을 입습니까? 입게 됩니까? 예, 벗게 되고 입게 되는 것이 맞습니다. 우리가 사랑을 합니까? 아니요 우리는 사랑할 수 없는 죽은 인간입니다. 예수님이 내 안에 들어오시면 사랑하게 되는 나를 발견합니다. 이젠 우리 인간들끼리는 누가 옳으냐고 물으면 안됩니다. 누가 옳으냐고 묻는 것이 곧 전쟁의 시작입니다. 나의 소리일 뿐 하나님 소리는 아닙니다. 분석은 인간 결론은 하나님 밖에 없는데 우리가 어떻게 누가 옳으냐고 물을 수 있습니까? 우리의 실존은 '내가 말하였느니라'만 있고 나는 없습니다.

셋째, 내가 말한 것들, 곧 하나님이 말씀하신 것들이 반드시 우리의 삶속에 드러납니다. 하나님은 우리에게 반드시 보게 하고, 듣게 하고, 알게 하고, 믿게 하신 분이지 무조건적으로 협박하셔서 강압적으로 우리를 믿게 하지 않으셨습니다. 역사적 사실인 부활을, 저 천국에서 영원히 살아야 하는 것을, 참자유를 누리는 것을, 종교로 묶어서 억지로 믿게 하시는 하나님이 아닙니다. 믿을 수밖에 없도록 보여주시고 또 보여주시고 그러니 안 믿을 수 없어서 믿게 되는 것입니다. 갈 천국이 보여서 가게 되는 것입니다. 아브라함이 어떻게 아들 이삭을 하나님께 제사로 드릴 수 있었을까요? "예, 나는 가짜, 하나님만이 진짜입니다." 기꺼이 바칠 수가 있었습니다. 이 순간의 모습을 「히 11 : 19」에서 이렇게 설명합니다. 아브라함이 이삭을 드릴 때에는 죽은 자 가운데서 다시 살리실 수 있는 하나님으로 믿은 것입니다. 현실처럼 수양을 준비하시는 하나님을 믿은 것은 아닙니다. 그러니 분명히 아브라함의 믿음은, '나는 가짜입니다. 나는 죽은 자입니다. 하나님만이 진짜입니다. 진리입니다' 그렇게 믿게 되는 것입니다.

참으로 중요한 답이 나옵니다. 우리는 지금도 천국가기 위하여 구원받기 위하여 믿는 것이 아닙니다. 이것은 힌두교에서도 종교를 가지고 인과응보로 묶을 수 있는 것과 마찬가지 논리입니다. 이젠 우리가 믿게 되는 것은 '내가 말하였느니라', 하나님 말씀이기에 믿게 되는 것입니다. 하나님이 천국이 있다고 말씀 하시니 천국이 있는 것입니다. 하나님이 나로 하여금 참자유자라고 말씀하시니 나는 자유자가 되는 것입니다. '내가 말하였느니라.' 모든 하나님 말씀은 우리를 위하여 하신 말씀입니다. 우리의 현실은 하나님 말씀만 있고 나는 죽어져 없어진 것입니다. 하나님 말씀만이 진리로 드러나므로 '내가 말하였느니라'를 듣고 알고 사는 사람들만이 진리를 체험하며 계속 이 땅을 살게 되는 것입니다.

32. 어디로 인도하시나

> ✳ 여호와는 나의 목자시니 내게 부족함이 없으리로다
> 그가 나를 푸른 풀밭에 누이시며 쉴 만한 물 가로 인도하시는도다
> 내 영혼을 소생시키시고 자기 이름을 위하여 의의 길로 인도하시는도다
> 내가 사망의 음침한 골짜기로 다닐지라도 해를 두려워하지 않을 것은 주께서 나와 함께 하심이라 주의 지팡이와 막대기가 나를 안위하시나이다
> 주께서 내 원수의 목전에서 내게 상을 차려 주시고 기름을 내 머리에 부으셨으니 내 잔이 넘치나이다
> 내 평생에 선하심과 인자하심이 반드시 나를 따르리니 내가 여호와의 집에 영원히 살리로다
>
> 시 23 : 1-6

지난 시간 '내가 말하였느니라', '성경의 축약이다. 보고 인식하고 느끼고 표현하는 모든 것들이 하나님이어야 한다. 하나님의 모든 말씀은 나를, 우리를 위한 말씀이다. 거기에는 하나님 말씀만 있고 나는 죽어져 없어져 있다. 하나님 말씀만 있기에 우리는 진리를 체험하고 누리고 즐기면서 영원히 살 수 있다'라고 말씀드렸습니다. 오늘은 이렇게 산자들에게 '하나님은 어디로 인도하시나'에 대하여 말씀드립니다. '내가 말하였느니라'에는 모든 말씀들이 나를 위한 우리를 위한 말씀이라고 말씀드렸습니다. 오늘 본문에도 여호와는 나의 목자이시기에 나에게 부족함이 없는 곳, 곧 푸른 초장과 쉴 만한 물가로 인도 하신다고 하셨습니다. 하나님은 임마누엘 하나님이시기에 나를 떠나지 아니하시고 늘 함께 합니다. 이것을 성령이 늘 동행하여 주시므로 한 번 임하시면 안

떠나시고 늘 나와 함께 하신다고 했습니다. 그래서 하나님은 나에게 부족함이 없고 푸른 초장과 쉴 만한 물가로 인도하신다는 것입니다.

오늘의 문제는 어디가 나에게 부족함이 없는 곳이고 어디가 푸른 초장, 쉴 만한 물가냐는 것입니다. 어디입니까? 환경으로 보면 산 좋고, 물 좋고, 경치 좋고, 인심 좋은 곳입니다. 나 자신에게는 건강하고 재물이 풍족하고 명예가 빛이 나며 좋은 가정과 많은 친구들이 있으므로 영원히 사는 곳입니다. 분명히 이러한 요구들은 하나님이 우리를 지으실 때 이러한 것들이 있어야만 웃도록 지으셨습니다. 이러한 것들이 없으면 웃을 수가 없습니다. 우리는 우리가 필요한 이러한 것들을 세상 것들이라고 말하면서 경홀히 여기거나 어떤 분은 죄악시까지 하며 예수님 믿는 사람들의 거룩을 아주 특이하게 화장실도 안 가고 밥도 안 먹을지라도 하나님이 함께 하시는 그런 식으로 생각합니다. 하나님이 우리에게 웃게 하신 방법은 누구나 똑같습니다. 필요한 것들이 있으므로 누리며 즐기게 지으셨습니다.

성경에는 말합니다. 「잠 3장」 그 우편 손에는 장수가 있고 좌편 손에는 부귀가 있나니, 우리 인간이 큰 용사가 되는 것은 여호와께서 함께하는 자가 큰 용사라고 하셨으니 여호와께서 함께하시는 자마다 민족의 지도자, 자신들을 이긴 자, 지금도 우리가 흠모할만한 사람들로 되어 존경의 대상자들이 되었습니다. 그리고 가장 기본문제가 해결되었습니다. 무엇을 먹고 입고 마시는 문제는 염려하지 않아도 됩니다. 적어도 너무 부하여서 교만하지 않고 너무나 가난하여서 거짓말하지 않도록 우리 성도들에게 이 땅에 사는 동안에는 살게 하셨다는 것입니다. 그러니 하나님은 우리를 지어서 놓고 우리가 필요한 모든 것들을 채워주심으로 웃게 하시고 살게 하셨다는 것입니다.

본론으로 들어가기 전에 한 가지 짚어드린다면 하나님은 부자가 되고 건강하게 되고 승리자가 되는 비결은 가르쳐 주셨는데 이러한 것들을 입에다 넣어 주지는 않는다는 것입니다. 탈무드의 이야기입니다. '고기를 잡은 법을 가르쳐 주어야지 고기를 잡아서 가져다주지 말라', 너무나 우리가 잘 알고 있습니다. 그러니 우리에게는 어디가 나를 위한 곳이며 푸른 초장이며 쉴만한 물가인가는 아주 중요하다는 것입니다. 하나님은 오늘 본문 말씀을 통하여 이것을 확실하고 뚜렷하게 제시하여 주고 있습니다. 「3절」입니다. 내 영혼을 소생시키시고 자기 이름을 위하여 의의 길로 인도하시는 도다라고 말씀하십니다. 곧 우리의 생명이 사는 곳이며 하나님 이름이 있는 곳이며 우리의 의의 길이 바로 나를 위한 곳이며 푸른 초장, 쉴만한 물가라고 말씀하고 계십니다.

먼저 우리의 생명이 사는 곳입니다. 우리 생명들이 사는 것은 병든 사람들이 낫는 것입니다. 가난한 자가 부자가 되는 것입니다. 웃음이 없는 자가 웃게 되는 것입니다. 죽은 자가 살아나는 것을 가리킵니다. 성경에 나오는 모든 인물들이 위의 사실들을 확인하여주고 있을 뿐입니다. '툭' 치면 나오는 아브라함 이삭 야곱 요셉 모세 다윗 베드로 요한 바울입니다. 그래서 이러한 공식이 나옵니다. 우리의 생명이 살아 있는 곳, 푸른 초장, 쉴만한 물가, 그리고 의의 길이 아니면 시간 낭비이다. 참으로 재미없다는 것입니다.

사전을 통하여 성경을 살펴보면 생명이라는 말이 325구절 이상 나옵니다. 영이라는 말은 127구절 이상 나옵니다. 영혼이라는 말은 130절 이상 나옵니다. 곧 600번 이상을 말씀하시면서 우리의 생명, 생명 하시면서 강조하여주었다는 것입니다. 「시 19 : 7」 여호와의 율법은 완전하여 영혼을 소성케 하고. 「요 10 : 10」 내가 온 것은 양으로 생명을 얻게 하고 풍성케 함이다. 「요 14 : 6」 내가 길이요 진리요 생명이니 나로 말미암지 않고는 아버지께로 올 자가 없느니라. 「시 36 : 9」 대저 생명의 원천이 주께 있나니. 「**요일 5 : 12**」 아들이 있는 자는 생명이 있고 아들이 없는 자는 생명이 없느니라. '그래서 누가 교회냐?' 하나님이 부르신 자들이 교회입니다. '교회는 무엇을 하는 곳이냐?' 교회는 예배 성찬예식 권징을 통하여 죽은 자를 살리는 곳이라고 말합니다. 하나님은 우리의 생명을 살리는 곳이 푸른 초장이며 쉴만한 물가라고 말씀하고 있습니다. 하나님은 우리를 우리의 생명을 살리는 곳으로 인도하십니다. 이제 중요하여지는 것은 어디가 우리의 생명을 살리는 곳이냐는 것입니다. 이 주제는 다음 시간에 하나님이 어떻게 인도하시나를 다루면서 말씀드리기를 원합니다.

둘째, 하나님은 어디로 우리를 인도하시나? 「**3절**」입니다. 자기 이름을 위하여라고 말씀하십니다. 곧 우리가 부족함이 없고 푸른 초장과 쉴만한 물가는 하나님의 이름이 드러나는 곳이라고 말씀하고 있습니다. 봄 여름 가을 겨울은, 낮과 밤은 하나님이 운영하시는 법칙일 뿐입니다. 동양 서양 남녀 모든 것들은 하나님이 그렇게 지은 것입니다. 플러스 마이너스 손해 이익 질서의 법칙도 사실은 하나님이 운영하시는 방법일 뿐입니다. 문제는 어디가 우리가 부족함이 없는 곳이고 푸른 초장과 쉴만한 물가냐는 것입니다. 그곳은 하나님 이름이 드러나는 곳입니다. 「**출 15 : 17, 8**」 주께서 백성을 인도하사 그들을 주의 기업의 산에 삼으시리이다 여호와여 이는 주의 처소를 삼으시려고 예비하신 것이라 주여 이것이 주의 손으로 세우신 성소로소이다 여호와의 다스리심이 영원무궁 하시도다. 「**삿 5 : 11**」 여호와의 의로우신 일을 칭송하라 그의 이스라엘을 다스리시는 의로우신 일을 칭송하라. 그때에 여호와의 백성이 성문에 내려갔도다. 「**13절**」입니다. 여호와께서 나를 위하여 용사를 치시려고 강림하셨도다. 출애굽 사건만 설명을 드림으로 도움을 드리기를 원합니다. 이 장면은 하나님이 홍해를 갈라주시고 이스라엘 백성들은 살려주시고 쫓아 왔던 바로의 백성들은 홍해에서 죽임을 당합니다. 그야말로 하나님 이름만 드러납니다. 어떤 경우에도 인간의 머리 터럭 하나도 개입할 수 없었고 전적으로 하나님의 이름만 나타나는 장면입니다. 여기에서 중요한 것은 모세의 누이 미리암이 하나님을 찬양하면서 바로 이 장소 이스라엘을 살려주시고 이집트 군대는 심판하신 바로 그 홍해, 갈라져서 건너간 그곳이 주의 성소라고 말한 장면입니다. 하나님의 이름이 드러나면 그 장소가 성소가 된다는 것입니다. 이미 출애굽 때부터 하나님이 계신 성막이 어디인가를 물을 때 그 성막은 하나님이 지으라고 하신 그 성막은 물론이려니와 홍해를 갈라주시고 건넌 바로 그 자리가 성막, 곧 성전이라고 말씀하고 있습니다.

하나님은 르비딤 광야에서 반석을 쳐서 물이 나게 했습니다. 바로 이곳이 성전이라고 말하는 것입니다. 엘림에서 마라의 쓴 물을 먹을 수 있는 물로 고쳤습니다. 바로 이 장소가 성전이라는 것입니다. 예루살렘 성전이 바벨론에 멸망하였습니다. 그런데 성경은 이것을 예루살렘 성전이 바벨론으로 이전했다라고 「렘 27장」과 「겔 11장」에서 말합니다. 그리고 다시 예루살렘 성전을 70년 만에 회복시키시므로 이스라엘 역사는 이어지고 있습니다.

예루살렘 성전이 어디인가 물을 때 '너희 몸이 하나님이 거하시는 성령의 전인 줄을 알지 못하였느냐'고 말씀하시면서 예루살렘 성전도 성전의 그림자인 예시인 것이며 진짜 성전은 우리 몸이라고 말씀하시는 것입니다. 우리 몸이 하나님의 성전이라면 우리의 몸 즉 삶을 통하여 하나님의 이름이 드러나야 합니다. 우리의 삶을 통하여 하나님의 이름이 드러나는 바로 그곳이 하나님이 인도하는 곳이라는 것입니다. 그렇습니다. 하나님은 우리를 하나님의 이름이 드러나는 곳으로 인도하십니다.

셋째, 하나님은 우리를 어디로 인도하시나요? 의의 길로 인도하신다고 말씀합니다. '의의 길, 내가 곧 길이요 진리요 생명이니 나로 말미암지 않고는 아버지께로 올 자가 없느니라.' 예수님이 본보기로 살아주신 모든 삶이 의의 길입니다. 사랑 희락 화평 오래 참음 자비 양선 충성 온유 절제 성령의 9가지 열매를 맺는 것이 의의 길입니다. 공의 정의 형평성 영원성 참자유 등이 나타나야만 의의 길입니다. 하나님의 형상대로 지음 받았으니 하나님처럼 살게 될 때 의의 길입니다. 문제가 생겼을 때 문제가 해결되어야만 의의 길입니다. 하나님은 우리를 의의 길로 인도하십니다. 말씀드렸듯이 하나님은 '기도했더니 자고 나니 머리맡에 돈이 있더라. 기도 했더니 밥을 먹지 않아도 배가 부르더라'가 아닙니다. 의의 길로 걸어갔더니, 말씀대로 살았더니, 성령의 9가지 열매를 맺기 위하여 노력 했더니, 눈 감으면 코 베어 간다는 세상에서 공의 정의 형평성 변하지 않고 영원토록 살기 위하여 그것도 자유를 주셨으니 스스로 그렇게 하려고 노력했더니 필요하면 돈도 생기고 명예도 주시고 힘도 주시고 웃음도 주시면서 살게 하시는 것입니다.

다윗과 요나단이 그렇습니다. 인간 편에서 볼 때 둘이는 서로 정적입니다. 누가 왕이 되느냐, 다윗 아니면 요나단입니다. 당대의 문화권은 기사도 정신이 있어서 왕이 되기 위하여 상대방을 정당하게 싸워 이기는 자가 왕이 되는 것이 아주 순리적 방법입니다. 요나단이 다윗에게 행한 아름다움, 다윗이 원수일 수밖에 없는 사울 임금에게 한 일 등은 그야말로 의의 길로 행하여 모범을 보이는 아름다운 길이었습니다.

그야말로 감정 때문에 요셉을 죽이려고 했던 요셉과 요셉의 형들 사이입니다. 형들은 미운 요셉에게 할 일을 다 했습니다. 죽이려고 빈 우물에 던졌습니다. 마침 미디안 상인들이 지나갈 때 형들은 요셉을 건져내어 미디안 상인들에게 은 20에 팔아버렸습니다. 요셉은 노예가 되었습니다. 두어 강산이 변하여 20여년이 지났을 무렵 요셉은 한 나라, 그것도 세계의 제패국인 막강한 이집트에서 국무총리가 되었습니다. 요셉의 형들이 요셉에게 곡식을 사러왔습니다. 형들의 모습 상상해 봅시다. 요셉은 형들을 보고 엉엉 울기 시작합니다. 「창 45 : 5」 당신들이 나를 이곳에 팔았으므로 근심하지 마소서. 한탄하지 마소서. 하나님이 생명을 구원하시려고 나를 당신들 앞서 보내셨나이다. 조건적 소리가 아닙니다. 세상에서 흔히 들리는 소리가 아닙니다. 초극한 어떤 큰 것이 우리를 삼키는 소리입니다. 여기 요셉의 소리는 우리 고향의 소리 행복의 은혜를 알려주는 소리인 것입니다. 그 후 17년이 지나 아버지 야곱이 죽습니다. 형들은 다시 요셉에게 찾아왔습니다. 그리고 다시 한 번 용서를 구합니다. 「50 : 17」입니다. 돌아서서 울었습니다. 「19절」입니다. 요셉이 그들에게 이르되 두려워 마소서 내가 하나님을 대신하리이까? 17년 전 하나님이 우리의 생명을 구원하시기 위하여 나를 이곳에 보내셨나이다. 17년 후 내가 하나님을 대신하리이까? 그렇습니다. 변함없는 소리, 영원한 소리가 여기에 있습니다. 우리도 중생했다면 의의 길로 다니면서 이러한 고백만이 우리에게 있어야 합니다.

'내가 말하였느니라'를 듣는 사람들은 하나님이 인도하십니다. 어디로 인도하시나요? 부족함이 없는 곳입니다. 푸른 초장과 쉴 만한 물가로 인도하십니다. 바로 그곳은 어디였나요? 내 생명을 살리는 곳이었습니다. 하나님 이름이 나타나는 곳이었습니다. 우리 인간들의 의의 길이었습니다. 주님 따라가 이 삶을 누리시기를 주님의 이름으로 축원합니다.

33. 어떻게 인도하시나

> 내가 아직 너희와 함께 있어서 이 말을 너희에게 하였거니와 보혜사 곧 아버지께서 내 이름으로 보내실 성령 그가 너희에게 모든 것을 가르치고 내가 너희에게 말한 모든 것을 생각나게 하리라
> 평안을 너희에게 끼치노니 곧 나의 평안을 너희에게 주노라 내가 너희에게 주는 것은 세상이 주는 것과 같지 아니하니라 너희는 마음에 근심하지도 말고 두려워하지도 말라
> 내가 갔다가 너희에게로 온다 하는 말을 너희가 들었나니 나를 사랑하였더라면 내가 아버지께로 감을 기뻐하였으리라 아버지는 나보다 크심이라
> 이제 일이 일어나기 전에 너희에게 말한 것은 일이 일어날 때에 너희로 믿게 하려 함이라
> 이 후에는 내가 너희와 말을 많이 하지 아니하리니 이 세상의 임금이 오겠음이라 그러나 그는 내게 관계할 것이 없으니 오직 내가 아버지를 사랑하는 것과 아버지께서 명하신 대로 행하는 것을 세상이 알게 하려 함이로라 일어나라 여기를 떠나자 하시니라
>
> 요 14 : 25-31

지난 시간 '하나님은 우리를 어디로 인도하시나'에 대하여 말씀드렸습니다. 하나님은 우리를 우리의 생명이 사는 곳으로 인도하십니다. 하나님의 이름이 드러나는 곳으로 인도하십니다. 우리가 만족하며 웃을 수 있는 의의 길로 인도하십니다. 오늘은 우리를 어떻게 인도하시나에 대해서 말씀드리겠습니다. '내가 말하였느니라'에서 하나님 말씀만 있고 나는 없다고 말씀을 드렸습니다. 그런데 그 하나님

말씀이 신·구약 66권에 다 기록되었습니다. 하나님은 지금 그 말씀대로 인도하십니다. 하나님 말씀은 우리의 나침반입니다. 나침반이라고 하면 망망대해 사면이 수평선인 바다 한가운데 가서 있어보십시오. 나침반이 없이는 목적지를 향하여 갈 수가 없습니다. 목적지를 잃어버린 배가 표류하다가 기름이 다 떨어지면 그냥 그렇게 살다가 가버리는 것입니다.

우리는 우리의 목적지, 천국 영원한 삶 그리고 예수님 닮아가는 목적지가 있습니다. 그리고 나침반인 하나님 말씀대로 가기만 하면 우리는 목적지를 향하여 갈 수가 있습니다. 하나님 안 계시고 나 중심이신 분들 한 번 생각하여 보시기 바랍니다. 목적지가 어디인가 말입니다. 「전 1 : 2」 전도자가 가로되 헛되고 헛되며 헛되고 헛되니 모든 것이 헛되도다. 헛된 것으로 가고 있을 뿐입니다. 가도 가도 만족이 없는 곳, 취해도 취해도 만족이 없는 곳, '왜 더 벌어야 합니까?'라고 묻는다면 그 대답은 만족이 없기 때문입니다. 「잠 14 : 12」「16 : 25」 어떤 길은 사람의 보기에 바르나 필경은 사망의 길이니라. 필경은 사망의 길로 가고 있을 뿐입니다. 필경은 사망이니 운명의 장난 속에서 놀아나다 놀아나다 끝이 나고 마는 것입니다.

「렘 17 : 11」 불의로 치부하는 자는 자고새가 낳지 아니한 알을 품음 같아서 그 중년에 그것이 떠나겠고 필경은 어리석은 자가 되리라. 이전에 「9절」에서 만물보다 부패한 것이 인간의 마음이라 했으니 불의로 치부한다는 말은 하나님 중심하지 아니하고 인간 중심한 노력들은 모두가 어리석은 자가 된다는 말입니다. 아무리 달려가고 노력하고 노력할지라도 목적지가 안 보이니 어리석은 자가 될 수밖에 없습니다. 그래서 말씀합니다. 「전 1 : 18」 지혜가 많으면 번뇌도 많으니 지식을 더하는 자는 근심을 더하느니라. 어리석은 근심이 더 할 수밖에 없습니다. 반면에,「잠 4 : 6」지혜를 버리지 말라. 그가 너를 보호하리라. 그를 사랑하라. 그가 너를 지키리라.「잠 12 : 3」사람이 악으로 굳게 서지 못 하나니 의인의 뿌리는 움직이지 아니 하느니라.「잠 13 : 14」지혜 있는 자의 교훈은 생명의 샘이라 사람으로 사망의 그물을 벗어나게 하느니라.「잠 16 : 3」너의 행사를 여호와께 맡기라 그리하면 너의 경영하는 것이 이루리라. 하나님 말씀인 나침반 가리키는 대로 가기만 하면 지키리라. 변하지 아니하리라. 사망의 그물에서 벗어나리라. 경영하는 것이 이루리라고 말씀하고 있습니다. 이런 말씀을 찾아서 읽어 드리라면 끝이 없을 정도로, 아니 하나님 말씀 전체가 이런 말씀으로 가득 차있는 것입니다. 하나님은 분명히 하나님 말씀대로 인도하시는데 그 하나님 말씀을 우리에게 다 계시하여 주셨습니다.

말씀은 우리의 나침반입니다. 하나님은 우리를 사건을 통하여 인도하십니다. 하나님은 우리에게 나침반 하나님 말씀을 보도록 우리에게 사건을 주십니다. 사건하면 우리는 훔치고 때리고 계산하는 것으로만 생각하는데 자연의 법칙도 사건입니다. 양심의 법칙도 사건입니다. 호흡도 사건입니다. 호흡이 거칠어지면 '아니, 내 심장에 이상이 있나?' 하며 나를 점검합니다. 열이 올라가면 감기 바이러스 침투에 대하여 생각합니다. 이 땅에서 사는 동안 자고 일어나고 먹고 마시는 것 모두가 사건입니다. 그런데 하나님은 바로 이 사건을 통하여 일하십니다.

여기서 한 가지 짚어드린다면 우리 이 땅을 살면서 정치, 행정하는데 사실은 사건처리가 곧 정치이며 행정입니다. 그러니까 모든 사건을 나침반 성경으로 가져가야 합니다. 그래야만이 목적지를 향하여 갈 수 있습니다. 예수님 닮아가는 곳으로 갈 수 있습니다. 지난 시간 말씀 드린 의의 길인 공평 형평 정직 변하지 아니하고 영원한 곳으로 그리고 참 자유스러운 곳으로 가게 됩니다. 우리 성도들은 사건처리 곧 정치

행정을 올바로 보는 계기가 되기를 바랍니다. 하나님은 사건을 우리에게 주시어 우리에게 처리하도록 하시는데 반드시 예시하여 주십니다. 그 예시는 우리 인류들에게 공통적으로 주신 것이 있습니다.

자연 만물입니다. '구름이 끼면 비가 오겠구나.' '여름에 덥고 날씨가 좋으면 오늘 바닷가에는 사람들이 많이 모이겠구나.' 이스라엘 백성들의 광야 40년 생활은 불기둥 구름기둥이 이스라엘 백성들이 움직이는 예시의 표였습니다. 히스기야 임금은 죽을병에서 나을 때에 태양을 십도나 뒤로 물러가게 하는 증표가 있습니다. 요즈음은 과학이 발달하여 다 드러납니다. 바로 태양이 십도가 물러났던 사실이 과학적으로 증명이 된 것입니다. 요즈음도 자연의 법칙은 하나님의 음성으로 우리가 잘 활용해야만 건강과 행복에 큰 도움을 받게 됩니다. 어기는 사람, 자연을 역행하여 살 사람은 아무도 없습니다.

양심 이성 등 인간의 욕망을 사용하십니다. 모세의 경우 바로 임금 앞에 서게 하기 위하여 홍해의 위기 앞에서 분연히 설 수 있도록 하기 위하여 40년 이상을 미디안 광야에서 교육시켰습니다. 아브라함의 경우 아들 이삭을 바칠 수 있는 경지에 이르도록 35년 이상을 체험으로 교육을 시키셨습니다. 지금도 하나님은 우리 한 사람 한 사람을 하나님의 전지전능하신 방법으로 교육시키시고 계십니다. 이것을 우리 인간들끼리는 하나님이 당신 자신들의 진실들만이 드러나게 하면서 당신들과 하나님 사이에 일 대 일로서 일하시고 있는 까닭에 우리는 하나님의 하시는 일들을 간섭할 수 없습니다. 우리도 당연히 우리의 이웃들에 대하여 기도만 하면서 도와드려야 할 뿐이며 당신들의 삶을 판단하며 간섭해서는 안 될 것입니다.

여전히 하나님은 당신들을 교육시키시고 계실 뿐입니다. 거짓말했을 경우 양심에 사인이 올 수 있습니다. 성도들이 주일날 예배에 참석하지 않았을 경우 마음이 괴로울 수 있습니다. 일종의 하나님이 주신 예시입니다. 이러한 예시를 경홀히 여길 경우 하나님의 예시에 무디어져서 그냥 제 갈 길로 갈 수 있는 경향이 많이 있습니다. 반면에 이러한 예시에 즉각 반응하기 시작하면 오히려 호흡 속에서도 예시를 깨달을 수 있게 되고 이 땅에 살면서 하나님의 통치 방법을 더 세미하게 알게 되므로 오히려 연륜이 더하여 가면 갈수록 복잡하여 지지 않고 아주 단순하게 가볍게 처리할 수 있는 경지에 도달하게 됩니다.

하나님 말씀이 우리에게 예시된 법칙이니 모든 사건마다 말씀대로 살았으면 웃고 말씀대로 실천하지 않았으면 괴로워하는 연습을 하시면, 바로 이 연습이 나도 모르게 습관화 될 때까지 연습하시면 틀림없이 현실에서 확인되는 삶을 살 수 있게 됩니다. 하나님은 우리의 앉고 일어섬을 아십니다. 우리의 머리카락을 세십니다. 참새 한 마리도 하나님이 허락해야지만 떨어질 수 있습니다. 우리는 이 땅에 살면서 하나님을 뵈면서 승리의 삶을 아주 구체적으로 살 수 있다는 것입니다. 이것을 한 번 구체적으로 설명하여 보겠습니다. 성령님은 내 안에 내주하셔서 계십니다. 그리고 안 떠나시고 늘 내 안에 계십니다. 그러니 이 사실을 우리가 모를 수가 없습니다. 그런데 성도라고 불리고 있으면서 이 사실을 모르고 사시는 분들이 대부분입니다. 참으로 원통하고 비통한 일입니다. 왜 이런 일이 있을 수 있을까? 한 가지 법칙만 참고 하십시오. 내 자유의지를 가지고 아니다 그러면 내 안에 계신 성령님은 가만히 계십니다. 곧 하나님이 가만히 계신다는 것입니다. 내가 '예' 하면 늘 '예'로 움직여 주십니다. 그러니 언제나 하나님도 자유시고 그리고 우리 인간도 자유입니다.

하나님 중심이라고 말씀하시면서 늘 '예', '예' 하여야 합니다. 「고후 1 : 18」 하나님은 미쁘시니라. 우리가 너희에게 한 말은 예하고, 아니라 함이 없노라. 우리는 늘 '예' 하면서 모든 예시되는 것들을 중요시 여겨야 할 것입니다. 「**본문 26절**」입니다. 보혜사 곧 아버지께서 내 이름으로 보내실 성령 그가 너희에게 모든 것을 가르치시고 내가 너희에게 말한 모든 것을 생각나게 하시리라. 하나님은 우리에게 생각나게 하시고 가르쳐 주신다고 하셨습니다. 모든 일들에 있어서 하나님의 하시는 일들이 나타나고 있을 뿐입니다. 하나님은 이렇게 일하고 계시는데 우리가 아니라고 한다면 하나님은 하실 일들을 다하고 계시는데 인간들이 심판을 자처하고 있을 뿐임을 보시면서 이 땅을 보셔야 합니다.

하나님이 우리 성도들에게 하시는 일들을 보시면 알 수 있습니다. 「요 11장」 나사로 사건이 나옵니다. 하나님은 나사로의 병이 죽을병임에도 불구하고 예수님은 아니라고 말씀하십니다. 그리고 하시는 말씀은 「요 11 : 4」 이 병은 죽을병이 아니라 하나님의 영광을 위함이요, 하나님의 아들로 이를 인하여 영광을 얻게 하려 함이라. 반드시 이 일을 통하여 하나님의 하시는 일이 나타난다고 하셨습니다. 「요 9장」에 말씀하십니다. 나면서부터 소경이 있었습니다. 이 소경이 뉘 죄 까닭인지를 물을 때 예수님 대답하십니다. 「요 9 : 3」 그에게서 하나님의 하시는 일을 나타내고자 하심이니라. 분명히 하나님이 하실 일을 하신다는 것입니다.

오늘 「**본문 31절 하반절**」을 보십시오. 아버지의 명하신 대로 행하는 것을 세상으로 알게 하려 함이로다라고 말씀했습니다. 성령의 하시는 일이 바로 이와 같다는 것입니다. 하나님이 하게 하시는 이스라엘의 전쟁사를 보십시오. 단 한마디로 축약할 수 있습니다. "이 전쟁은 너희에게 속한 것이 아니라. 나에게 속한 것이니라." 모세는 말합니다. 그것도 홍해 앞에서 담대히 외치는 소리입니다. 하나님이 하시는 일을 가만히 서서 구경하라는 것입니다. 신약에 와서도 말씀하십니다. 「롬 3 : 24」그리스도 예수 안에 있는 구속으로 말미암아 하나님의 은혜로 값없이 의롭다 하심을 얻은 자 되었느니라. 「고전 6 : 20」너희는 너희의 것이 아니라 값으로 산 것이 되었으니 그런즉 너희 몸으로 하나님께 영광을 돌리라. 너희는 너희 몸이 아니라 값없이 산 몸이라는 것입니다. 곧 하나님이 우리를 위하여 예수 그리스도의 피 값으로 산 몸이라는 것입니다. 금과 은이 하나 없어도 예수님의 이름으로 명하노니 일어나라 신약에서 이적사를 보시면 알 수 있습니다. 예수님이 하나님이신 것을 믿은 사람은 해결 받았습니다. 예수님이 병을 고치시고 예수님으로 증명된 적은 없으십니다. 여전히 하나님뿐이십니다. 그러함에도 불구하고 우리가 내가 아니라 하면 안 나타십니다. 일을 멈추십니다. 그러기에 하나님이 안 보일실 뿐이지 하나님이 안 계시고 하나님이 일을 안 하시고 계시는 분이 아닙니다.

다음 단계가 하나 더 중요한 것이 있습니다. 우리에게 자유는 있는데 하나님의 하시는 일을 알 수는 없습니다. 우리가 할 수 있는 일은 나침반만 보고 가야합니다. 곧 자유의지를 가지고 하나님 말씀대로만 가야 한다는 것입니다. 노아의 방주를 생각하여 보십시오. 성경대로 만들었다면 그냥 사각형 배입니다. 그런데 어떤 폭풍에도 안전한 배였다고 과학실험이 말하고 있습니다. 그런데 그때에 나침반이 있었습니까? 없었습니다. 하나님이 인도하는 대로 그냥 떠 있었을 뿐입니다. 그럼에도 불구하고 그 방주는 구원의 방주 영원의 방주 인간이 살아있는 모습을 보여주는 방주였습니다.

양과 목자의 비유입니다. 양은 스스로 자기들의 집을 못 찾아갑니다. 목자가 꼭 필요합니다. 우리 인생이 꼭 양과 같습니다. 내일 일을 모릅니다. 그것도 논리적으로 증명한다면 불과 5분 후의 일도 모릅니다. 팍스이집트 팍스로마의 멸망을 말할 수 있는 사람은 아무도 없었습니다. 그 나라들이 영원토록 존재할 것이라 생각했을 뿐입니다. 다른 방향으로 하나님이 지으라해서 지어진 예루살렘 성전이 어떻게 멸망할 수 있었을까 상상도 못할 일입니다. 그런데 멸망했습니다. 곧 우리 인간은 하나님의 뜻을 알 수가 없습니다.

우리가 할 일이 있다면 우리의 자유의지를 가지고 하나님 말씀을 지켜야 할 자유입니다. 우리 스스로 자유는 이미 말씀드렸듯이 죽은 자유입니다. 멸망으로 가는 자유, 어리석은 곳으로 가는 자유, 팔자 운명 속에서 헤매다가 허덕이는 자유일 뿐입니다. 우리는 우리의 나침반 말씀만 보아야 합니다. 하나님만 보도록 사건을 우리에게 주십니다. 그리고 말씀만 보도록 예시하여 주십니다.

하나님은 한 번도 안 변하시고 계속 똑같이 일하십니다. 그러함에도 불구하고 우리 인간들이 완전한 자유를 누리도록 우리가 '예' 하면 하나님도 '예'입니다. 우리가 멈추면 하나님도 멈춥니다. 하나님 떠난 우리의 자유는 죽은 자유, 헛된 자유, 운명 속에서 놀아나는 자유입니다. 우리의 자유는 하나님 말씀대로 책임을 다하는 자유입니다. 우리는 우리 인생의 나침반이신 하나님 말씀대로만 살아야 합니다.

34. 성령 안에서 의와 평강과 희락이라

✱ 그런즉 우리가 다시는 서로 비판하지 말고 도리어 부딪칠 것이나 거칠 것을 형제 앞에 두지 아니하도록 주의하라
내가 주 예수 안에서 알고 확신하노니 무엇이든지 스스로 속된 것이 없으되 다만 속되게 여기는 그 사람에게는 속되니라
만일 음식으로 말미암아 네 형제가 근심하게 되면 이는 네가 사랑으로 행하지 아니함이라 그리스도께서 대신하여 죽으신 형제를 네 음식으로 망하게 하지 말라
그러므로 너희의 선한 것이 비방을 받지 않게 하라
하나님의 나라는 먹는 것과 마시는 것이 아니요 오직 성령 안에 있는 의와 평강과 희락이라
이로써 그리스도를 섬기는 자는 하나님을 기쁘시게 하며 사람에게도 칭찬을 받느니라
그러므로 우리가 화평의 일과 서로 덕을 세우는 일을 힘쓰나니 음식으로 말미암아 하나님의 사업을 무너지게 하지 말라 만물이 다 깨끗하되 거리낌으로 먹는 사람에게는 악한 것이라
고기도 먹지 아니하고 포도주도 마시지 아니하고 무엇이든지 네 형제로 거리끼게 하는 일을 아니함이 아름다우니라
네게 있는 믿음을 하나님 앞에서 스스로 가지고 있으라 자기가 옳다 하는 바로 자기를 정죄하지 아니하는 자는 복이 있도다
의심하고 먹는 자는 정죄되었나니 이는 믿음을 따라 하지 아니하였기 때문이라 믿음을 따라 하지 아니하는 것은 다 죄니라

롬 14 : 13-23

존재론적(to be) 입장과 실천론적(to do) 입장을 성경 66권을 종합하여 다섯 가지씩 원리를 제공하여 드렸습니다. 저는 이 설명에서 성경신학 교의신학 역사신학을 벗어나지 아니하고 실천신학, 다른 말로는

성령신학을 신학으로 만들어서 제공하여 드린 것을 밝혀 드립니다. 그리고 '내가 말하였느니라' '이제는 연습만' '어디로 인도하시나' '어떻게 인도하시나'를 지난 시간까지 말씀드림으로 존재론적인 다섯 가지와 실천론적인 다섯 가지가 얼마나 중요했는가를 보여드렸습니다. 오늘은 결과에 대하여 말씀드리는 시간입니다. 결과는 이미 묵시적으로 말씀을 드렸습니다. 곧 예수님을 닮아간 모습입니다. 사랑 희락 화평 오래 참음 자비 양선 충성 온유 절제 9가지 열매가 주렁주렁 맺어지는 모습입니다. 의의 길인 공평 형평 정직 사랑 거룩 변하지 않는 것 영원한 것 등이 실존의 삶으로 현실에서 드러나는 것입니다.

오늘 말씀의 중심은, '나는 정말로 이 세상 살아있는 동안에 이렇게 살아드렸는가?' 하면서 스스로를 살펴보는 것입니다. 많은 분들이, '이러한 것들은 설교시간에나 하는 것이지 실제는 그렇게 살 수는 없어' 하면서 모두들 삶의 실천을 포기하고 나름대로의 삶을 살기로 작정한 것처럼 보입니다. 참으로 안타까운 일입니다. 우리가 예수님 닮아간다는 말을 경홀히 여기지 않았으면 좋겠습니다.

먼저 우리가 이렇게 살아야 할 이유를 밝혀드립니다. 예수님, 하나님이 인간으로 오셔서 두 가지 일을 하셨습니다. 그 하나는 우리 인류를 구원받게 하시고 천국가게 하신 일입니다. 또 하나는 우리 인간이 어떻게 살줄을 모르기에 우리 인간을 대신하여 본보기로 살아주신 분입니다. 그러기에 우리는 예수님과 똑같이 살아야 합니다. 이것이 우리의 의무입니다.

예수님이 어떻게 사셨습니까? 십자가에서 죽으셨습니다. 우리도 십자가에서 죽어야 합니다. 곧 하나님이 이 땅에 오셔서 하나님 자신도 하나님의 감정 느끼심에 따라 살지 아니하시고 우리 인간과 언약하신 대로 성경대로 순종하여 주셨습니다. 그 성경 약속대로 실천하신 하나님의 모습을 보니 십자가에서 죽으심이었습니다. 하나님의 성경대로의 삶이 죽으심이라면 우리도 성경대로 살면 죽어야만 하는 것입니다. 저는 이 대목에서 말씀을 드리곤 했습니다. 하나님이 우리 인간을 위하여 전지전능하심을 포기하셨다는 것입니다.

예수님의 십자가의 죽음, 실존의 한 삶의 모습이 바로 이런 것입니다. 나는 내 말을 하지 아니하고 나를 보내신 이의 말을 하신다는 것입니다. 우리도 우리의 말을 하지 아니하고 하나님 이야기만 해야 합니다. 저는 이 실천방법을 이렇게 말씀드렸습니다. 모든 존재하는 것들을 나 중심하지 아니하고 하나님 중심하여 사용하여 보십시오. 그러면 곧 그것이 나의 죽음을 가리킨다고 말씀드렸습니다. 바로 이것이 하나님 시작입니다. 곧 존재하는 것의 처음 시작이 이래야 한다고 말씀드렸습니다.

이 처음 시작의 실존을 이렇게 설명해 드렸습니다. 여름에 옷을 벗게 됩니다. 겨울에 옷을 입게 됩니다. 예수님이 내 안에 들어오셔서 행동하게 되면 내가 한 것은 하나도 없습니다. 하나님이 사랑을 하게 하셨습니다. 하나님이 이웃을 섬기게 하셨습니다. 그야말로 내 말은 하나님 말씀일 수밖에 없습니다. 예수님이 내 안에 들어오시지 않으시면 모든 행동, 모든 시작은 나의 시작, 내가 한 것이 될 수밖에 없습니다. 늘 짚어 드립니다만 나의 시작, 내가 했다 했을지라도 그것은 당신의 진실이기에 우리 인간은 다른 사람에 대하여 말해서는 안된다는 것입니다. 왜? 그분은 바로 그것이 그분의 진실이기 때문입니다. 그리고 하나님이 운영하시는 그분에 대한 방법입니다. 그것이 바로 인간은 분석, 결론은 하나님께 있다는 것입니다.

저는 지금 우리가 과연 예수님처럼 살 수 있는가에 대하여 말씀을 드립니다. 예, 얼마든지 살 수 있습니다. 세상에서는 말합니다. 눈 감으면 코 베어가는 세상이라고 말합니다. 그러함에도 예수님처럼 살 수 있단 말인가? 살 수 있는 이유를 말씀드리고 있습니다. 예수님처럼 살 수 있는 이유가 또 있습니다. 그것을 우리는 계산하지 않고 믿음으로 살기 때문입니다. 누구를 믿습니까? 나를 위하여 십자가에서 죽어주신 예수 그리스도를 믿습니다. 바로 그 하나님을 믿기 때문에 우리는 살 수 있습니다. 믿음은 세금도 필요 없고 가문도 필요 없고 능력도 필요 없습니다. 이런 면에서 공평 형평의 원칙이 온 인류에게 똑같이 적용이 됩니다. 그리고 우리 자유의지를 가지고 가진 것 있는 것 아는 것만 가지고 최선을 다하면 살아계신 하나님을 볼 수 있습니다.

오늘 본문을 보시기 바랍니다. 「14절」입니다. 내가 주 예수 안에서 알고 확신하는 것은 무엇이든지 스스로 속된 것이 없으되 다만 속되게 여기는 그 사람에게는 속되니라. 이 땅에 삼인칭 물건들 중에는 곧 우주 만물에는 스스로 속된 것이 없다고 말씀합니다. 내가 속되다고 하면 속되다고 말씀하십니다. 이것을 이렇게 생각하여 보십시오. 이 세상이 나 중심이면 모든 것이 속되어서 나를 타락시킵니다. 나 중심이면 속될 수밖에 없습니다. 모든 물건들을 나에게 유익이냐, 손해냐고 물어보아야 하기 때문입니다. 제가 알기로 동물학자들이 말합니다. 뱀도 사람이 자기를 해친다고 생각될 때에 상대적으로 달려든다는 것입니다. 벌도 자기들에게 해가 되지 않을 때 사람들이 친구일 뿐이지 날카로운 침으로 사람들을 해치질 않는다는 것입니다. 사람도 마찬가지입니다. 나 중심이면, 나에게 이익이 될 때라고 생각하면, 친구라고 생각하면 얼마든지 천국으로 살 수 있습니다. 그런데 나에게 손해를 준다, 나를 친다 생각하면 별 수 없이 상대적인 것이 첫 단추가 되어 결과는 세속적이 될 수밖에 없습니다. 하나님 중심이면 나에게 손해가 올지라도, 하나님이 운영하시는 낮과 밤이 하루가 되기에 손해가 올지라도 하나님의 뜻으로 보기 때문에 평안합니다. 그리고 손해의 존재를 얼마든지 잘 사용하여 과연 합력하여 선을 이루는데 사용할 수가 있습니다. 그래서 우리는 믿음으로 살게 될 때에 하나님을 믿기 때문에 얼마든지 예수님처럼 살 수가 있게 됩니다. 그리고 이 우주는 하나님이 통치하는 세상이기에 모든 존재하는 것들, 인간의 속성들의 움직임마저도 하나님의 통치권속에 있으니 우리는 지금 하나님 안에서 바로 이 땅에서 웃으며 살 수 있습니다.

우리가 계산을 하지 않고 믿음으로 산다는 말을 「**본문 17절**」에서는 이렇게 확실히 못박아 말씀하고 있습니다. 하나님의 나라는 먹는 것과 마시는 것이 아니요 오직 성령 안에서 의와 평강과 희락이라고 말씀하십니다. 먼저 하나님 나라와 세상 나라의 구별입니다. 예수님께서는 빌라도 앞에서 '내 나라는 세상에 속하지 아니하였다.' 말씀하시므로 하나님 나라와 세상 나라를 구별하셨습니다. 세상 나라는 먹는 것과 마시는 것으로 행복의 지수를 말합니다. 곧, 먹고 마시는 것 자체가 숫자 세는 것입니다. 어떤 사람이 다른 사람이 굶어서 죽어가고 있을 때 다 죽고 두 사람이 남았습니다. 그리고 두 사람은 누가 먹을 것을 많이 두었느냐고 묻습니다. 더 많이 둔 사람이 바로 행복이라고 정의 내려놓은 것이 바로 세상 세속입니다. 두 사람 중에 하루만 더 살았어도 크게 웃으며 "내가 승리자야." 하고 불렀을 것입니다. 그런데 사람들은 이것이 행복이라고 정의를 내려놓았기 때문에 이렇게 살고 있는 것입니다. 이것이 계산하는 사람들의 특징입니다. 믿음으로 사는 자들은 오직 성령 안에서 의와 평강과 희락이라고 말씀합니다. 계산이 없습니다. 천국이 내 것인데 웬 계산이 필요합니까? 지금도 의와 평강과 화평을 기다리는데 웬 계산이 필요합니까? 정말로 믿음이 그렇게도 중요합니다. 믿음생활에는 계산이 필요 없습니다. 정성 진실 예수님 닮아가는 것만이 중요합니다. 이번에도 예수님 닮아가는 행동을 했는가를 묻고 있을 뿐 계산은 날아간 지 벌써 오래전입니다. 지금도 우리는 예수님처럼 살아야 합니다.

우리가 예수님처럼 살아야 할 이유를 또 한 가지 말씀드릴 수 있습니다. 많은 분들이 신앙생활을 이러한 식으로 오해하고 있습니다. 우리가 이 세상을 사는 동안에는 고생하고 핍박을 참고 참으로 견딜 수 없는 힘든 생활을 하다가 이긴 자는 천국 혹은 상급을 받는다는 생각을 너무나도 많이 하고 있습니다. 물론 하나님이 운영하시는 방법 중에 인과응보의 법칙, 곧 '~하면 ~리라'의 법칙이 있습니다. 이 법칙은 믿음의 법칙에 비하면 덜 중요한 법칙입니다. 믿음의 법칙이 더 중요합니다. 그리고 이 인과응보의 법칙을 하나님 자리에 놓고 종교에 빠지게 되면 아주 심각한 사태들이 나옵니다. 겸손도 아닌 것이 겸손처럼 가장하게 됩니다. 희생도 아닌 것이 희생처럼 보이게 됩니다. 겸손하기 하기만 하면 돈이 벌립니다. 그분은 겸손해야 합니다. 돈을 벌기 위해서는 얼마든지 겸손할 수 있습니다. 만일 그 겸손이 당신에게 아무 유익도 없다고 생각하여 보십시오. 겸손의 수고를 할 필요가 없게 됩니다. 어느 교회에 가면 차량담당 안내 코스가 장로가 되는 필수 코스라고 듣습니다. 그렇다면 그 차량담당은 장로 진급으로 가는 노른자 자리가 됩니다. 참으로 어처구니없는 발상이며 그 자리는 더 이상 겸손의 자리는 아니라는 것입니다. 믿음 생활하는 사람들은 어떤 일이든지 그곳에서 의가 나타나면 웃습니다. 평강이 드러나면 행복해 합니다. 희락이 나타나면 즐거워합니다. 봄 여름 가을 겨울이 중요치 않습니다. 낮과 밤이 중요치 않습니다. 오히려 하나님이 지으신 질서이기에 감사하며 웃을 뿐입니다. 누리며 즐거워할 뿐입니다. 동양 서양이 중요치 않습니다. 손해 이익이 중요치 않습니다. 사랑이 나타나는가가 중요합니다. 거룩이 드러나는 가가 중요합니다. 사랑이 나타나고 거룩이 드러나면 어디서나 웃을 뿐입니다. 그러니 우리는 지금 예수님처럼 살 수가 있습니다.

우리는 예수님처럼 똑같이 살아야 할 이유를 또 말씀드릴 수가 있습니다. 하나님은 우리 성도들을 가리켜서 하나님의 기업이라고 부릅니다. 우리가 하나님의 기업이다 정말로 충격적인 감사의 말씀입니다. 「민 18:20」 나는 이스라엘 자손 중에 네 분깃이요 네 기업이니라. 「신 4:20」 여호와께서 너희를 택하시고 자기 기업의 백성을 삼으신 것이 오늘과 같아도. 「신 7:6」 여호와께서 지상 만민 중에서 너를 자기 기업의 백성으로 택하셨나니. 「행 20:32」 지금 내가 너희를 주와 및 그 은혜의 말씀께 부탁하노니 그 말씀이 너희를 능히 든든히 세우사 거룩케 하심을 입은 모든 자 가운데 기업이 있게 하시리라. 하나님이 기업이 있으신데 우리 성도들이 기업이라고 부르십니다. 하나님이 돈이 필요하신가요? 다이아몬드가 필요하신가요? 세력이 필요하신가요? 권능이 필요하신가요? 능력이 필요하신가요? 이러한 것들은 모두가 다 하나님 것들입니다. 왜 하나님은 우리를 가리켜서 기업이라고 부르셨을까요? 우리를 통하여 하나님의 이름이 드러나기 때문입니다. 우리를 통하여 하나님 나라가 이 땅에 전파되기 때문입니다.

오늘 본문이 하나님 나라를 밝혀 줍니다. 예수님도 하나님 나라와 세상 나라가 다르다고 말씀하셨습니다. 하나님 나라는 의와 평강과 희락이라고 말합니다. 그렇습니다. 우리는 지금 예수님과 똑같이 살아야만 평강 희락이 나타납니다. 거룩이 나타납니다. 사랑이 나타납니다. 다른 길이 없습니다. 그러기에 '나는 길이요 진리요 생명이니 나로 말미암지 않고는 아버지께로 올 자가 없다'고 말씀하셨습니다. 우리는 예수님과 똑같이 살아야 합니다.

이제 그렇게 산 사람들의 실체를 살펴봄으로 우리도 그렇게 살아야 됨을 살펴보도록 하겠습니다. 한 번 제가 실례를 들어드릴 때에 이들도 예수님과 똑같이 살았는가를 살피시면서 우리도 나도 예수님과 똑같이 살아야 하는 것을 설명하여 보겠습니다. 설명 전에 한 가지 짚어 드린다면 모두가 신앙생활 시작한지 3, 40년 후에 이 모든 게 나타난 사실이라는 점입니다.

아브라함이 이삭을 바치기 전에는 아내를 동생이라고 속이기도 했습니다. 흉년이 드니 먹을 것 때문에 약속의 땅인 가나안을 벗어나기도 했습니다. 물론 조카 롯 앞에서는 '네가 우하면 나는 좌하고 네가 좌하면 나는 우하리라'라고 했습니다. 동양 서양 옥토 밭 등 인간의 조건은 필요 없고 하나님만 내 안에 계시면 된다는 것입니다. 아브라함은 적어도 죄를 범하여 실수를 하면서도 하나님이 내 안에 계신다는 사실만은 변치 않았습니다. 100살에 이삭을 낳는다 할 때에도 아브라함은 웃을 수밖에 없었습니다. "내가 어떻게 99살이며 사라의 나이 89살인데 아기를 낳는단 말이요?"입니다. 그는 이삭을 낳고서야 아브라함 시작 곧 나의 시작은 모든 것이 가짜야 하나님만이 진짜야 하면서 살게 됩니다. 아브라함의 100살 이후의 삶은 예수님과 똑같이 성경대로만 사는 아브라함이 된 것입니다. 아브라함은 체험의 신앙입니다. 이삭 야곱 요셉은 교육의 신앙입니다 그래서 어렸을 때부터 신앙생활이 깊습니다.

이삭입니다. 아브라함이 이삭을 하나님께 제물로 바치기 위하여 단에 올릴 때에 이삭은 이렇게 말할 수 있었습니다. "아버님이 늙으시더니 노망이 아니신가?"라고 말입니다. 그런데 이삭은 순종했습니다. 오히려 칼로 치는 아브라함 신앙도 대단합니다만 이삭의 신앙도 성경적이었다는 것입니다. 아브라함의 연수 115세 이후라고 감안한다면

15세에서 20세 사이인 이삭도 대단한 것으로 보아야 할 것입니다.

요셉입니다. 보디발 집에서나, 억울한 누명을 쓰고 들어간 감옥에서나, 나중에 총리가 되어서도 요셉의 웃음은 한결같게 똑같았습니다. 속사도 폴리갑입니다. 84세의 폴리갑이 화형장에 올라가면서 하시는 말입니다. "84년 동안 한 번도 변하지 아니하시고 나를 지켜주셨는데 내가 살기 위해서 그 예수님 모른다 말할 수 없습니다." 스스로 화형장 장작더미위로 올라가셨습니다. 성경을 보시면서 성경의 모든 인물들을 보십시오. 성숙한 그리스도인들은 모두가 예수님과 똑같이 사신 분들입니다. 우리도 예수님과 똑같이 살아야 합니다.

뿌리, 그 자유의지

ⓒ 배광영, 2010

1판 1쇄 인쇄 ‖ 2010년 01월 15일
1판 1쇄 발행 ‖ 2010년 01월 25일

지은이 ‖ 배광영
펴낸이 ‖ 이종엽
책임편집 ‖ 노경민
디자인 ‖ 김미미
기획·마케팅 ‖ 주재명 김현아
경영지원 ‖ 조기호

펴낸곳	‖ 글모아출판
등 록	‖ 제324-2005-42호
공급처	‖ (주)글로벌콘텐츠출판그룹
주 소	‖ 서울특별시 강동구 길동 349-6 정일빌딩 3층
전 화	‖ 02-488-3280
팩 스	‖ 02-488-3281
블로그	‖ http://globalcontents.tistory.com
이메일	‖ gcmedia@paran.com

인 쇄   ‖ 앤테크

값 16,000원
ISBN 978-89-957542-5-2 03230

·이 책은 본사와 저자의 허락 없이는 내용의 일부 또는 전체를 무단 전재나 복제, 광전자 매체 수록 등을 금합니다.
·잘못된 책은 구입처에서 바꾸어 드립니다.